伴星星找到回家的路

—— 我的微师真言录

董旭午 ◎ 著

上海教育出版社
SHANGHAI EDUCATIONAL
PUBLISHING HOUSE

图书在版编目(CIP)数据

伴星星找到回家的路 / 董旭午著. —上海：上海教育出版社，2015.7
ISBN 978-7-5444-6453-6

Ⅰ.①伴… Ⅱ.①董… Ⅲ.①教育工作—文集 Ⅳ.①G4-53

中国版本图书馆CIP数据核字(2015)第159481号

伴星星找到回家的路
董旭午　著

出　　版　上海世纪出版股份有限公司
　　　　　　上　海　教　育　出　版　社
　　　　　　易文网 www.ewen.co
发　　行　中国图书进出口上海公司

版　　次　2015年9月第1版

书　　号　ISBN 978-7-5444-6453-6/G·5303

序 言

徐放鸣

长期活跃在中学语文教学和研究领域的名教师、我校校友董旭午的新著即将出版。承蒙他的美意，索序于我，作为他曾经的老师和母校的领导，也作为关注中学语文教学改革走向的高校教师，我都有必要来谈谈自己的感想和推介意见。

在我的记忆中，董旭午是一位在语文教育战线上富有特点的研究者和实践者，是在教学一线成长起来的、形成了自己独特语文教育观念的探索者，更是一位热爱学生、热爱语文教育事业，能将教学活动融入生命体验的好教师。他从内蒙古霍林河矿区中学走来，亲历西部地区和东部地区不同学校的区域特点和文化氛围，锲而不舍地进行语文教育内在规律的探索。他在长期教学积累的基础上，勤于笔耕、潜心研究，出版了多部语文教学论著，发表论文三百余篇。他长期从事"生活化语文教学"专题实践研究，主张语文教学一定要返璞归真，守本务实，走生活化教学之路，形成了具有广泛影响的"生活化语文教育观"。天道酬勤，董旭午先后获得国家级教学成果一等奖、省级有突出贡献的优秀专家、教授级中学高级教师、中学语文特级教师、江苏省人民教育家培养对象等荣誉与称号，还被多所高校聘为兼职教授和教育硕士研究生导师。正所谓"看似寻常最奇崛，成如容易却艰辛"，对于一位坚守中学语文教学一线的教师而言，如此成就确乎来之不易。

这本《伴星星找到回家的路》是董旭午近年新作的结集，书分七辑，分

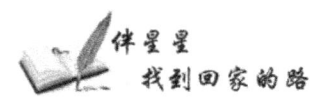

别为课堂活教篇、学练活导篇、归真导写篇、无痕立人篇、考试评说篇、教育随感篇及读世思教篇。从中可以看出,这些文章涉及近几年来董旭午语文教育教学活动的全过程,既有语文教学经验的总结和描述,也有语文教学问题的实践研究,还有关于教育问题的多维思考和感悟。阅读这些或长或短、充满鲜活例证的文章,我初步体验到董旭午从事语文教育研究的自身特点:第一,具有鲜明的问题意识。针对当下语文教学中的现实问题而提出应对之策,重在结合自己的教学实践去探索存在的教学误区,特别是勇于针对语文教学新课改中产生的新问题而提出自己的解决办法。这种以问题意识为引领的实践研究具有鲜明的针对性和指导性,能够启发教学一线的教师拓宽视野,积极尝试多种教学方法,学会参与语文教科研活动。第二,在问题研究的基础上,善于做学理化的抽象提升,勇于提炼概括出独树一帜的语文教育理念。此前董旭午已出版《语文教学生活化思考与探索》《语文教学要走生活化之路》《让语文回家》等著作,鲜明地提出并阐发了他的"生活化语文教育观"。他认为,语文教学必须回归生活本源,实现课内外诸要素和诸环节的高度生活化互化融通,在生活化语文教学过程中,教师生活化地教,学生生活化地学和练;师生在一个生活化语文教学场之内生活化地教、学、练。这本书中的一些案例就是他从事生活化语文教育实践的生动写照。第三,运用辩证观点,兼顾语文教育的"教"与"学"。即既注重教师对教学规律的主动把握,也注重学生在学习中的主体能动性,调动和激发师生双方的探索精神,形成参与语文教学活动的师生共同体。在对于具体课文例证的探析中,董旭午体现出对"教"与"学"双重主体性的倡导,是对语文教学论的丰富与发展。

进一步说,当今语文学科教学论的探索正处于相当活跃的时期,有几个方面的因素在促使语文教学活动更加趋向于学科化与实践性并重的发展方向。一是国家已经开始在中小学教师中评定正高级专业技术职务,这势必对教师的教科研成果提出更高要求,从而激发广大语文教师从事语文教学研究的积极性和主动性。二是国家在研究生培养工作的改革中加大了专业硕士和专业博士的培养比例,教育硕士和教育博士的培养规模将进

序　言

一步扩大，参与培养工作的导师和学生将有更多精力投入语文教学论的研究和实践。三是面向骨干教师培训的"国培计划"以及"省培计划"项目逐渐扩大范围，对一线教师的教科研能力培训是其中的重点内容，可以指导和激励更多教师参与语文教学的改革探索。四是语文教育的"新课改"已经进行多年，对于其中的利弊得失也到了"回头看"的时候。事实上，对于语文教育的基本问题的论争一直持续着，语文教育的"人文性"与"工具性"之争即一显例；而来自高校学院派的基础学理研究与来自中小学一线教师的实践研究也有着不同的侧重点，甚至在基本理念上有较大分歧。有鉴于此，应当鼓励"学院派"的语文学科教学论与"实践派"的课堂教学研究走向融合，发挥各自优势，提升研究水平和应用价值。

从这个意义上看，董旭午的研究似乎介于两者之间，既有基于课堂教学实践的问题研究，又有语文教育思想上的学理研究，同时也避免了"学院派"可能存在的纸上谈兵，以及"实践派"可能面临的理论功底不足，缺乏总结提升的毛病。这正是董旭午的成功之处，也是他所具有的示范性之表现。因此，我认为，这是一本好书，真可谓基础教育阶段一线教师发展和提升的金玉读本。我乐于向广大一线语文教师推荐这本书。

是为序。

2014 年冬至日

（徐放鸣系江苏师范大学党委书记、文学院教授、著名文化学者，中央电视台"百家讲坛"栏目特约主讲人）

前　言

写这个前言，主要想讲明两层意思：一是我为什么要给这本书起这个名字，二是我为什么要出版这本书。

先说这第一层意思。这本书的名字叫《伴星星找到回家的路——我的微师真言录》。很显然，"伴星星找到回家的路"这个主题中有三个关键词：一是"伴"，二是"星星"，三是"回家"；"我的微师真言录"这个副题中也有一个关键词，即"微师"。不用说，要想弄明白我为什么要给这本书起这个名字，就必须要搞清楚这四个关键词的蕴含所指。

这四个关键词中，"星星"是主角，那就先从他（或她）开始说起吧。这里的"星星"，我认为应该有两层意思：第一层意思是指这27年来（我1988年开始从教）我教过的所有学生，第二层意思是指与我从教生涯同时代的所有中小学生。有人可能要问，太阳和月亮不是要比星星光亮得多吗？你为什么不称他们为"太阳"或"月亮"呢？我的回答是：我当然很希望我用信念托起的都是"太阳"或"月亮"，但那又是一个怎样的妄想啊！现在，很多家长和教师都希望孩子能考上名牌大学，将来做"人上人"，做光灿且高贵的"太阳"或"月亮"。这种望子成龙、望女成凤的心理，作为同是家长的我，很是理解但却不敢苟同。因为作为一名教师，我不能不这样想：大家都想让孩子将来成为"人上人"，做"太阳"或"月亮"，那谁的孩子来做"人下人"呢？依我看，还是像陶行知先生所说的那样，做个"人中人"吧，也就是都来做"星星"吧。纵使有的考上了名牌大学，真的做成了"人上人"，过上

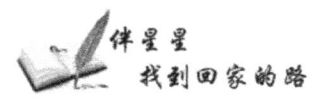

了贵族式的生活,成了"太阳"或"月亮",那也应该深知黎民艰辛,拥有一种平民情怀,像平民那样做人处世,低调、知足且进取;纵使有的没有考上名牌大学,甚至连一般的大学都没考上,根本就没有希望做"太阳"或"月亮"了,也要凭自己的良心和本事吃饭,安心于过平民甚至下层人的生活,就做颗素朴、本真的"星星"。前者"太阳"或"月亮"的品质里要多一些"星星"的素朴、高尚、本真和自尊;后者"星星"的品质里要多一些"太阳"和"月亮"的非凡、高贵、大气和自信。"星星"的光辉虽远不及"太阳"和"月亮"那样耀目,但还是可以点亮夜空,给夜行人送去温暖,指引方向,带去希望的。

几十年的教学生涯,尤其是近些年来的教学实践使我深深地认识到:这群"星星"的心灵是需要"回家"的。就语文学习而言,这个"家"就是他们真学语文、学真语文的家园;就学文做人而言,这个"家"就是他们真学做人、学做真人的家园——一个读书人精神发育的后花园。可是,现实中"星星"们所处的心灵发育的生态环境却令人堪忧。从学校(尤其是高中)教育环境来看,"极端应试主义"大行其道,教育教学和管理评价仍是单一地死盯着分数的局面并没有大的改观。不少学校和教师仍把学生的优劣直接等同于分数,很少考虑学生人性、人格等方面的健全发展和逐渐提升。在这样的学校教育背景下,语文教学也大多被扭曲、异化为整天死压死箍死灌死学死练死考且恶性循环的伪教学。从社会大气候看,社会上仍比较严重地存在着金钱至上、物欲横流、鄙视劳动、享乐主义横行、尊严与廉耻严重跌份、道德和人格底线不保等现象,这些"雾霾"正一天天地污染着我们的学校。可爱的"星星"们深陷其中,失去了光辉,迷失了方向,找不到自己的精神家园。"星星"们,正在心底一次次地呼喊着:我要回家!

"星星"们要回家,要回到他们真学语文、学真语文的家园,要回到他们真学做人、学做真人的家园,要回到他们的精神后花园。在这条回家路上,教师不仅要教,不仅要引领,更要一路积极、快乐、民主、平等地陪伴,以使他们能够独立、自主、自觉、健康快乐地成长。当然,在这陪伴孩子寻找回家之路的途中,教师自己也会获得不断的净化和提升。这就是书名中"伴"

的真意。书名中的"微师",乃是微不足道的草根之意。尽管我只是一介微师,但却不敢忘怀立人教书的职责,不敢抛弃以社会文明、民族强盛为己任的匹夫之志。

再说这第二层意思。这第二层意思嘛,说白了,就是想与关注、关心我的朋友做一次"心灵聊天",也顺便晒晒我的"微言真志"。2012年10月,我曾出版过《让语文回家——我的生活化教学理想》一书。书中收录了我的四十多篇教学随笔,但是总觉得还不够劲儿。这两三年来,我又写了一些教育教学随笔,这次出版,就算是与读者朋友作一次比较全面、深入的沟通吧。我的生活化真语文教学实践也好,我的教文立人的教育心志也罢,都在这74篇随笔之中,也就不再赘谈了。

最后,再啰唆几句。作为一介草根语文教师,我希望自己的真情和良知能够引起读者朋友的倾听和关注,能够得到大家的理解和支持。当然,我更希望这些随笔能够在当代教育人中收获更多的认同,并在今后的教育教学及管理的改革实践中产生一些正能量。

目 录 | CONTENTS

序言 / 1
前言 / 1

第一辑　课堂活教篇 ——————————— 1

1. 中学语文课堂,究竟冷落了什么? / 3
2. 当下的语文教学:到底怎么了?
——由课文《老王》的课堂教读说开去 / 9
3. 字词怎么来的就怎么教 / 14
4. 语法和修辞怎么来的就怎么教 / 16
5. "五教会":生活化背景下文言文教读策略 / 19
6. 破开应试化背景下古诗词教学的死结 / 24
7. 文言文翻译扼杀掉的"语文味" / 28
8. 高中语文教学尤需把细节抓实做好 / 32
9. 数词后置定语:其实远非那么简单! / 37
10. "老女人"们为啥会"满足地去了" / 40
11. 《拿来主义》的两处真瑕疵 / 43
12. 要的就是这"拣尽寒枝" / 45
13. 周邦彦为何非要雷摹得那么细腻? / 48

第二辑　学练活导篇 ——————————— 51

14. 教学生把真语文学习当日子过 / 53
15. 教学生重视语言规范 / 57

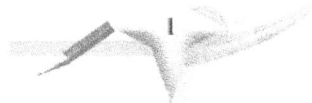

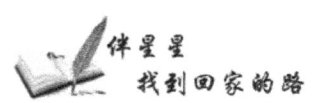

16. 教学生学会积累"我的活素材" / 62
17. 口头作文文章大 / 65
18. 文摘:精神的后花园 / 67
19. 让背诵成为一种享受 / 69

第三辑　归真导写篇——————————————71

20. 生活化:中学写作教学走出误区的理想途径 / 73
21. 中学作文教学别再忘"本"了 / 78
22. 中学生作文出新之我见 / 81
23. 高中写作教学:须拒绝极端应试化的"高仿真" / 86
24. 文言文教学亦需做实"读文学写" / 90

第四辑　无痕立人篇——————————————93

25. 教学生做一枚爱心书签 / 95
26. 一节最不规范的真语文课 / 99
27. 尊重学生也要讲艺术和策略 / 103
28. 真教学生学会自主独立 / 107
29. 教学生拥有独立思辨的头脑 / 111
30. 真教育当是无痕的 / 115
31. 非不能也,乃我不为也 / 119
32. 一份课后作业的反思 / 122
33. 这样的童真不可泯灭 / 126
34. 让作业和考试都成为学生做人的"脚手架" / 128
35. 做好自己的"唐太宗" / 132
36. 这"背影"绝不该在学生的心中消失 / 134
37. 高中文言文教学:再也不能这样平庸下去了 / 139

第五辑　考试评说篇——————————————143

38. 高考语文命题改革理应对模式化说"不" / 145

39. 语文学科高考备考领域外的"纷扰" / 153
40. 请不要把自主招生的真经念歪 / 158
41. 对新高考改革方案的几点冷思考 / 160
42. 高考状元有什么好炒的 / 164
43. 假如能像刹"四风"一样狠刹"极端应试风" / 167

第六辑　教育随感篇 —— 169

44. 绩效工资理应给力于真出绩效 / 171
45. 对当前素质教育的再思考 / 175
46. 高中教育的顶层设计须尊重学生个性 / 179
47. 给学生留足空间 / 183
48. 自习:本义该是学生自主自觉地学习 / 188
49. 校本教研,让人期待让人忧 / 190
50. 素质教育需要真作为 / 194
51. "减负",绝不该总是正在进行的空喊 / 196
52. "人民满意的教育"辨 / 201
53. 观念出智慧 / 204
54. 想起"教育要同生产劳动相结合" / 207
55. 这样的无奈早该结束了 / 209
56. 学生撕的仅仅是书吗 / 212
57. 这种"洗牌式"分班行为必须叫停 / 214
58. 凭什么叫我"差生" / 218
59. 教育变革需要每个国人的真担当 / 222

第七辑　读世思教篇 —— 227

60. 要警醒孩子周围的"言行不一" / 229
61. 教师不读书:中国中小学教育的深重危机 / 231
62. "用工荒"背后的"教育荒" / 235
63. 孩子基本是无幸的 / 238

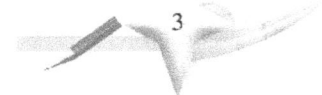

64. 还孩子一片宁静的天空 / 240

65. 热泪之后的冷思考 / 242

66. 有一种"最美"叫伤心 / 244

67. 不再做看守学生的"牧羊犬" / 246

68. 浪漫七夕:萤火虫的劫日 / 249

69. 某些家长的功利心态超可怕 / 252

70. 当手机绑定学生话费之后…… / 256

71. "抗震小英雄"成了罪犯之后 / 259

72. 南京青奥会不设奖牌榜给我们的启示 / 262

73. 假如"蓝翔"老总的后院不起火 / 265

74. 看透了,就该更加珍惜自己 / 268

后记 / 271

课堂活教篇

一堂高效的语文课,必须要有一个明确、集中、适度的目标,必须要对课文的主旨内涵有一个相对准确的解读,必须(也是最重要的)实现学生用生命和心灵与作者生活、课文生活、学生生活积累、生活情理、读者生活等方面的深度对接和融通,必须始终坚持教师生活化地导学。每堂课都这样做实做好,天长日久,我们的语文教学自然也就扎实高效了。

1. 中学语文课堂，究竟冷落了什么？

当今的中学语文教学之所以失真、变味、效益低下，与我们的中学语文课堂冷落了一些本不该冷落的东西很有关系。那么，当今的中学语文课堂到底冷落了什么呢？

一、冷落了作者生活

自20世纪80年代起，"中心思想""段落大意"和"写作背景"等就已成了语文教学改革讨伐的对象，直至今天仍灰头土脸的，很不受人待见。这里先不谈"中心思想"和"段落大意"是否还应该好好待见的问题，单说说"写作背景"。作者写文章，总会有其缘由和意图，总要表达自己的思想、观念、情感、志趣和理想、愿望等，总不至于在那里乱画鬼符吧？常言道，有话好好说。这话就是在强调语言形式是为内容服务，再好的内容也不宜随意表达，一定要分场合，看对象，懂礼数，讲究表达方式和艺术。所以，要真的读懂一篇文章所表达的思想情感、理想愿望等，绝对不可避开写作背景，即作者的生活天地、心灵世界和写作意图等。比如，要想真的读懂杨绛内心的"愧怍"，就不能不引导学生回归"文革"时期及其后杨绛的生活。"文革"时期，杨绛一家受难，成了残酷斗争的对象，而老王这个真正的无产者却没有加入斗争他们的行列。非但没有，反而非常尊重他们，像对待亲人一样关爱他们一家人，临死前还把最好的东西（香油和鸡蛋）送给了他们，死后也没有说出"我哪里是想要你们的钱"这句话，把对自视清高的知识分子的尊重都带到棺材里去了。但是，在当时残酷的政治斗争环境中，一些有文化修养的人（指作者的同伴）却要相互揭发，以显示通过改造自己的思想觉悟提高了。相比之下，老王对自己一家人的尊重、同情和关爱该有多么的宝贵，真可谓是一颗金子般的心啊，闪耀着夺目的人性美的光芒。对比自己对老王的态度，仅仅是居高临下的可怜和同情，没有真爱，更没有尊重，老王病成那样都没有让座，临行也没有送下楼，死后十多天才从别人那里得到消息，怎能不"愧怍"？这才是杨绛的真"愧怍"——感到自己对不住老王那颗善良、纯正、尊重他人、懂得感恩的金子般的心！同时，作者杨绛还想通过表现自己的"愧怍"来唤醒世人美好的人性,让这个世界充满纯真和友善的爱。不妨设想一下,如果不在课堂教学过程中适时适度地切入写作背景,不引导学生走进作者的生活,用生命和心灵与作者相互沟通,学生又怎能真正理解和把握杨绛的"愧怍"?文章的"真魂"都没有把握住,还谈什么赏析作者这样而不那样遣词造句、布局谋篇、运招用技的缘由呢?语文课改初期,一些人动辄批判讲写作背景,认为这是一种老套的僵化的程式。这样的批判不能说毫无道理。不管什么样的课文,都仅仅由老师在新课启动的环节死填硬灌一些背景,搞成程式化的死东西,这绝对是该取缔的。但是,这并不等于说根据学生深读课文的实际需要,适时适度、有机无痕地切入背景也错了,更不等于说干脆就取缔这个教学环节。可以说,背景都是活生生、有血有肉的,带着作者心跳和时代体温的,一定要引导学生用生命和灵魂深度地对接,而且方法也要灵活多样。

二、冷落了学生生命

说我们的课堂教学冷落了学生生命,首先需搞清楚这个"学生生命"究竟指什么。我认为,主要应该指学生的生活阅历、思想深度、文化视野、人文积淀等。现在在一些公开课上,学生合作探究后发表独立见解,或者幼稚、肤浅地乱讲一气,或者远离甚至扭曲课文真魂浮躁、空泛地胡说一气,只为凑成个所谓的气氛活跃,有人气。这种虚假的热闹,是一种为探究而探究的作秀,是把学生当成道具来玩耍,实质上就是一种冷落甚至远离学生生命的伪探究。当然,大多数的课堂就是死盯着分数,从头到尾一通死教死练死考死讲评,根本就不给学生任何自主思考、主动参与的机会,彻底冷落了他们的生命。请看我的一段课例(韩少功《我心归去》):

师:好,下面我们就来深入体验、感受一下。"这里一切声响都弃你而去",这句话的意思是说——

生:周围的声响都是作者很陌生的,因而内心十分冷清、孤独。

师:那么,同学们平时都对哪些声响很熟悉呢?谁能说说?

生:早上厨房里妈妈煎鸡蛋的"刺啦"声,上学走在马路上的汽车"嘀"声,课堂上同学们写字的"沙沙"声。

生:考试没考好妈妈的叹息声,晚上做作业时爸爸的呼噜声,春天里教室外面的鸟鸣声。

生：学校下课的铃声，课间操的音乐声，过春节时的爆竹声……

师：然而，有一天，当这些熟悉的声响都离你而去时，你的心情会怎样呢？

生：我会孤独、寂寞、无聊，难受得要死。（同学们笑）

师：这回大家能体验和感受到作者韩少功当时的心情了吧？我们每个人都是一个生活中心，周围所有的声响都只为我们而发出，都是我们所最熟悉的。而旅居法国的韩少功，远离了他所熟悉的环境，熟悉的人群，熟悉的文化，熟悉的母语，甚至熟悉的声响。周围的一切与他毫无关系，无法交流，他怎能不生出一种如同在监狱似的孤独和寂寞之感。

这就叫做适时、合理、有机、无痕地充分调动学生生活积累。只有这样教，学生才真的会用生命称量出"这里一切声响都弃你而去"这句话的分量，也才能真正感受到"你拿起电话不知道要打向哪里""你拿着门钥匙不知道出门后要去向何方""电视广播以及行人的谈话全是法语""你对吊灯作第六或六十次研究"这些语句的温度和心跳，进而真享受到语言艺术之美。教学中经常会遇到类似的情况，教师绝不该冷落学生生命，一定要适时适度、有机无痕地充分加以调动，使他们的生命与课文的学习有机地融为一体，真正感悟到语文的魅力与真味。

三、冷落了课文生活

所谓课文生活，一般包括课文的语境、情境、情节、意境以及主人公的心灵世界等。语文课堂教学的过程中，辨析遣词造句、布局谋篇、运招用技的原由，概括或提炼层意、段意和主旨等，都是必须要引导学生深读课文，深入课文生活，真正用心体验、感受思考、辨析和感悟的，绝不可总是沿袭成说或观其大略。

我们不妨还以杨绛《老王》教学为例来说明问题。文中写到作者杨绛一定要把钱给送来香油和鸡蛋的老王时，一行一段地写了这么一句话："他也许觉得我这话有理，站着等我。"这句话妙就妙在这个"也许"上，若删掉这俩字，就变成了"他觉得我这话有理，站着等我"了。作者显然是不认可这样的判断的，认为这不符合老王当时的内心所想，不然她就不会这样写了。那么老王当时究竟会怎么想呢？真的会认为作者的话有道理吗？没怎么看书的学生就根本不太在意这个"也许"，他也不会管老王究竟在想什么和怎么想。如果启发学生深读课文，学生就会想起课文前面曾写到"有一次老王送杨绛的丈夫去医院就不想要钱，还哑着嗓子悄悄地说'你还有钱吗'"这个情节，并初步作出老王是不想要钱的判断。但是，

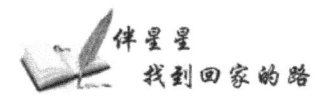

仅仅到这里还不够,还需深入这件事之后的情节——老王第二天就去世了,而且作者十几天后才通过别人了解到。这时,教师不妨再启发学生:一个第二天就去世了、只想来与作者诀别并向她表达关爱和感恩之心的老王又怎么会要钱呢?但是他还是默默地把钱带走了。他显然是在尊重作者那种居高临下的清高和怜悯,以至于竟把这样的尊重带到墓地去了。对此,事后多年的作者终于良知发现了,灵魂愧怍了。一句话,学生只有这样深读课文,深入课文生活,用心灵与老王和作者对话,才有可能深刻感悟到这个"也许"的真味。

现在的语文课堂教学,常常是学生还没有读几遍课文呢,教师就急着让学生辨析遣词造句、布局谋篇、运招用技的妙处,概括或提炼层意、段意和主旨等。于是乎,常常是学生一问三不知,教师就开始照本宣科地讲解了,还用多媒体来展示一个个的结论。这显然都是在漠视、冷落课文生活,危害无穷啊。

四、冷落了生活情理

语文教学不可能不涉及语文知识教学,比如,语法、修辞、写法等的教学。现在,一些专家也认识到了淡化语文知识教学的危害,又开始倡导要加强语文知识教学,以夯实学生的语文基本功。其实,语文知识一直都很重要,一直都需要加强教学,关键是到底怎么去教学。过去,我们的语文知识教学搞得很专业、很狭窄、很死板,远离了课文教学、学生生活和生活情理等,所以很不受学生欢迎,但这种操作层面上的失误绝不意味着就可以淡化甚至取消语文知识教学。出路只有一条,就是要融入课文教学、学生生活和生活情理等来活教教活。比如,娶媳妇需放鞭炮,吹奏喜庆的乐曲是烘托;娶媳妇找伴郎伴娘是衬托;娶的媳妇正好是某人暗恋的姑娘,那么婚礼上的喜庆气氛,对于某人而言就恰恰构成了反衬;假如伴郎伴娘真的也装扮成了新郎新娘的样子,那很可能就是另外一对新郎新娘了,这又构成了对比,比哪对更潇洒漂亮,比哪家的婚礼办得更气派。

不仅写法知识可以这样活教并教活,就是修辞和语法知识也是一样的,哪怕就是枯燥的语法。"他在地上爬着,拖着两条伤腿,一点儿一点儿地,艰难地向前挪着"这句话若改成"他拖着两条伤腿、在地上一点儿一点儿地、艰难地向前爬着",信息上根本没有变化,但在表情达意上却味道大不一样了,原句的后置状语就是在突出"他"爬的状态和艰难,是在突出"他"的坚韧。生活情理启示我们,这样的倒装句就是为了通过超常规的变式来夺人眼球,进而强化对人的大脑神经的刺激,从而强化自己的表情达意功能。可见,回归语言环境和生活情理,灵活比较常式句和变式句的不同功效,确实是一种活教和教活语法的好办法。

可见,语文知识教学都是可以回归生活情理来活教教活的,教师一定要引导学生回归所熟悉的生活情理,用心感受、联想、思考和品味,这样一来,很多很抽象的语文知识的学习和理解都会变得活泼生动、趣味横生了。

五、冷落了可思辨点

应该说,课文的可思辨点很多,如遣词造句、布局谋篇、运招用技等艺术层面的,作者某种判断方面的以及课文主旨方面的,等等。

先说说艺术层面的。比如,《祝福》中的一个细节:几个老太婆听了祥林嫂悲惨的故事伤心落泪,而后"满足地去了"。这个"满足"与"伤心"是否矛盾?不回归作者所生活的那个时代,不了解"多年的媳妇熬成婆"需经历的悲惨历程,不走进几位老太婆侥幸自己比祥林嫂的遭遇还好一些的麻木心灵,肯定辨不出这个所谓的矛盾的真味的。

再说说作者的某种判断和课文主旨方面的。如"'生乎吾前'就一定会先'闻道'吗?(参见韩愈《师说》)""什么样的'义'都必须要我们去'舍生'吗?(参见孟子《鱼我所欲也》)""屈原该不该选择投江自杀呢?(参见屈原《渔父》)"等就属于作者某种判断方面的。而"目见耳闻就一定是真吗?(参见苏轼《石钟山记》)""哥斯拉兄弟的出路在哪里?(参见高尔斯华绥《品质》)"等则属于课文主旨方面的。这些可思辨点都来自课文,学生必须在深读课文并真正把握住课文思想内容等的基础上才有资格参与思辨。思辨的形式也可以不拘一格,如当堂思辨、次日课前演讲、写思辨性随笔等。

这样的思辨还可以自然延展到社会生活中去,引导学生充分利用课内学到的思辨方法对社会上的一些问题进行思辨,如对"红红火火的'偷菜'游戏""大学毕业找不到工作就等于没读大学""被拆迁"等问题进行思辨。这种由课内到课外的拓展性思辨训练,不仅有助于课内外思辨训练的良性循环、相互促进,更有利于促进学生语文能力和素养的提升,以及他们独立思维和自主人格的发育。

为此,我还与学生协商确立课外自主思辨的着眼点,要求学生平时自觉地去读,去看,去听,去思辨。比如,观察、阅读、看影视节目、看其他学科的教材,观察周围的人和事,听音乐和歌曲等。不仅如此,我还要求每位学生再准备一个周记

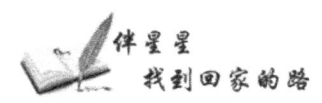

本,每周拣自己感受最深的东西写一篇或几则成长随笔,每周600~800字(节假日不间断)。我负责每周检查、批阅一次。每学期还将经典周记汇集成册,供全体学生分享。现在,我们改成班级QQ群定期共享了。

六、冷落了语言训练

一般来讲,语文课堂上都少不了口头答题、师生对话、课堂练笔、整理笔记等活动环节。当下的高中语文课堂,几乎见不到教师对正音释词的检查,对学生口头答题、师生对话中的不规范语言的矫正,也罕见实实在在的课堂练笔和笔记整理等活动。其实,培养学生的语言能力,仅靠课堂写作教学还远远不够,还必须抓住一切机会扎实训练,切实培养学生规范运用语言文字的好习惯。而要抓实抓好这些活动环节,课堂上扎实锻炼就是一个十分重要且富有实效的途径。因为只有在课堂上这样扎实地锻炼,学生才会有更为充分而实在的体验和感受,也只有具备了这样充分而实在的体验和感受,他们才会真正认识到规范运用语言的重要性,才会在课外更加主动、自觉地训练自己的语言运用能力,也才会自觉养成规范运用语言文字的自觉性和良好习惯,不断提高和强化语言基本功。可见,我们一定要扎扎实实地搞好这眼皮子底下的语言训练。课堂教学才是扎实训练学生语言基本功的出发点。课内不按规矩扎实训练,学生课外就很难形成规矩和习惯,进而自觉、自主地进行语言训练。我们的中学生说话仍磕磕巴巴、词不达意、语无伦次,我们的语文课堂冷落甚至无视语言训练是难辞其咎的,大家不可不深入反思。

当下的语文课堂教学效益低,"教文"和"立人"做得不够理想,大家都很着急,这是可以理解的。但是,一个时期以来,由于种种因素的干扰,我们的语文课堂的确冷落甚至无视了一些看似很寻常的环节,致使我们的课堂教学成了今天这个样子。对此,我们一定要高度重视并深刻加以反思。若真的发现了问题,就实实在在地去矫正,去解决。

2. 当下的语文教学:到底怎么了?

——由课文《老王》的课堂教读说开去

近来,不少人问我:当下的语文教学到底出什么问题了?我的回答是:当下的语文教学问题主要出自课堂,即课堂教读不能够守本务实,常常种别人的园子荒自己的地,就是那些貌似"守本"的课,也大多不够"实在"。说实话,这个问题确实很大很严重也很复杂,就是专门写几篇文章恐怕都很难说清楚。我们不妨就从以下几个关键词入手,以人教版八年级语文上册课文《老王》的教读为例来谈谈。

第一个关键词:目标

现在的很多语文课,尤其是一些公开课(包括一些优质课的视频)几乎都淡化甚至略去了教读目标。现实中的一些"常态课"更是很随意,想有就有,想无就无,不少语文教师设计教学目标更是东抄西凑,用以应付检查之类。不妨先看看一个"优秀教案"上的《老王》这篇课文的教学目标:

1. 知识与能力:品味作者平淡简捷而富有表现力的语言。
2. 过程与方法:学习通过几个生活片断表现人物的方法。
3. 情感态度与价值观:学习劳动人民的优良品质,并以平等和人道主义的精神关注他们的疾苦。

不再赘例,翻开一些"优秀教案",类似的表述几乎比比皆是,尤其是一些所谓的教学资源网更是千篇一律地多的是。我们且不说这"知识与能力""过程与方法""情感态度与价值观"如何生硬、机械地照搬新课标,但说每一篇课文、每一节课都如此炮制教学目标该有多么腻味和荒唐,也难怪一些教师提起教学目标就"心领神会"地嗤嗤一笑。其实,就一门学科的课程而言,肯定会有其宏观上的"知识与能力""过程与方法""情感态度与价值观"等方面的教学目标,这是毋庸置疑的。然而,从每篇课文的微观视角来看,就很没必要节节课都这样拟设和表述了,固然宏观的学科教学目标需要微观的课文教学目标来循序渐进地完成。原因并不难理解,因为每篇课文的内容、内涵、语言艺术等都是具体的,因而教学目标也必须具体、可感,极富操作性。像前文所列举的三个目标,放到所有写人记事类课文教学上似乎都很合适(第三点稍具体一些,但也可以通用于类似主题的

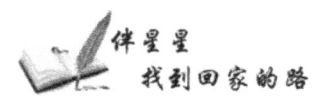

课文),谈不上有任何个性和特性,纯属应付差事。再说,还要把"知识与能力""过程与方法""情感态度与价值观"这三项大帽子生硬地戴上,更是滑稽透顶。这样的教学目标,又大又空又假,不具备可操作性,因而教师教学课文时的随意性、盲目性就大,直接导致课堂教学效率低下。我曾在某个场合上了一次人教版八年级语文上册课文《老王》教学的研究课,当时拟设了如下的教学目标:

1. 请同学们认真读课文,依据课文情节说说老王是个什么样的人?

2. 作者为什么认为老王是不幸的?又为什么会说写这篇文章是在对老王表达自己的愧怍?

通过师生交流探讨,学生发自内心地感受、认识到老王是一个勤劳、朴实、善良,乐于助人,有爱心、有感恩之心的三轮车夫。老王的"不幸"不仅限于老王身体、家庭、生活、情感方面的"不幸",更在于作者对老王只是一种居高临下的同情与怜悯,对他的善良、爱心、尊严甚至人格不够尊重。至于作者的"愧怍"则在于若干年之后终于省悟自己当年对老王的种种"不平等"和"不尊重"(后文还将探讨,此处不再展开)。

可见,课堂教学目标必须明确、集中、实在、具体、适度,必须具备较强的可操作性,也必须能够实实在在地当堂达成。这样设计课堂教学目标,也许有人会担心学生"学文"与"立人"的目标很难共同达成,其实这是个认识误区。试想,学生要想了解老王,要想真正理解老王的"不幸"和作者的"愧怍",就必须深读课文,就必须通过课文所描述的情节走进老王和作者的内心世界,而在这"深读"和"走进"的过程中,学生自然会为老王的朴实、善良和"不幸"所深深打动,自然会对作者的真诚愧怍感到震撼,也自然会深刻地体验、感悟作者在写法上、在语言运用上的良苦用心(后文还将论及相关问题,此处不展开)。由此看来,这种假大空的教学目标确实早该退出舞台了,其对学生学文和语文教学,尤其是对师生的成长可谓祸害深烈矣。

第二个关键词:内涵

一篇文学类课文,其人文内涵固然是可以多元的,但绝不能太离谱。如,说《背影》反映了"朱自清爸爸不守交通法",《故乡》反映"愚昧、落后、贫穷的轮回"等,就是很离谱的。当下的中学语文课文教读,比较普遍地存在着一种致命的弊端,就是对文学类课文的思想主题把握不准,还要美其名曰"一千个读者就有一千个哈姆雷特"。就说《老王》这篇课文吧,其主旨内涵作者杨绛在文末已经表达得很清楚了:"几年过去了,我渐渐明白:那是一个幸运的人对一个不幸者的愧怍。"这句话中三个关键词"不幸""幸运"和"愧怍",就是显示主旨内涵的"题眼"。这其中,"不幸"是针对文章主人公"老王"讲的,而"幸运"和"愧怍"则是针对作者自己而言的。尽管如此,不少人还是这样解读这篇课文的主旨内涵:作者通过叙述作者与老王交往的几个生活片断以及老王死后她的"愧怍"心理,不仅高度赞扬了老王善良的品质,还体现了作者对老王这些不幸者的深切同情和关爱。我认为,如果说作者杨绛一点儿也不欣赏老王的人品,不同情老王的贫弱,不赞美老王金子般的心灵,那肯定是不正确的,但若据此而看不到《老王》该是一篇作者反省自己、表达忏悔和愧怍之情的散文,看不到作者真正的写作目的并不在于赞美老王如何勤劳、朴实、厚道和善良,也不在于如何希望"让世界充满爱",而只是想真诚地表达自己因当初对老王的不平等、不尊重而生发的愧怍和忏悔之情,那就永远也无法真正洞悉作者真实的内心,无法准确把握此文的主旨内涵了。

教读了一篇课文,居然常常不能准确而深刻地把握其主旨内涵,这样的课文教读就该是没有"灵魂"的,也是无法"站立"起来的。试想一下,如果不能准确而深刻地把握住《老王》的主旨内涵,那么读者就会对作者所刻意描写的"自己只知道动辄用钱来买老王的帮助和关爱""老王死了都不知道(十多天后才从同院老李那获悉)"等情节视而不见,就会牵强地把此文的主旨内涵误读为"作者以善良对善良,非常同情关爱老王"之类。果真仅为了表达对老王的深深同情和关爱的话,作者还有必要写老王临终前"给作者送鸡蛋和香油"以及"老王死了都不知道"等情节吗?这些笔墨(尤其老王临终前的描写)显然更多地蕴含着作者深深自责,显然作者是在用老王那颗金子般的心来照自己那个愧怍、自责的灵魂!只有这样理解和把握,才会真正领悟这篇课文的语言艺术魅力。推而广之,如果我们语文教师长期这样上一些没有"灵魂"、无法"站立"起来的课,其后果会怎么样呢?恐怕只会是没头没脑,一片混沌,对"教文""学文"和"立人"都非常有害。当然,如果由本文教读引发出要在人格上平等地对待贫弱者,要对贫弱者有悲悯情怀,要同情、关爱他们,要善于发现他们当中的一些人金子般的心灵之类的感悟,则是可以的,但读后的感悟绝不可直接等于作品的主旨内涵。"一千个读者就有一千个哈姆雷特"这话固然没错,但其中恐怕只有一个是属于作者的。

第三个关键词:对接

关于对接,我认为,教读一篇课文至少要实现学生与作者生活、课文生活(即

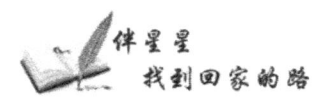

课文的情节、语境等)、学生生活积累、生活情理、读者生活等五个方面的对接。比如,学生不深度对接因乌台诗案被贬黄州的苏东坡的生活,就无法理解《后赤壁赋》文末处"孤鹤"和"道士"等怪异之笔的真正用意;不深度对接《琵琶行》中诗人与琵琶女"同是天涯沦落人"的情感世界,就无法品出"今夜闻君琵琶语"中的"语"字的真滋味;不深度对接自己的生活积累,就不可能很到位地感受到"感时花溅泪,恨别鸟惊心"的反衬艺术魅力(因为,学生一般都会有心烦时看什么都不顺眼的生活积累);不深度对接生活情理,就不可能深刻理解《看云识天气》为什么要通篇运用比喻说明的原由(因为生活情理告诉我们:云是姿态万千的,只有打比方才有可能说明白讲生动);不深度对接读者生活,就不会深刻地领会施耐庵泼墨如水、淋漓尽致地描写鲁提辖三拳打死镇关西的描写意图(因为读者的爱憎心理也是需要得到满足的)。

当下的语文课大多直奔冷冰冰的写法、特色之类,动辄这一段用了什么写法、修辞,有什么特色云云,把语文课肢解得鸡零狗碎、一地鸡毛。这样的课离作者生活、课文生活、学生生活、生活情理、读者生活等太远,离学生的心灵和生命实在太远,因而也就冷冰、枯燥、乏味,导致学生打心眼儿里厌烦语文课。就《老王》这篇课文的教读而言,要想让学生真正领会老王的"不幸",作者的"幸运"和"愧怍",首先就必须引导学生走进老王的内心世界,真正感受到朴实、厚道、善良的老王是如何真心实意、掏心掏肺、像对待亲人一样关爱作者一家人的:

送冰:老王给作者楼下人家送冰,愿意给我们家带送,车费减半。作者一家不要他减半收费。送的冰比却他前任送的大一倍,还要抱着冰上三楼,代作者放入冰箱,而且冰价相等。

接送人:老王用平板三轮运送作者的丈夫,还故意在平板三轮的周围装上半寸高的边缘,怕主顾掉落下来。老王送作者的丈夫上医院,坚决不肯拿钱,拗不过作者,拿了钱却还不大放心。

送鸡蛋和香油:老王病得就像骷髅上"绷着一层枯黄的干皮,打上一棍就会散成一堆白骨"了,临死前还是坚持亲自把自己没舍得吃的一瓶香油和一包鸡蛋送给了作者一家,以表示谢意。

接着再引导学生走进作者的内心世界,真正体验她又是怎么对待老王的:

老王就住在一个荒僻的小胡同内的一个破破落落的大院里,里面的几间小屋都塌败了,作者从来没有进去看过,更没给老王送过什么东西。

第一辑　课堂活教篇

老王很理解作者的处境，送她丈夫去医院坚持不要钱，而作者却执意给，根本就不理解和尊重老王的心，甚至认为自己在用钱接济老王。

身体极度虚弱、"稍一弯曲就会散成一堆骨头"的老王亲自给作者送来鸡蛋和香油后回家了，作者竟没有让老王坐会儿，也没有送他下楼梯，更谈不上把他送回家了，只是站在自家的楼梯口望着他"直着脚一级一级下楼去"，只是"担心他半楼梯摔倒"而已。

回家第二天，老王就死了。可十多天后，作者才从老王同院的老李那里获悉。如果不问老李的话，可能就永远也不知道了。

不妨还可以引导学生走进当时社会环境：当时正值"文化大革命"时期，杨绛夫妇是被批判被打击的对象，是"牛鬼蛇神"一类，是所有工人农民所不愿意接触的对象。老王是地地道道的工人，按理他该是不屑于与作者一家有所交往的，也就更谈不上主动去帮助他们了。因为，一不小心自己还很可能受到牵连，成为一个立场不坚定、同情"牛鬼蛇神"的坏分子。可见，老王对作者一家的热心与帮助确实是发自内心的，是对杨绛一家的真正同情、尊重、关爱。这种同情、尊重、关爱本身就是无私无畏的，不期待任何回报的。尽管每次老王都收下了作者的钱，但这也正是他的良苦用心之处：让作者心安理得，不要"想得太多"，更不要心存愧疚。试想，如果学生都能如此深入课文生活、作者生活，还愁他们不能准确、深刻理解老王的"不幸"和作者的"幸运"与"愧怍"吗？

写到这里，似乎已经把话讲完了，但又好像尚有余言万千。总之，我认为，一堂高效的语文课，必须要有一个明确、集中、适度的目标，必须要对课文的主旨内涵有一个相对准确的解读，还必须（也是最重要的）实现学生用生命和心灵与作者生活、课文生活、学生生活积累、生活情理、读者生活等方面的深度对接。如果每堂课都能把这些做实做好，天长日久，我们的语文课自然也就返本归真，扎实高效了。健康推进语文新课改，我们正在路上，还须努力做到淡定更淡定，务实再务实。

3. 字词怎么来的就怎么教

一大早,走在校园的干道上。王老师突然问我:"樟树的'樟'字是不是就是'乌烟瘴气'的'瘴'?"我答道:"不是的。樟树是树,是木字旁;瘴气是不好的气,容易使人生病,所以从病字旁。"之后,我不解地问他:"你为什么要问这个问题呢?"他说:"樟树可以驱虫,但却是有毒的,种多了对人的健康不利。所以,我还以为是'瘴气'的'瘴'呢。"与王老师的对话,又激发起了我对字词教学的一些思考。

其实,汉字大都是因表意而象形、指事、会意、形声的,就是由表意来决定字形和字音的,都是有其特定的"出身"的。每个字之所以有固定的字形,有固定的读音,或几个读音,这都是由字的意思决定的。如"折"这个字,读 zhé,表示动作行为的目的,比如,"我要折(zhé)断这个树枝"的意思;读 zhē,则表示做这件事的过程,如"拿着树枝在那里反复地折(zhē)腾";而读 shé 呢,则表示做这件事的结果,如"最终把树枝弄折(shé)了"。

再如,成语"鸠占鹊巢"常会被学生误写成"鸠占雀巢"。教师不妨启发学生去观察、比较斑鸠、喜鹊和麻雀的个头。结论肯定是这样的:斑鸠的个头与喜鹊差不多,占了喜鹊的窝会有用,而占那么小的麻雀窝,连个尾巴都放不下,还有什么用呢?这就叫生活化地、饶有兴趣地理解和记忆字形和词意。再像"谈笑风生"中的"生"有"风生气动、生气勃勃"之意味,不是简单的"风之声"之意味;"貌合神离"的"合"是"合心一意"之意,是在告诉我们无论多少个人都用一个心想事情,都用一个嘴巴说话;"各行其是"不是各做各的事情,是每个人都在按自己认为对的去做,"是"有自认为对的意味;"再接再厉"的"厉"本字为"砺",是"磨砺"之意,原指斗鸡斗了一阵之后需要在石头上再磨磨尖嘴巴,以使其更锋利。可见,很多成语中的易误字都是有很有趣的"出身故事"的,教师不妨指导学生回归这些故事,用心去感受、琢磨,之后他们就不会随便写错字了。还有,就是教学生回归造字法去理解和记忆。如,"闲暇"的"暇"与时光有关,所以从"日"旁,写作"暇";"闻名遐迩"的"遐",与路途和距离有关,所以从"辶"旁,写作"遐";成语"白玉微瑕"的"瑕"与玉上面的斑点儿有关,所以从"玉(王)"旁,写作"瑕"。总之,每个字都有它特定的音形义,都有其特定的音形义的成因,所以学生就应该究其本源,就应该音形义合为一体地去读准、活学、学好、理解和记牢。教师也要依据这个原则去教,教出乐趣、活力和智慧来,教出自主探究、举一反三、触类旁通的习惯和能力来,教出学习力、创造力和生活力来。

词语不但要会写和会读,更要会用。我们的词语教学之所以诟病多多,根本原因就在于死教教死,导致学生死学学死,还烦得要死、累得发昏。比如,一个成语是否用得准确?说到底,就是学生到底有没有真正弄清楚这个成语是怎么来的,吃透它的真意和适用范围。这是个非用心下真功夫不可的活儿,必须得深入生活和典故、认真学习和消化,根本就不必幻想会有什么"成语应试指津"之类的捷径。比如,"指鹿为马""炙手可热""弹冠相庆""目不窥园""举案齐眉"等成语,都是有其特定的典故、喻义和适用范围的,不可望文生义,胡乱使用。现在的各种媒体也胡乱使用成语,尤其是网络上,这确实也给教学造成了很大困难。所以,教师在指导学生学习成语时就更要运用生活化策略了。不仅要对这些有一定背景、容易望文生义,而人们却又不肯用心深究的成语着心用力,还应该到媒体上多多"采摘"误用成语之怪象,以指导学生思辨、理解和记忆。

教育的意义,在很大程度上讲,就是培育自觉和习惯。学生一旦具备了这种生活化的自觉和习惯,自然就会自觉地去深入词源、情理和典故、音形义融通地去学习和积累词语(包括成语),最终成就活学学活的智慧和能力,以不变应万变。不仅如此,学生更会在这种生活化的自觉、主动、智慧的学习与积累的过程中逐渐获得能力、品格和素养等的提升。这就叫做在教学生生活化地学习和积累词语的过程中自然无痕地立魂树人。相比之下,那种采用最古老的办法死填硬塞,甚至死命地逼着学生成百上千地死记硬背,虽也会一时有一定效果,但那毕竟是重压下的被迫死记,记得的也是"死货"。代价是沉重的,危害更是深重的。对此,有爱学生、做真教育之良知的师者切记!

4. 语法和修辞怎么来的就怎么教

说起语法和修辞是怎么来的,一般都会想到语法史和修辞史之类。我不想做这样的大学问,只想从语法和修辞与生活情理的渊源关系这个角度来讲几句。说实话,今天的高中语文教师确实很尴尬。当你问学生一个相对复杂一点儿的句子的主谓宾成分时,学生往往会回答你"没学过!"。当你问学生作者为什么要运用某种修辞手法的理由时,他们又往往回答"不知道!",或者仅仅是"生动感人"之类的空洞话语。究其缘由,其实也很简单,初中阶段淡化甚至取消语法教学,学生的那点语法知识还是从英语学科教学那里"舶来"的呢。至于修辞教学,也大多死记一些概念,不会辨析,更不善运用,因为从来就没有回归生活情理地活学过,就更不要谈什么学活和活用了。

不妨先以语法教学为例来谈谈这个问题。大家都知道,主语就是句子的陈述对象,宾语就是谓语的支配对象,谓语就是表述主语是什么和怎么样的成分。这是定义,是概念。如果没有回归生活情理去用心吃透,学生就是倒背如流也未见得就会用。所以,经常会出现这样的现象,就是学生对"我在吃饭"这个句子的主谓宾很清楚,但一遇到"这些黄瓜,王老师买了10斤,剩下的全都给李老师买走了""我看见王老师背着个包进办公室了,李老师提着个球拍去操场了,赵老师在班级教室前来回走动"这样的长句子就目瞪口呆了。其实,前者谓语即"王老师买了10斤,剩下的全都给李老师买走了",后者的宾语即"王老师背着个包进办公室了,李老师提着个球拍去操场了,赵老师在班级教室前来回走动"。学生为什么会找不到呢?就是因为仅仅死记概念,不能够回归生活情理用心体悟,吃透定义,甚至还以为只有动词、形容词才能做谓语,名词和代词才能做宾语呢。其实,从生活情理的角度来看,只要处于该成分的位置,无论它多短还是多长,就都只能做这个成分,这叫"在其位须谋其政"。这里还要强调一点,那就是生活化地吃透定义、划清句子成分还不是学好语法的最终目的。学好语法的最终目的应该是规范化地学好母语,生活化地运用母语。

句子有规范句也有变式句、省略句之类。在不同语境下,各种句式都各有其妙用,教师必须要下功夫结合文本语境和生活语境来扎实地教好和训练好学生,

第一辑　课堂活教篇

切实培养学生运用母语来建构自己的语言世界的能力。这才是语法教学的真正目的。比如,语法成分后置或前移的现象,都是有其特定语境下的特殊表意功能的。像"给我打馒头,两个,黑面儿的哦"这句话,之所以要两个定语后置,很可能是因为环境太吵,买馒头的人要把自己的意思表述得更清晰一些。这一点,古今汉语都是一样的。在古汉语教学中,我们教师往往都在定语后置、状语后置、宾语前置等倒装现象上下了很多死功夫,如归纳定语后置、状语后置、宾语前置等的类型,逼着学生死记硬背。对语言学习和语言历练而言,这其实就是在做无用功。"为人五,为窗八……"(引自《核舟记》)这不仅仅是像译文那么简单,就是"刻了五个人,八扇窗……",这分明是在强调那么小的桃核之上竟刻了那么多东西,可见王叔远的雕刻技艺有多么高超啊! 一句话,变式句都是有其特殊意味和特殊表意功能的。可见,仅仅把古汉语的变式句翻译成语法成分归位的现代汉语语句,而不去问这变式句的特殊表意功能,这无疑是对古人的汉语言功底的一种盲视,更是对古汉语表达艺术的一种糟蹋! 现在的高考还专门考译文,还专门把是否成功地把古汉语变式句翻译成了现代汉语的"规范句"作为考查点和评分点。实际上,真正应该好好考查的倒该是:这样的变式句对表情达意到底有什么特殊作用。

此外,高考常考到的判断和解析病句,也应该属于语法知识范畴。但实际上,一个句子有毛病,往往是人们讲话不守汉语规矩造成的。要么丢胳膊落腿儿(就是缺少必要成分),要么语无伦次(就是词语或成分次序不正确),要么浪费词语(就是成分赘余),要么语意不明(就是有歧义),要么不合逻辑(就是不合乎常理)。要解决好这个问题,适当的"讲考练"是必要的,但一味地靠死讲、死考和死练,恐怕不是解决问题的根本出路。其实,学生在校学习和在家庭、社会生活中是经常会遇到不规范、不健康的语言的。从在校学习的角度来看,口头答题、做简述题、写随笔、做作文等环节都是经常会遇到病句的(就是课文里也常会出现病句),教师应该教学生学会在学习实践中自觉矫正。从家庭和社会生活的角度来看,听说话、与人对话、看电视、读课本、报刊、文学文艺作品等活动中也是常会遇到病句的,教师还该教学生学会在活动中自觉去发现和矫正。比如,教学生留心自己所听到和读到的病句,自觉搜集、整理、汇总到专门的笔记本上。长期这样做,学生就会养成一种自觉、主动地矫正不规范、不健康的语言的好习惯,直至能够达到用耳朵都可以听出病句的程度。

再简要说说修辞等知识教学。修辞知识,其实也都是源于生活情理的。如,

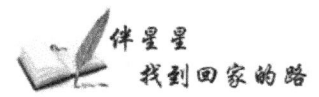

"生动、形象、含蓄地把话说好"需要比喻,"一桩桩一件件地数落"需要排比,不故意夸大或缩小事实就不能很到位地表达说话人的某种"故意"就是夸张。总之,所有的修辞现象都是有其情由的,都是由说话人特殊的表意需求所决定的。知识是怎么来的,学生就该怎么学;学生怎么学,教师就该怎么教。所以,教师必须回归生活去活教教活,学生也必须回归生活活学学活。只有这样教与学,才有可能真正使学生学活、学实、学会和会学,才有可能真正培育学生学习力、感悟力和生活力。

整天把学生圈在教室里,硬塞给他们一些僵死的概念,结果只会把学生活活教傻、教死!一味铺天盖地、无止无休地练习和考试,也许会有点儿眼前效应,但绝不会产生长久功效,根本谈不上什么习惯、素养和能力的形成,更谈不上形成终身受用的学习力、思维力和运用力。

5."五教会"：生活化背景下文言文教读策略

文言文的语言形式距现代白话文很远，教读起来向来都不轻松，现在则似乎越来越难了。然而，学生现在和将来都是要与历史和经典对话的，都要传承和弘扬优秀传统文化，都要知古鉴今、处世为人，因此还必须得学好文言文，打下一定的文言基础。不仅如此，学好文言文，对提高一个人的语文素养和母语表达能力也是很有益的。为此，我认为，我们做语文教师还真的得下些功夫把文言文教好。下面，是我在生活化文言文教学实践中的几点体会和认识。

第一，教学生会"摇头"。鲁迅先生在散文《从百草园到三味书屋》，曾描写学生摇头晃脑诵读古文的情景，流露出先生的嘲讽之意。其实，诵读古文还真就得摇头晃脑，否则就很难找到感觉，很难体会到文言语句的韵味。比如，《隆中对》中的"孤之有孔明，犹鱼之有水也"一句，教师不妨就让学生摇起头来读读，那种文言语句所特有的韵味自然出来了。如果删掉句子中的两个"之"字，头和脖子就仿佛一下子僵在了那里，摇晃起来就不再那么惬意、自然了。现在的问题是，一些教师总是直接地去翻译语句，讲什么其中的两个"之"有取消句子独立性的作用之类，把本来很有韵味的文言语句讲得干巴巴，令学生听而生畏甚至生厌。其实，只要指导学生摇头晃脑地多读几遍，待他们的感觉上来了，再由感性到理性地讲讲句子的语法结构形式，效果往往会更好。其实，古人哪里会想到什么"取消句子独立性"，只是觉得读起来更舒缓自如，更有文言韵味。有时，甚至一些字词的特殊意味，学生一摇头晃脑地读起来，也能够比较真切地感受到。如，《五人墓碑记》中的"夫五人之死，去今之墓而葬焉，其为时止十有一月耳"这几句，若去掉"夫""之""而""有""耳"等词，语言信息毫无变化，但句子的韵味和意味都荡然无存了，尤其是学生的头，根本就无法惬意自如地摇晃起来了。如果教师肯指导学生依原句摇头晃脑地多读几遍，"夫"的发语作用、"之"的语助和衬音作用、"而"的承接意味、"有"的通"又"意味、"耳"的"罢了"意味等，自然就从句子中流淌出来了。再比如，《师说》中的"古之圣人，其出人也远矣，犹且从师而问焉；今之众人，其下圣人也亦远矣，而耻学于师"几句，学生摇头晃脑地多诵读几遍，自然会更深刻地体会到"其出人也""其下圣人也"等处（即"也"字之后）必须停顿，以

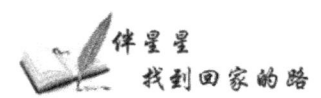

表示一种明显的差距。至于"犹且从师而问焉"中的"而"和"焉","而耻学于师"中的"而"和"于",也不难品味出其不同意味,前者的"而"和"焉"可分别解释成"之后"和"他",后者的"而"和"于"可分别解释成"却"和"向"。其实,在古人那里,这里的"而""焉""于"等,也都是为了诵读起来语气更舒缓而设的,否则,读起来就会感到硬撅撅、僵巴巴的。至于其语法作用和应解释成的词意,都是后人琢磨出来的,古人也许并没有考虑到这些。举了这些例子,我意在强调,如果教师长期有意识地这样启发、点拨学生诵读,学生就会找到那种感觉,养成一种良好的文言文诵读习惯,进而凭自己的文言语感多读、多味、多悟,形成较强的文言文阅读、理解能力。我的做法是,像英语教师设"英语角"那样,让学生每天都有机会摇头晃脑地诵读文言文,或用早读时间,或用课前三五分钟时间。我的教学实践表明,让学生每天坚持诵读,并总是摇头晃脑地找感觉,充分享受诵读文言文的惬意与快乐,学生学习文言文的兴趣自然就会高起来,同时学好文言文的信心也会随之大大增强。

第二,教学生会"猜字"。所谓"猜字",就是教师教学生根据语境猜出某字的意思,而后再查阅词典之类工具书来印证。《鸿门宴》里有几句话:"秦时与臣游,项伯杀人,臣活之;今事有急,故幸来告良。"这几句中的"幸"字,教学参考书和大多数《中学文言文翻译》之类的书都解释成"幸好"。为了把话翻译顺畅,还故意不理睬"故"字,最终翻译成:

秦朝时,(项伯)与我一起游学,项伯曾经杀人,我(设法)让他活了下来。现在情况有了危急,幸好来告诉我张良。

这样处理"幸"字很别扭,是很经不起推敲的。其实,只要教学生深入前后语境,认真思考、推敲,就不难猜到这个"幸"字有"幸运"的意味,即给有恩于己的人做事感到很幸运。试想,张良曾使因杀人而犯了死罪的项伯免于一死,而这个救命之恩一直没有机会报答呢。这回,终于有报恩的机会了,项伯能不感到幸运吗?能不去告诉张良快逃命吗?因此,这几句的正确翻译应该是:

秦朝时,(项伯)与我一起游学,项伯曾经杀人,我(设法)让他活了下来。现在情况有了危急,所以他深感幸运地来告诉我张良。

再如,《廉颇蔺相如列传》中的三个句子:

(1)乃设九宾礼于廷,引赵使者蔺相如。

(2)左右或欲引相如去,秦王因曰……

第一辑　课堂活教篇

（3）望见廉颇，相如引车避匿。

每个句子中都有一个"引"字，分别解释为"请""拉""调转车头"。其实，教读课文时，教师根本没必要直接讲解出这三个"引"的意思来，也无须让学生马上去翻查词典，而应该结合具体的语言环境启发、点拨学生去大胆地猜，而后再查阅工具书来印证。"调转车头"这个意思不大容易猜读，我就启发学生：在那种即将迎面相遇、又不想直接冲突的情形下，蔺相如该怎么处理马车行走的方向呢？学生在我的启发下，很快就猜读出这个"引"字的意思来了。这样教读，能够最大限度确保在教师的导引下学生灵魂站立着学习、猜想和探究，也确保了教文和立人有机相融及效益的最大化。

第三，教学生会"串钱"。教学生会"串钱"，是教学生会积累的形象说法，就是要像古人串铜钱那样积累文言字词和知识。学会积累，对学生学好文言文确实太重要了。在生活化语文教学实践中，就这个问题，我主要做到了三点：

一是积累字词生活化。现在的大纲和考纲均要求学生积累并掌握120个文言实词和18个虚词。严格地讲，这个数量是不够的，无论是旨在应对高考还是旨在提高文言文阅读能力。多年来，我一直坚持让高中学生三年积累600个文言词语。具体的做法是，每讲一篇文言文（包括训练和考试的文本），就师生一起圈定十多个文言词语（尽量避免重复），要求学生在词典上标好这些词语，并重点画出疑难义项（一般情况下不容易想得到的），如"字"有"生育"之意，"特"有"三岁或四岁兽"之意，"顾"有"只是"之意等。不仅标画出来，还要用专门的本子把这些特殊意思记录下来并标序，平时经常翻阅、记忆，成为一种生活习惯。

二是积累文化常识常态化。我曾给学生编写过一本小册子《走进古人的文化生活》，涉及古代官职、刑罚、祭祀、礼俗、历法等十多个方面，要求学生常读，常消化。比如，《琵琶行》中有"春江花朝秋月夜，往往取酒还独倾"两句，其中的"花朝"绝不是"开满春花的早晨"之意，而是古代的一个节日——花朝节，这样的知识都需要学生点滴积累。学生学习和积累古代文化常识常态化、生活化了，其古文化知识积累自然也就慢慢厚实起来了，同时其自主精神和主动人格也就自然地随之慢慢发育起来了。

三是积累文言语法知识生态化。古汉语中的词性变化、使动、意动等语法现象向来是文言文教学的"重灾区"，常常是教师教得疲惫不堪，而学生却还在那里昏昏然。对此，教师可以引导学生回归他们自己的成语学习生活，回归现实生活

21

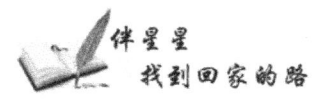

中的一些语言现象来进行生态化积累。如,"祸国殃民"中的"祸"和"殃"就分别有"使……受害""使……遭殃"之意,"草菅人命"中的"草菅"有"把……看作草芥"之意,"不远千里"中的"远"有"以……为远"之意,"杀一儆百"中的"一"和"百"就分别有"一个人"和"许多人"之意,等等。再如,"美丽一次(美丽,形容词作动词,意思是漂漂亮亮地活)""端正态度(端正,形容词动化——使动,意思是使……端正)""木在那儿了(木,名词动化,意思是发呆)"等。

在课本中学活,在生活中活学,活积累,积累活。这不仅会使学生在生活中处处都能品尝到文言学习的快乐,而且还会使学生在快乐活泼的文言学习和积累中不断提升语言能力和素养。

第四,教学生会"理丝"。教学生会"理丝",就是教学生会分析、梳理遣词造句、布局谋篇上思路的形象说法。对于门外汉来讲,文章常常就像一盘乱丝,剪不断理还乱;对于行家来讲,这盘乱丝则是可以疏通理顺的。如,杜牧《阿房宫赋》有这样几句:

明星荧荧,开妆镜也;绿云扰扰,梳晓鬟也;渭流涨腻,弃脂水也;烟斜雾横,焚椒兰也。雷霆乍惊,宫车过也;辘辘远听,杳不知其所之也。一肌一容,尽态极妍,缦立远视,而望幸焉。有不得见者,三十六年。

这段文字严格按时间和因果顺序落笔,梳洗打扮——焚香待君——君车过去,不知所至,结果"有不得见者,三十六年"。理清了这样的语言表达思路,对学生牢固地记诵文言文是很有益的。很多经典名篇,其语言表达思路都是有着严谨的时空和逻辑顺序的,教师一定要指导学生深入其里,用心把它疏通理顺,直至最终背诵下来。这既是一个分析、梳理、探究的过程,更是一个用心美读、充分享受的过程。我认为,背诵经典,就是用生命和心灵与作者对话,直至灵魂相通,就仿佛在诵读自己的佳作一样。

现在,急功近利的应试化背诵现象很普遍,动辄就让学生死记硬背,结果搞得学生叫苦不迭,十分无奈,厌学厌背。说实话,高中学生的机械记忆能力不如以前了,而且负担重,时间紧,压力大。所以,教师应该在强化他们的理解记忆上多下些功夫,教会他们"理丝"就是一条很好的途径。这不仅有益于学生高效记忆、终生记忆,更有益于他们认识到背诵的本质,提高语言思维能力。

第五,教学生会"细品"。一篇经典文言文,往往是很讲究语言表达艺术和技巧的,正如一盘盘佳肴,很值得我们好好教学生去用心细品。

第一辑 课堂活教篇

师生可以一道深入细品经典古诗文的遣词造句、布局谋篇和运招用技等方面的艺术，就像阅读欣赏现代散文和小说那样。如，读《琵琶行》，可以细品"别有幽愁暗恨生""今夜闻君琵琶语"等诗句中的"幽"和"语"等词的真味；读《兵车行》，可以细品"牵衣顿足拦道哭""哭声直上干云霄"等诗句的真味；读《鸿门宴》，可以细品司马迁的写人笔法——语言、动作、肖像、心理、细节描写无所不用，刻画出来的人物栩栩如生，声音犹响耳畔，形貌如临眼前；读《荆轲刺秦王》，细品"易水送别"高妙的烘托艺术——众人雪白的衣冠，高渐离击筑的"变徵之声"，"风萧萧兮易水寒，壮士一去兮不复还！"的慷慨羽声之悲歌，无不令人心生悲慨；读《触龙说赵太后》，可以细品触龙高超说人艺术——巧妙类喻，由浅入深，措辞考究，用语得体，动之以情，晓之以理。

古诗文的写作艺术同样精彩纷呈，变幻不尽。教读时必须要引导学生深入课文和作者，用生命和灵魂去细品、多嚼、深味，进而真正使他们有所体验、感受、思辨和感悟。

语文教学的根本目标就是教文立人。教文，就是教学生学好语文，掌握母语；立人，就是铸魂立人。文言文教学，也应该同样有着这样的根本目标。高考只考实词解释、内容理解、句子翻译，于是几乎所有的语文教师就都死盯着这几点死教硬练，把文言文教学搞得远离生活，远离学生的生命和心智，这肯定是眼光短浅，危害无穷的。对此，我们一定要深刻反思并守本务实地加以科学实践，以切实担当起教文立人的神圣使命。

6. 破开应试化背景下古诗词教学的死结

请看当下古诗词教学的常态：先让学生读一遍，接下来把生字生词讲讲，把课文由前到后翻译一下，再接下来由教师引经据典、照本宣科地讲析一通了事。什么意象、意境、用词、写景、融情、寓理、表达艺术等，几乎都统统由教师直接讲析给学生。好一点的状况，则由教师先把一些结论或"成说"摆出来，然后牵引着学生到诗词里去找"证据"，还以为这就是引导学生去探究和发现呢。如果大纲和高考要求背诵这首古诗词，就课后逼着学生死背死记。整个教学过程几乎见不到学生深入课文生活的体验、感受、联想、想象和品悟，僵化、平淡、乏味、低效，没有一丁点儿活气。最可怕的是，在大家都拿高考来说事的大背景下，这已然成了一个几乎无人敢去破开的死结。至于教师又该怎样教学生运用乃至尝试写作古诗词，则更成了天方夜谭。那么，我们究竟该怎样去破开应试化背景下古诗词教学的这个死结，进而走上生活化的真诗词教学之路呢？我认为，最起码要做到以下几点：

第一，教学生真读进去。无论哪一首古典诗词，都是有其特定的情感、意愿、理趣等内涵的，其内涵都是可以通过真正的深读、体验、感受、思辨、感悟而品味出来的。如苏轼的《念奴娇·大江东去》，辛弃疾的《永遇乐·京口北固亭怀古》，柳永的《八声甘州·对潇潇暮雨洒江天》等。有的诗词作品内涵比较深且多元，一开始学生可能比较难于品悟出来或品悟出来的不多。这时，教师不妨切入一些创作背景，让学生深入作者生活，尤其是深入作者当时的处境和心境，进而指导学生再去深入地深读、体验、感受、思辨和感悟，他们定能够较先前品悟出更多的东西来。如果感觉深度和广度还有欠缺，教师不妨再切入一些创作背景，进一步启发、引导学生深读、深思、深品、深悟。有时甚至还要充分调动学生的生活积淀，链接教师的生活阅历来启发、点拨学生真读作品、深读进去，直至读懂诗词的精神或情感内涵。比如，要真正读懂词人苏东坡的"人生如梦，一尊还酹江月"和辛弃疾的"凭谁问，廉颇老矣，尚能饭否？"就必须要引导学生不断深入词的创作背景和词人的内心世界。不反复深入体察、感受作者的心境，学生就很难真正品味出这词句中的真滋味。比如，仅仅品出词人如何慨叹报国无门、人生无为，似乎还不够味。因为这词句里面同样蕴含着他们对生活的热爱、对成功人生的钦慕以及对朝廷昏庸无为的愤慨等，还需要教师再引导学生深入作者生活和作品生活（包括语境、情境、意境等）。再比如，词人柳永为什么会"不忍登高临远"？又为什么会"归思难收"？仅仅靠切入创作背景恐怕还略嫌不足，还要充分调动师生自己的生活积累，更加深入地体察、感受柳永被君王黜落、"奉旨填词"，人生失意的那种空虚、失落、孤独和悲哀之情。不论教师还是学生，我认为，一般都会有失落、空虚、孤独、伤感之类的经历或体验的，不妨就启发学生充分调动出来，或者教师把自己的体验讲述出来。拿自心参比人心，师生一起充分、深刻地体验和感受一番，这无论如何都会有助于学生深品词句的真味。说到底，古诗词赏析最基础的一环就是教师引导学生扎扎实实地真读进去。不真正地深度读进去，就无法真正读懂悟出作品情感、意愿、理趣等方面的内涵。当然，有些诗词的内涵确实无法达诂，甚至永远都不可能读得太透，如李商隐的《锦瑟》等，但还是可以通过真正的深读进去来品出一些真味的。

第二，教学生真做赏析。学生深读进去了，也就自然可以进入真正的赏析了，也就自然可以获得真赏析带来的真快乐了。否则，似懂非懂、半懂不懂，甚至根本没有读懂，就急于去探究和赏析什么意象、意境、艺术等，结果只会导致教师强塞硬灌，学生糊里糊涂地被动、生硬地接收一些概念、术语、赏析方法之类。那么，赏析什么呢？无外乎欣赏和评价作者在炼字用词、意象意境、绘景融情、写物寓理、修辞和技法等方面究竟做得如何，又有什么独到之处。这里还必须重申，这些东西的赏析和评价，只能在学生品出了诗词真味的基础上进行，永远是第二位的。因为只有品透了作品的"真味"，才会真明白作者炼字用词、绘景融情、写物寓理、选择意象、创设意境、运用修辞和技法等独到处和真意图。也才会真正达到心领神会、美不胜言的审美境界，才称得上是在用生命和灵魂做真赏析，才真的会使学生一辈子难忘并受益不尽。面对滚滚东去的长江水，站在赤鼻矶旁的苏东坡为什么会想到周瑜呢？因为此地（起码苏轼这样以为）与周瑜有关，身遭逆境、壮志难酬的他正在追慕周瑜年少得志，在拿周瑜自比，进而曲隐地表达自己的感慨。苏轼又为什么要篡改史实，创造"小乔初嫁"的典故呢？因为这有利于渲染、衬托出周瑜的"雄姿英发"，更有利于强化自己的追慕和感慨。苏轼所描绘的"乱石穿空，惊涛拍岸，卷起千堆雪"的壮丽景象又有什么作用呢？因为只有这样的壮丽、凶险的景象才配得上用来烘托周瑜这个英雄形象，也是为了进一步突出周瑜的英雄气概，强化词人的追慕和感慨。如果学生根本品不出这首词还有一种苏轼追慕古代英雄周瑜少年得志，感慨自己身陷逆境、壮志

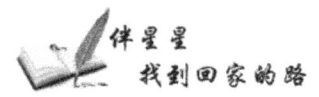

难酬的"真味",他们又怎么能真正赏悟到这些写法的真意图和妙处呢?再如,柳永笔下为什么也会有"对潇潇暮雨洒江天,一番洗清秋。渐霜风凄紧,关河冷落,残照当楼。是处红衰翠减,苒苒物华休"这样寥廓、悲壮的景象呢?是因为他心中久久压抑着一种不得志、一种剪不断理还乱的怨怒和愁苦。柳永是不可能真的做到"浮名利,拟拚休。是非莫挂心头"的。这只是表象,只是词人失意之后的牢骚话,骨子里还是忘不了功名,他还想着"富贵岂由人,时会高志须酬"呢(两词句均引自柳永《如鱼水》)。所以,当他被皇帝黜落、"奉旨填词",长时间无所顾忌地纵游妓馆酒楼之后,他感到自己更加空虚、失落、孤独和悲哀!于是乎他的笔下就出现了这样的悲壮景象,真可谓不知何为暮雨、江天、清秋、霜风、关河、残照、红衰翠减,何为词人自己的形象,物我合一也。这景象烘托词人的情感,这景象又融进了词人的情感,这一个个意象又皆因词人的情感而成为意象,这意境又皆因这种种意象合力渲染而成。那一句"无语东流"的长江水,更是深蕴着词人的这种空虚、失落、孤独和悲哀,一切尽在无语之中,令读者深味不已。话再说回来,如果不深入作品的创作背景,不走进作者的心灵,不用心体察、感受、思考和品悟作者所要表达的思想情感,又怎么会有如此深入生命的赏析呢?又怎么能赏析出这些艺术手法之妙呢?

第三,教学生真用起来。读过唐诗、宋词、元曲、清诗的人都会有这样一种感觉,那就是代代有传承代代有化用。比如,王实甫的元杂剧剧本《西厢记》里的"淋漓襟袖啼红泪,比司马青衫更湿。伯劳东去燕西飞,未登程先问归期""遍人间烦恼填胸臆,量这些大小车儿如何载得起"等几句,明显就有化用前人诗句的痕迹(尽管他化得很巧妙)。其实,远不止古典诗词这样,就是古今散文、小说,不也是常见到这样的化用甚至直接引用吗?我们都是踩着前人文化的肩膀过来的,文化骨髓里都自然存留着先辈们的文化基因。我们今天所讲的话语,所谈论的道理,谁敢保证都是前人没有讲到的?读书绝不仅仅是为了消遣、欣赏等,更是为了吸收、评判和运用。所谓的运用就是加以思辨、评判、消化和吸收,就是学以致用。就这一点而言,古诗词的学习和赏析也不能例外。这里要强调的是:我们教学生学习、赏析古典诗词,也不能仅仅停留在学习和赏析上,还要适当教学生化用或直接引用,用以建构他们自己的语言世界,并逐渐使自己获得发展和提升。为此,教师一定要在教学实践中做到:多举出些古人化用或引用前人诗(词)句的实例,让学生充分地加以体验和感受;教学生思考、感悟古人的化用方法,在自己的写作、交际中用好古诗词经典名句;指导学生做个性化的理解、消化和吸收,真正形成个

第一辑　课堂活教篇

性化的文化和语言积淀；及时鼓励做得出色的同学,营造浓郁的化用古诗词的氛围,培养良好习惯,不断提升学生的语言能力和精神文化素养。

第四,教学生真写诗词。据考察,台湾古典诗词教学就要求学生能够写作浅易的古诗词。说实话,写作古诗词,对一部分学生而言,可能成为他们的终身爱好。这样看来,教学生写作古典诗词确实很有必要,也应该扎实地做好(可以安排选修课)。当然,对于大多数学生而言,将来就不一定把写作古诗词作为终身爱好,似乎就没什么大必要了,这确实也很有道理。但是,我要强调的是,大多数学生适度学学如何写作古典诗词,并有限地尝试着写上几首,这对他们真正读懂、赏析好古典诗词无疑是大有益处的,也肯定会大大促进学生对古典诗词的品读、赏析和评价能力的提升的。再补充强调一点,教学生真用和真作古典诗词,这一点在我们的大纲和课标里均没有明文规定,但这绝不是我们无所作为的理由。我们的古诗词教学一定要立意于学生的人生、生活和未来,一定要为学生修养身心、提高素养、提升境界和终身发展而有所作为。我们先做起来了,并且做好了,大纲和课标自然也就会关注了。

7. 文言文翻译扼杀掉的"语文味"

我们之所以要教学生翻译文言文,是为了让学生更好地理解课文的思想内容,绝不仅仅是用来考试的。现在的文言文课之所以仅仅成了讲析词句,精准翻译课文的代名词,就是因为高考要考词语和翻译。实际上,文言文教学也是为了教学生学好语文,训练好语言,接受好做人教育的载体,翻译文言文仅仅是教学的一个环节,绝不是目的。为了更好地说明问题,请先看王羲之《兰亭集序》的译文:

永和九年,即癸丑年,三月之初,(名士们)在会稽郡山北面的兰亭聚会,到水边进行消灾求福的活动。许多有声望有才气的人都来了,有年轻的,也有年长的。这里有高大的山和险峻的岭,有茂密的树林和高高的竹子,又有清水急流,(在亭的)左右辉映环绕。把水引到(亭中)的环形水渠里来,让酒杯漂流水上(供人们取饮)。人们在曲水旁边排列而坐,虽然没有管弦齐奏的盛况,(可是)一边饮酒一边赋诗,也足以痛快地表达各自埋藏在心中的情怀。

这一天,天气晴朗,和风轻轻吹来。向上看,天空广大无边,向下看,地上事物如此繁多,这样来纵展眼力,开阔胸怀,穷尽视和听的享受,实在快乐啊!

人们彼此相处,俯仰之间一辈子。有的人喜欢讲自己的志趣抱负,在室内(跟朋友)面对面地交谈;有的人就着自己所爱好的事物寄托情怀,不受任何约束,放纵地生活。尽管人们的爱好千差万别,或好静,或好动,也不相同,(可是又都有这样的体验)当他们对所接触的事物感到高兴时,自己所要的东西暂时得到了,快乐而自足,竟不觉得衰老即将到来;待到对于自己所喜爱或得到的事物感到厌倦,心情随着当前的境况而变化,感慨油然而生,以前感到欢快的事顷刻之间变为陈迹了,仍然不能不因此感慨不已,何况人寿的长短随着造化而定,最后一切都化为乌有。古人说:"死和生也是件大事啊!"怎能不悲痛呢?

每当我看到前人发生感慨的缘由,如果碰到和我想法一样的,(我)总是面对着(他们的)文章而嗟叹感伤,心里又不明白为什么会这样。(我)本来就知道,把生和死同等看待是荒谬的,把长寿和短命同等看待是妄造的。后人看待今天,也像今人看待以前一样,真是可悲啊!因此我一一记下当时与会的人,录下他们作

第一辑　课堂活教篇

的诗。纵使时代变了,世事不同了,人们的思想情趣是一样的。后世的读者也将有感于这次集会的诗文。

(译文引自《巨人中考网初中资源库·语文·文言文阅读》)

说心里话,这样的译文真的失去了很多"语文味",与原文的语言美、节奏美、韵律美、典雅美等都是没法比的。

请看,"这里有高大的山和陡峻的岭,有茂密的树林和高高的竹子,又有清水急流,(在亭的)左右辉映环绕。把水引到(亭中)的环形水渠里来,让酒杯飘流水上(供人们取饮)。人们在曲水旁边排列而坐,虽然没有管弦齐奏的盛况,(可是)一边饮酒一边赋诗,也足以痛快地表达各自埋藏在心中的情怀"这段译文的原文是"此地有崇山峻岭,茂林修竹,又有清流激湍,映带左右。引以为流觞曲水,列坐其次,虽无丝竹管弦之盛,一觞一咏,亦足以畅叙幽情"。我们只需做一番比较阅读,就不难发现译文对原文的戕害:原文那种节奏美、韵律美甚至景象美和情境美几乎都荡然无存了。至于学生诵读起来那种朗朗上口、摇头晃脑、陶醉其中的得意和快乐也都不存在了,也就根本无法享受到经典文言美文的"真味"了。

请看,"这一天,天气晴朗,和风轻轻吹来。向上看,天空广大无边,向下看,地上事物如此繁多,这样来纵展眼力,开阔胸怀,穷尽视和听的享受,实在快乐啊!"的原文是"仰观宇宙之大,俯察品类之盛,所以游目骋怀,足以极视听之娱,信可乐也"。这段话里有"之大""之盛""之娱"等三处定语后置情况。之所以要定语后置,一是为了使语句节奏整齐和谐;二是为了突出定语所要表达的内容。前者大家比较好理解,就不多说了。后者则需一一说明:"之大"强调宇宙浩大无边,实在是太大了,有强烈的赞叹意味;"之盛"强调世间万物品类实在是太多太繁盛了,也有很强烈的赞叹意味;"之娱"强调宇宙万物给人们的视听带来愉悦真是太丰富了,大有"真是一次就可以看个饱听个够啊"之意味。我也不知该怎么翻译会更好,反正这几句译文则是苍白无力的——干嘛非得翻译呢?再如,"人马烧溺死者甚众"(引自《赤壁之战》)这一句,很多资料都严格遵守后置定语须迁移的死规矩,把它翻译成"被烧死淹死的人马特别多"。其实,这句话的翻译根本就没有必要死守这个死规矩,翻译成"人马被烧死淹死的特别多"应该更顺畅一些;但是,学生这样翻译肯定要被扣分的,理由就是后置定语"烧溺死者"没有前移——我们的一线教师和一些考试指导专家就是在这样死教死导和死评着!严格地讲,就是翻译成"人马被烧死淹死的特别多"也远不够味,因为这里面还有"曹操的人

29

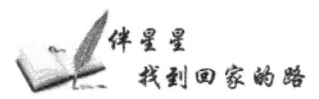

马真是败得太惨了！"等意味，翻译时最好补上，译成"曹操的人马败得那个惨啊，烧死淹死的特别多，无计其数啊"。意味倒是接近作者了，但分数可能就被无情地扣光了！这就是高考死考文言文翻译的恶果啊！

请看，"每当我看到前人发生感慨的缘由，如果碰到和我想法一样的，（我）总是面对着（他们的）文章而嗟叹感伤，心里又不明白为什么会这样。（我）本来就知道，把生和死同等看待是荒谬的，把长寿和短命同等看待是妄造的。后人看待今天，也像今人看待以前一样，真是可悲啊！"的原文是"每览昔人兴感之由，若合一契，未尝不临文嗟悼，不能喻之于怀。固知一死生为虚诞，齐彭殇为妄作。后之视今，亦犹今之视昔，悲夫！"。原文中"齐彭殇"的意思是：把长寿和短命等量齐观。彭，彭祖，相传为颛顼帝的玄孙，活了八百岁。殇，指短命夭折的人。这几句话中运用了"彭祖长寿"这个文化典故，仅仅读译文是根本看不出来的，或者说这个文化典故已经被转译掉了。再如，"我持白璧一双，欲献项王，玉斗一双，欲与亚父。会其怒，不敢献。公为我献之。张良曰：'谨诺。'"（引自《鸿门宴》）这几句中张良的话"谨诺。"，一般资料仅仅翻译成"行。"，这就把意味翻译走了呀。这句话中的"谨"字有君尊臣卑的意味，有中华民族的传统文化在里面。如果实在非翻译不可，那只好翻译成"张良很恭敬地说：'主公，可以，我一定代您办好。'"之类。就是这样，恐怕味道还不够呢。现在的中学生，动辄上课抄译文、下课背译文，还不知要背掉多少"古典文化"呢。

可见，文言文翻译会扼杀掉许多"语文味"的，不可不谨慎为之啊。当然，高考要考文言文翻译，大多是从要重视文言文教学的角度考虑的，但命题人万万没有意料到高考怎么考一线就怎么教啊，更没有意识到文言文翻译还会有这么多危害啊。那么，文言文教学过程中到底还要不要翻译课文这个环节呢？当然要啦！我们极力反对的是：文言文教学直接等同于课文翻译，严重忽视语言表达艺术以及人文精神、传统文化、思想情感、人生哲理等方面的学习，并且还人为地极端应试化、功利化。当然，不宜翻译的经典美文还是尽量不翻译的好。我的做法是：每天都要求学生利用三五分钟课前实践诵读经典文言美文（包括古诗词），不管这个阶段是否在教学文言文。这样做就是为了让学生每天都美读文言，感受文言，真正感悟到文言文的节奏美、韵律美、文字美和内涵美，真正体悟到文言的诵读规律和方法。比如，《兰亭集序》中的"夫人之相与，俯仰一世，或取诸怀抱，悟言一室之内；或因寄所托，放浪形骸之外。虽取舍万殊，静躁不同，当其欣于所遇，暂得于己,快然自足,不知老之将至。及其所之既倦,情随事迁,感慨系之矣"这几句,如果在"悟言""放浪"后加上"于"或删掉"其欣""暂得"后的"于"以及"人之相与"前的"夫"、"不知老"后的"之"等,意思是不会变的,但诵读起来脖子都会僵梗在那里的,那种文言的韵味就彻底没有了。这一点,一定要教学生多诵读多体味,才有可能体悟得到。

最后,真情建议高考不要再考查文言文翻译了。因为,平时教学文言文时教师终归要领着学生翻译课文的,以达到读懂课文的目的——高考命题要再上位,如考查内容概括、思想提炼、艺术赏析等主观表述题。如果高考再来考查什么文言文翻译,一线教师就会考什么教什么,怎么考怎么教,尤其极端精准化、功利化的模拟训练,只会把教学和备考都推向僵死或异化。这对学生,对古典文化,对母语教育,对"教文""立人"等无疑都是祸害无尽的。

8. 高中语文教学尤需把细节抓实做好

语文教师要能够把"教文""立人"有机融合为一体,既要教好文又要立好人,高中语文教师尤其要能够做好。这道理谁都懂,但在具体的"教文"过程中,大家往往都更多地关注明处和大处,而忽视细处和一些惯性的东西,高中阶段的语文教学表现得更为严重。常言道,教育无小事,育人是大事。从这个意义上讲,高中语文教学的确该高度重视并抓实做好以下一些细节了。

一、教学生趁热查查词典

当下,如果你留心,就会发现学生的课桌上几乎看不到词典了。一问,不是没有买就是忘记带了。这绝不是个别地区的个别现象,可谓有学生处几乎皆如是。严格地讲,这不能怪学生,要怪也只能怪我们语文教师重视不够。如果我们都能够要求学生必备词典,并总是在课堂上让他们趁热查查,现场自主、独立、生态化地解决一些疑难字词,局面也许就不会这么尴尬了。尤其是一些文言词,教师若先引导学生结合语境去猜读它到底是啥意思,而后再让学生查词典来印证,其效果肯定比教师直接讲要好得多。如《廉颇蔺相如列传》中的"望见廉颇,相如引车避匿"中的"引"字,教师可以先启发学生:蔺相如不愿意与廉颇直接发生矛盾冲突,他会让车怎么走。学生一般都会猜到"要躲开""调转车头"之类。之后,再让学生查词典来印证,他们往往会欣喜若狂,信心大增。长期这样做,学生就会变得积极主动,做事能力、自主精神和主动人格也会随之慢慢发育并提升。事实上,一旦充分享受到这种成功和快乐,也就不会再有那么多学生总是忘带甚或不买词典了。非但不这样,反而还会积极主动地买词典和带词典——我的教学实践就足可证明这一点。现在的字词教学,多是"难读字汇集""多音字汇集""易错字汇集"的"集装袋"和"ABCD"式的练习了。这好像是方便了学生,强化了基本功练习,实际上是应试背景下的死记硬背和急功近利。这种字词教学方式,不仅在根本上违背语言文字的习得规律,更是剥夺学生自主参与、探究和发现的权益,扼杀他们的自主性和主动性。大量事实证明,学生考试时做对了题,而现实生活中他们却还是照样读白字,写错字,说不规范的话。道理很简单,就是他们从未主动地用心去查阅、发现、理解和记忆,根本就没有在自己的生命里打下烙印,完全是在无奈地应付考试。我们都知道,人们饥饿的时候才会更主动地找饭吃,才会感到吃饭更香,学生读课文遇到了文字障碍,自己趁热查查词典,用心去发现、理解、记忆,进而把课文读得通顺、深刻,也是一样的道理。同时,教学生这样做也是最生态、最人性化、最符合语言文字习得规律的。这过程本身就是教学生灵魂站立着学习,就是在自然而有机地渗入"立人"。长期坚持这样做,对学生学文做人必然益处多多。当然,这样讲,并不等于就彻底否定"难读字汇集""多音字汇集""易错字汇集"之类。我只想强调,这些"汇集"之类最好是学生曾经的自主学得,且早已深深打上了他们生命的烙印,而绝不是"外力"硬塞给他们的。前者所成就的是一种独立自主的生命体,后者则只能压制出被动应付的奴性人格。

二、教学生实打实地做好课堂笔记

说起做课堂笔记,现在的语文教师(尤其是青年教师),几乎有一种隔世之感。什么"中心思想""段落大意"等,早就被一些"改革者"批到臭了,甚至一提起来有的人就会打心底厌烦。其实,这种认识很偏激,也很有危害。课堂笔记终归还是要做的,不仅要做,还必须认真、扎实地做好。我们坚决反对过去那种把"中心思想""段落大意"等直接干巴巴地抄给学生的做法,但绝不等于说可以不要这些教学环节了。现在的一些语文课堂,对这类问题的处理,要么由教师用"光电"手段来处理,要么由师生对话取而代之,要么干脆由学生一通"自主合作探究"而不了了之。一堂课下来,闹闹哄哄、忙忙乎乎、花花哨哨地折腾一通,学生却往往没什么实际收益。理解、概括、提炼、整理,这是实实在在的语言运用能力,学生未来的生活、工作、读书、学习都十分需要,是必须扎扎实实地培养和训练的,而且训练的主阵地也只能在课堂。然而,今天的语文课堂却总是让人很失望。实际上,师生对话交流、合作探究所得出来的原生态结论,如果不能由学生实打实地来概括、提炼、加工、整理出来,在某种程度上讲,课堂教读就没多少意义了。这个实打实的操作过程,就是语言运用能力的培养和训练真过程,更是学生精神和人格历练的真过程,是绝不可绕越甚或取消的。问题要一个一个地思辨、分析、探究,结论须一字一句地认真斟酌、推敲、概括、提炼、整理,整个过程师生都要尽心投入,尽力而为。

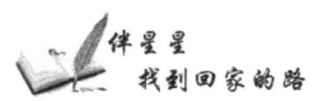

三、教学生用心掂量口头回答问题的词句

现在的课堂，教师提问，学生口答之后，常会是一片"很好！"和"很棒！"之类。其实，现实情况往往并不一定真的如此，只是教师一厢情愿的廉价表扬而已。意图也很明显，就是自我渲染气氛，把课做得更"精彩"。其实，学生到底把问题回答得怎样，大家往往都心知肚明，这里暂且就不论了。再谈谈学生回答问题时的语言。别人咱不提，就是我自己执教的课堂，也常是问题多多，如学生的答题语言不够准确（甚至很不够）、到位、利落、充分，等等。对此，教师绝不可自欺欺人地用叫好声来掩盖，必须认真、及时地加以订正，耐心地教学生用心掂量口头回答问题的词句，使语言更合理、规范、顺畅。因为师生课堂上的对话交流绝不能仅止于信息交流、认知沟通，更应该是一个语言运用能力的训练过程。在这个过程中，师生所关注的不仅是问题解决得如何，更应该是学生的语言运用能力是否得到了实在、到位的训练。例如，我教读《琵琶行》时曾问学生："'去来江口守空船，绕船月明江水寒'这两句诗中的'明月'有什么作用？"有学生答"表现琵琶女的悲伤，衬托了江水的凄寒"，还有学生答"抒发了作者对琵琶女婚姻不幸的同情"，也有人答得几乎不沾边儿的。这应该是课堂教读的常态，一点儿都不稀奇，问题的关键是我们怎么来对待，是点头称是甚至叫好，继续新的教学内容呢，还是听而不闻，自演自唱呢？当下的课堂，对这种情况，我们往往既看不到教师做口头订正，也见不到师生间的口头商定，更不见同学间的自主订正。我是这样做的：耐心地与同学们商讨如何做到用词准确，如何讲究句子的表述顺序等。如，"表现""衬托""抒发"这几个词都不准确，应改为"烘托"和"流露"等。最后师生一起商定该这样表述：这轮明月的描写烘托了江水的凄寒和琵琶女孤寂、痛苦的心情，也流露出了诗人对琵琶女婚姻不幸的深切同情。因为，这两句诗中的"明月"并不是在衬托什么，而是在渲染和烘托一种氛围和心情；同时，诗人的情感只是借这样的描写流露出来的，而不是直白的抒发。再有，"氛围"感染了琵琶女的"心情"，诗人的情感也是因境而生的，所以表述时必须得讲究因果逻辑，保证语有伦次。最后，同学们人人都亲笔订正，一点儿都不马虎，那真是一种美好的享受。

说到这儿，有人可能会认为，课堂上学生口答问题可以用口语，也不宜太书面化，更不必做得那么完美。这话说得有道理，也符合教学常态。但我还是坚持认为，就语文教学而言，教师适时与学生商讨并纠正问题结论的表述，最后由学生认

第一辑　课堂活教篇

真地把结论订正在笔记本或课本上,应该是"必选动作"。过程可以口语化,可以生动活泼一些,但结论必须做到准确、流畅、规范。如果我们平时都自觉不自觉地放弃了这些"必选动作",客观地讲,在很大程度上语文课堂教读已经失掉了它应有的价值。当今的学生,其母语表达能力之所以越来越令人担忧,根子就在于我们的语文课堂大都不务正业,或者说正业务得不够好。要知道,这个"正业"是绝不可能由其他学科教师来替我们务的。

四、教学生自批自纠课后练习

现在,与教材相配套的同步训练之类的教辅用书很流行,也确实给教学带来了便捷,如及时反馈学生学习情况,温故知新,巩固提高等。但是,有一个惯性的东西绝不容我们忽视,就是大多数教师都按照这样的程序操作:布置作业——收上来批阅——讲评作业题。结果是:教师批阅量太大,难以认真到位地批阅;学生也不认真纠正,只等教师讲评(更有甚者还对付或抄作业,等着老师讲评);教师讲评又眉毛胡子一把抓,严重缺乏针对性,重难点也不突出。这种操作程序"千年不变",导致作业几乎成学生应付老师、教师应付差事的代名词,效果很差,效率极低。大家不妨想象一下,长此以生,学生的语文能力和素养怎么能得到切实的提高?非但不能,他们反而还很可能会对语文厌恶透顶(现实已经如此)。不仅如此,更可怕的是,诸如弄虚作假、被动应付、做事飘浮等不良作风恐怕还会一路随势滋长,致使学生的品格和人格都难以得到良好而健全的发育。要想较好地解决这个问题,我认为,还是把作业归还给学生自批自纠的好。我的操作程序是:教师布置作业——收上来批阅(主要检查作业态度)——连同答案一起再发给学生——学生自查自纠——把疑难问题交课代表反馈上来——教师检查学生自批自纠情况——教师最后有针对性讲评。就是默写训练,我也与学生一道按照这个程序进行,哪怕就是默写作业完成得不够好的那几个学生,补默时仍然教他们自查自纠。这样的操作程序,保证了学生做作业和自批自纠的环节与教师有针对性讲评的环节扎实性和有效性,也充分调动了学生的主动性,并最大限度地发挥他们的主体性。更为可贵的是,这样的作业程序,还切实促进了师生情感的交流,使学生始终处于对老师责任心非常感激、对自己的作业主动负责的良好状态,因而也就保证了作业的质量和效果。

有人也许会认为,这样处理作业,学生会糊弄老师的。我认为,最初确实会有

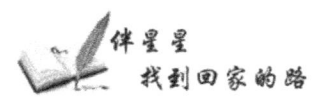

的,但随着过程的推进,学生很快就能尝到甜头,终会积极主动地做实做好的,我的实践就是很好的证明。话再说回来,转化极个别同学的思想和态度,也是需要耐心和时间的,是需要一个过程的。这里,还必须强调一点,师生之间是需要信任的,连起码的信任都做不到,还谈什么师生合作,还谈什么教育! 实践证明,我信任了学生,学生反而更尊敬我,更领我的情,更愿意按我的要求去做,而且做得更到位。现在的学生,大都是被动应付作业,甚至始终都认为自己是在给老师做作业,问题的根子就在于教师始终不信任学生,不肯给他们做学习主人的机会,使他们无法品尝自查自纠、自主反馈的成功与快乐。这种思想和行为长期存在,就会使学生慢慢累积、发育成一种被动的奴隶人格,一辈子只晓得被动地等待和接受。

近些年来,我们的语文教学真的就好比一只疯狂摇动的水瓶,总是不肯宁静下来,沉淀下去,致使一些十分重要的教学细节仍备受漠视,那些惯性操作程序仍"合理"地存在并运行着。看来,真的在语文教学过程中做到"教文"和"立人"有机地融合,自然无痕地逐渐发育和提升学生自主精神、介入意识、担当情怀独立人格等,我们确实还有许多重要的细节须做实做到位。我们都希望改革语文教学,都希望语文教学改革真的能在"教文""立人"上更有实效,这种希望固然十分重要,但我们是否该再多一些守本务实、脚踏实地和实事求是? 怀抱教育大理想固然很可贵,但那些教学细节似乎更需要大家去用心抓实做好。

9. 数词后置定语：其实远非那么简单！

《核舟记》的最后一段写道："通计一舟，为人五；为窗八；为箬篷，为楫，为炉，为壶，为手卷，为念珠，各一；对联、题名并篆文，为字共三十有四。而计其长，曾不盈寸，盖简桃核修狭者为之。嘻，技亦灵怪矣哉！"

例句中的"五""八"等历来被视为定语后置，一些文言文学习辅导资料也多以此为例，称之为数词作定语后置，翻译成现代汉语时还得添加量词"个""扇""只""册""串"等，译成：总计这只小小的核舟，（竟）雕刻有五个人、八扇窗户，还雕刻了一个炉子、一只水壶、一册手卷、一串念珠，题名和篆文一共刻了三十四个字。应该说，这样的讲解和翻译确实没有错，但仅仅使学生理解到这一点，似乎还很不够，还不能使学生深入地品尝到语言的真味。可惜的是，时至今日，这篇课文的教读，仍仅限于教学生翻译句子、记住数词作定语后置等。就是讲析此文的写作艺术，也大多是停留在说明的顺序如何清晰、描写如何生动细腻上，至于作者为什么非要用数词定语后置的方式来介绍核舟上的人、窗，则往往不见下文。

其实，我们若细读此文，就不难发现，作者写作此文的意图似乎并不仅仅在于如何生动形象地把核舟上所雕刻的物什介绍清楚，更在于赞叹奇巧人王叔远雕刻技艺的绝妙。请看，文章开门见山——"明有奇巧人曰王叔远，能以径寸之木，为宫室、器皿、人物，以至鸟兽、木石，罔不因势象形，各具情态。"这样的介绍，字里行间都流露出作者赞叹之情，尤其是"径寸之木""罔不""各具"等词语，更是传情。文章结尾，作者真是压抑不住内心的赞叹——"而计其长，曾不盈寸。盖简桃核修狭者为之。嘻，技亦灵怪矣哉！"由此可见，造"为人五""为窗八"这类句子，作者绝不仅仅是为定语后置而定语后置，而是有自己的用意。作者就是想让这样的句子默默地为表达自己的赞叹之情来增势助力。请看，"通计一舟，为人五；为窗八；为箬篷，为楫，为炉，为壶，为手卷，为念珠各一；对联、题名并篆文，为字共三十有四"，这组句子中的"五""八"等数词都是后置定语。作者故意让这些数词定语后置，就是想通过句子的变形来刺激读者的阅读视觉，进而强化句子的特殊表意功能：这小小的核舟竟然雕刻上了五个人、八扇窗，可见，雕刻艺人王叔远的雕刻技艺有多么高超啊！这样造句，既保证了句式的整齐有力，又突出了表意重点，即

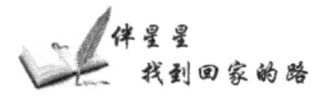

小小核舟之上雕刻的东西之多,进而突出雕刻艺人王叔远技艺高超,字里行间也流露出了作者的赞叹之情。

其实,生活中常有这种语言现象,即通过将定语后置来强调、突出这个定语的重要性。比如下面这几个语句:

这黄瓜,水灵灵的,还顶花带刺儿呢,真招人喜欢!

这馒头,热腾腾,又大又白,看着就想咬两口!

给我称里脊肉,一斤!

这些句子,通过将定语后置,突出强调"黄瓜是新鲜又水灵的",馒头是"又大又白又热乎的",里脊肉"只要一斤",从而实现了句式变形的特殊表意效果。如果把这些句子的定语再归位,就变成了下面这样:

这水灵灵的、顶花带刺儿的黄瓜,真招人喜欢!

这热腾腾、又大又白的馒头,看着就想咬两口!

给我称一斤里脊肉!

修改后,句子倒是规范、正统了,且语意上也没啥变化,但那种活泼生动、突出定语表意功能的味道就荡然无存了。可见,本文作者魏学洢也是深谙此理的。

这种现象,在其他课文里也常见。例如,"淡黑的起伏的连山,仿佛是踊跃的铁的兽脊似的,都远远的向船尾跑去了"(鲁迅《社戏》)。这个句子,其中"仿佛是踊跃的铁的兽脊似的"这个短语就可以回归到"连山"之前,变形为"淡黑的起伏的仿佛是踊跃的铁的兽脊似的连山,都远远的向船尾跑去了"。这样一来,句子的意思仍一样,但由于"连山"的定语拖得过长,句子就缺少了活泼明快的节奏,与小说中"我"和小伙伴们想快些划船到"赵庄"看社戏的急切心情就不合拍了。但如果把这个短语置于"连山"之后,将这个定语拖后,句子就一下子不再冗长沉闷,变得活泼明快起来,非常符合课文的意境了,真仿佛那"铁的兽脊似的连山"也随人心愿、不由自主地神气起来了。不仅如此,有的时候,这种变形句子还会关涉到课文的思想主题和主人公的命运。如,鲁迅小说《祝福》描写祥林嫂那经典的几句:"她一手提着竹篮。内中一个破碗,空的;一手拄着一支比她更长的竹竿,下端开了裂"。这里,鲁迅把"空的""下端开了裂"单独放在后面,不仅加深了读者对祥林嫂苦难境地的印象,也更加突出了祥林嫂的悲惨命运和小说的思想主题。试想,读者读到这"空"和"下端开了裂",自然会在这非常规的变形句式的刺激下产生联想:"空的",突出人们对祥林嫂的冷漠,她什么也没乞讨到;而竹竿

"下端开了裂",则不仅表明她沦为乞丐的时间很长,更表明她已经虚弱到几乎把身体的全部重量都压在竹竿上了,以致使竹竿下端都开了裂。如果按照顺装句的写法应该是:"她一手提着竹篮,为中一个空的破碗;一手拄着一支下端开了裂的、比她还长的长竹竿",这样一来,语言的味道就全没了。可见,作者鲁迅是如何苦心经营这几个看似平常的句子的,其不可言表的深意都蕴含在这变了形的句子之中了。

　　说到这儿,也许有人会认为,这样分析是不是有点儿牵强。那就不妨再看看文中"船头坐三人""左手倚一衡木""楫左右舟子各一人"等句子,其中的数词"三"和"一"都是定语,却都没有后置。可见,作者并没有处处都安排数词定语后置。理由很简单,这些句子只是一般性陈述,与文章结尾处的作者高度赞叹的语境不一样,因此大可不必为定语言置而定语后置。不难看出,作者造句时绝不是随意而为的,而是非常在意不同句式的不同表意效果的,是用心来遣词造句的。

　　说到这里,似乎该结束话题了,但我还想补充强调两点:一是文言文教学不仅仅等于解词、翻译加背诵,仍需引导学生认真地关注语言现象,教他们深入课文内容、情感、主旨等来品透语言艺术的真滋味,担当起教学生学好母语的使命;二是一定要具体问题具体分析,绝不可为关注语言现象而关注语言现象,句句都去品味微言大义,这样一来,反而导致教学牵强附会、机械乏味、不受学生欢迎、效果很差。

10 "老女人"们为啥会"满足地去了"

鲁迅小说《祝福》中有不少耐人寻味的细节,可惜当今的课堂几乎都把它们忽略不计了。请先看一处:

这故事倒颇有效,男人听到这里,往往敛起笑容,没趣的走了开去;女人们却不独宽恕了她似的,脸上立刻改换了鄙薄的神气,还要陪出许多眼泪来。有些老女人没有在街头听到她的话,便特意寻来,要听她这一段悲惨的故事。直到她说到呜咽,她们也就一齐流下那停在眼角上的眼泪,叹息一番,满足的去了,一面还纷纷的评论着。

读后,我们不禁要问:祥林嫂的故事那么悲惨,但"老女人"们为啥会"满足地去了"?是呀,这几个"老女人"不是也"一齐流下那停在眼角上的眼泪"了吗?不是也都"叹息一番"了吗?可见,她们还都是很同情和悲伤的,但她们为啥还会有"满足"感呢?这不是一种矛盾吗?这个问题,我教了27年书,一直都在问学生,可惜的是学生根本回答不上来,而且一届不如一届。"老女人"为什么要来到祥林嫂身边啊?当然,"老女人"们就是为了亲自来听听祥林嫂讲"阿毛遭狼叼的故事",亲身体验一下那悲伤的感受的,听完感受到了也就满足了。实际上这只是表,内里更深的意味应该是:"老女人"都是多年的媳妇才熬成婆的,都曾经有过不知多少次的悲伤体验,如婆婆和丈夫施以的"家暴"等;但是与祥林嫂比较起来,都不过是小巫见大巫,也就算不上什么悲伤了,所以都心怀侥幸地满足地离开了。拿祥林嫂母子的悲惨故事做参照,比较出自己的庆幸,进而感到欣慰,而不是真心的深切的同情。可见,鲁镇人从上到下,从老到少都多么麻木和冷漠!这层深意味是必须要让学生知道的。不是硬灌输给他们,而是要引导他们走进作者生活和鲁镇的人文环境,深入几个"老女人"的内心世界去体验、感受、思考和感悟,用生命和心灵去获得这样的感悟和认识。

说起细节来,这篇小说还有不少,不妨再看两例:

第一例:

她一手提着竹篮。内中一个破碗,空的;一手拄着一支比她更长的竹竿,下端开了裂:她分明已经纯乎是一个乞丐了。

这定语"空的"为什么要后置,是为了强调人们都嫌祥林嫂晦气,无论怎么乞讨也无人施舍给她。这定语"下端开了裂"后置,强调竹竿子拄的时间之久,走的路之长——恐怕还不够,说不定还有人放出狗来驱赶祥林嫂——她用竹竿子打狗,打得竹竿子下端开了裂。作者没有直接说鲁镇人有多么迷信,多么麻木和冷漠,而是用这样的定语后置式的细节描写来揭示和控诉。文学作品是用形象来说话的,这就是十分典型的例子——在电影电视里可以处理成特写镜头。这一点,也必须要让学生深刻地感悟到,但必须是深入作者生活、鲁镇人生活和祥林嫂的悲惨遭遇来体验、感受、思考和体味。

第二例:

"刚才,四老爷和谁生气呢?"我问。

"还不是和祥林嫂?"那短工简捷的说。

"祥林嫂?怎么了?"我又赶紧的问。

"老了。"

"死了?"我的心突然紧缩,几乎跳起来,脸上大约也变了色,但他始终没有抬头,所以全不觉。我也就镇定了自己,接着问:

"什么时候死的?"

"什么时候?——昨天夜里,或者就是今天罢。——我说不清。"

"怎么死的?"

"怎么死的?——还不是穷死的!"他淡然的回答,仍然没有抬头向我看,出去了。

这几句对话,十分的不起眼,但可谓用意深长啊。通过阅读对话,我们不难看出那位与祥林嫂地位相似的"短工"是多么的麻木和冷漠。一句"还不是穷死的!"是那么不耐烦,淡然回答着,连头都没有回一下就急匆匆的走了。可见,祥林嫂是多么的该死,她的命有多么的不值钱啊!可见,鲁镇的人,无论贵贱,都是那么的愚昧无情,麻木冷漠啊!祥林嫂不安分守寡,嫁两个男人且又克死了这两个丈夫,该有多么晦气啊!她的悲惨命运只能是咎由自取,自作自受。鲁镇人说不定都是这么想的呢!所以才会是"人们都在灯下匆忙,但窗外很寂静。雪花落在积得厚厚的雪褥上面,听去似乎瑟瑟有声"的景象,所以"百无聊赖的祥林嫂"成了"被人们弃在尘芥堆中的,看得厌倦了的陈旧的玩物","现在总算被无常打扫得干干净净了"。当然,这些也是不能直接讲给学生的,而是要引领学生走进作

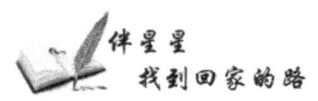

者生活、祥林嫂的悲惨遭遇、鲁镇人生活以及那位"短工"的心灵世界等来深入体验、感受、思考和感悟的。

现在的语文课堂往往很花哨、很热闹,也很迅捷,经常是水洒地皮湿地快速闪过,从而甩掉了一些十分重要的细节。教育是慢活,语文教学更是慢活,一定要慢教、细教、深教。叶圣陶先生曾讲:"课文无非就是个例子。"既然这样,这个"例子"还是慢点儿、细点儿、深点儿用的好;过快、过粗、过浅,恐怕就不能很好地发挥其"例子"作用了。课文长期不能很好地发挥"例子"作用,我们还指望"教文""立人"会有令人满意的好收成吗?

11.《拿来主义》的两处真瑕疵

鲁迅先生的杂文《拿来主义》是论证如何对待文化遗产的,其主旨是:在批判闭关自守、盲目排外、全盘西化等对待外来文化错误态度的基础上,提出了正确的对待外来文化的拿来主义的新主张,指出了正确地借鉴外来文化乃是建设民族新文化的必不可少的条件。这样的思想主旨当然是很好的,但很可惜的是,鲁迅先生在论证这个思想主旨时还是存有几处瑕疵的。请看文中的这一段:

譬如罢,我们之中的一个穷青年,因为祖上的阴功(姑且让我们这么说说罢)得了一所大宅子,且不问他是骗来的,抢来的,或合法继承的,或是做了女婿换来的。那么,怎么办呢?我想,首先是不管三七二十一,"拿来"!但是,如果反对这宅子的旧主人,怕给他的东西染污了,徘徊不敢走进门,是孱头;勃然大怒,放一把火烧光,算是保存自己的清白,则是昏蛋。不过因为原是羡慕这宅子的旧主人的,而这回接受一切,欣欣然的蹩进卧室,大吸剩下的鸦片,那当然更是废物。"拿来主义"者是全不这样的。

这段中的"大宅子",历来被认为是比喻"中外文化遗产"的,现在的教学参考书上也一直都这样讲。我认为,这样讲不大合理,本体与喻体的内涵不对等,有欠周延。这段文字中明明写着,是"因为祖上的阴功(姑且让我们这么说说罢)得了一所大宅子"。既然是"因为祖上的阴功"得到的,那肯定就是位于国内的中国建筑风格的建筑,而且房子又是不动产,根本就不可能跑到外国去。这样一座中国的大宅子,又怎么能用来比喻"中外文化遗产"呢?只能对等地比喻中国的文化遗产才是。这样的比喻,很显然在逻辑上是说不通的。也就是说,中国穷青年所得到的这座"大宅子"这个喻体的外延要小于"中外文化遗产"的外延,结果造成比喻不够严谨。这是第一处真瑕疵。

再看第二处真瑕疵。请看:

中国一向是所谓"闭关主义",自己不去,别人也不许来。自从给枪炮打破了大门之后,又碰了一串钉子,到现在,成了什么都是"送去主义"了。别的且不说罢,单是学艺上的东西,近来就先送一批古董到巴黎去展览,但终"不知后事如何";还有几位"大师"们捧着几张古画和新画,在欧洲各国一路的挂过去,叫做

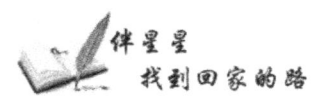

"发扬国光"。听说不远还要送梅兰芳博士到苏联去,以催进"象征主义",此后是顺便到欧洲传道。我在这里不想讨论梅博士演艺和象征主义的关系,总之,活人替代了古董,我敢说,也可以算得显出一点进步了。

这段话当然是在揭露、讽刺、批判文化"送去主义"的卖国行为了。但是,你若真的深究下来,还真的不大合乎常理。试想一想,送一批古董、几张古画和新画到欧洲各国去展览,送梅兰芳博士到苏联去催进"象征主义",这些文化艺术上的国际交流行为,终会提高中国文化艺术在世界的知名度,扩大中国文化艺术的世界影响力,进而促进中外文化交流。如果说西方人掠夺我们的文化艺术瑰宝,我们毫不抵制和反抗,这该称之为"文化艺术卖国",这种东西方进行文化艺术交流的行为,怎么可以称之为"文化艺术卖国"呢?当然,鲁迅先生的思想观念很可能有其时代局限性,但这种客观情理上的瑕疵,我们在教学时总是不该回避的。

综上,我认为,指出鲁迅先生这篇文章在论证上的几处真瑕疵绝不是目的,更不会因此藐视先生的伟大。我要强调的是,教学这篇课文之后,教师理应引导学生去积极发现这些瑕疵,自主思辨。教师长期坚持引导学生对课文中的这些问题的深入思辨和探究,自然会使学生慢慢养成这样的自觉意识和良好习惯,进而慢慢促进学生独立精神、思辨能力和健全人格的发育。当然,这些瑕疵的发现绝不是死教死学死考死练的极端应试化教学所能做到的,是需要教学回归生活,时刻不忘用生活情理来观照课文的语言内容。常言道,尽信书不如无书。我要讲,尽信伟人就等于没有自己。教文的终极理想是立人,即教学生做精神独立、人格健全、创造力强,有博爱情怀和担当品格的人。为了把学生培养成为这样的真人,引领学生发现课文中的真瑕疵,并积极主动地引导其进行自主思辨,恐怕也该是一条值得我们高度重视的理想路径。

12. 要的就是这"拣尽寒枝"

先请看原词:

缺月挂疏桐,漏断人初静。时见幽人独往来,缥缈孤鸿影。

惊起却回头,有恨无人省。拣尽寒枝不肯栖,寂寞沙洲冷。

这首词被选入苏教版《唐诗宋词选读》时,文后有个注释:有人认为鸿雁本不在树枝上栖息,所以此句有语病。有人认为正因为鸿雁不栖于木,所以才说不肯栖,没有语病。有人认为苏轼并非不知道鸿雁不栖于树,偏说它不肯栖,是说良禽择木而栖,别有寄托。这样作注释,也许是为了让学生更多地了解对"拣尽寒枝不肯栖"一句曾有过的说法,进而让学生自己去作出判断。但我还是想强调,这样的注释,只在有无"语病"上来回纠缠,未免显得呆气十足。原因很简单,东坡先生是在创作,是在借物抒情,托物言志。就算鸿雁真的是在树枝上过夜的,今夜的词人也不愿意让它栖息在这"寒枝"之上,并且希望它"拣尽寒枝"也不要去栖息,根本就与有无"语病"不搭界。如果鸿雁真的从不在树上过夜,那来得正好,词人正希望这样呢,偏说它"拣尽寒枝不肯栖",以突出自己的内心感受,就更谈不上什么"语病"了。所以,我更希望是这样的结果:鸿雁根本就不在树上过夜,而词人苏轼对这一点又很清楚,但却偏偏要这么写。为什么呢?理由大致有三:

首先,这"鸿雁"已不再是鸿雁。读罢该词,再走进词人当时的坎坷境况——"乌台诗案"险些丢了性命,由朝廷高官被贬为黄州团练副使,且又人身不自由的东坡先生,谁都会悟得:这"幽人"也好,这"孤鸿"也罢,早已融为一体,成为词人自己的化身了。这种写法一般称为象征,也有称双关的,我认为称象征似乎更科学一些。既然鸿雁已经是词人的象征物了,它是否在树上过夜的自然习性也就不甚重要了,也就是说,词里的"鸿雁"必须得遵守艺术创作的"游戏规则"了,一切必须得按照词人的想象行事了。此时此刻,此情此境,词人所关心的早已不再是鸿雁是否有在树枝上过夜的习性了,词人所要表达的就是"拣尽寒枝"都"不肯栖",就是要让这"孤鸿"寄托自己的情感、人格和精神。这样一来,"孤鸿"的"恨"就是词人的怨恨,"孤鸿"的"缥缈"就是词人若有若无、独自徘徊的身影,"孤鸿"的"寒"和"冷"就是词人内心深处的孤寂与寒冷了。一句话,词人即鸿雁,

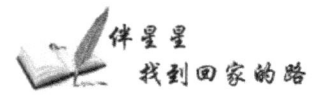

鸿雁即词人，两者已高度融合在一起了，哪里还需要去考究什么鸿雁是否具有在树上过夜的自然习性呢？不仅如此，果真鸿雁本在树上过夜，似乎词意上更讲得通，哪里还需"拣尽"，而是灵魂深处根本就不打算"拣"。因此，这"鸿雁"已不再是一般的鸿雁了，它是否在树枝上过夜已不再重要，重要的是，即使鸿雁真的不在树枝上过夜，而词人却偏说"拣尽寒枝不肯栖"，这样要来得更有诗味。

其次，这"不合理"更有诗味。古诗词中，常会出现一些词句，看似不合理实则很有意趣和诗味。比如，欧阳修《蝶恋花》中就有两句："泪眼问花花不语，乱红飞过秋千去。"自然状态下的花草，是无论如何也不会说话的。凋谢的花瓣自然地飘落，它们又会去理睬谁的心情如何呢？而在艺术的世界里，在词中"怨妇"的心灵深处，这"花"就是那么不解人意，这"乱红"就有那么不近人情。人家内心无限的相思、怨恨，而这无心的落花却浑然不知，怎么问也不回应，依然冷漠地独自凋落。这极不合理的埋怨，却又显得极合情理，极有情趣和诗味。同理，鸿雁本不在树枝上过夜的，词人偏说它"拣尽寒枝不肯栖"，由"本不这样"到"不肯这样"，这不纯粹是词人的想象吗？词人之所以如此这般痴心地想象，不正是为了以鸿雁自喻、托物言志吗？也正因为词人故意为之，这"孤鸿"才融入词人的情感、人格和精神，这样的词句才更有味道。所以，鸿雁到底是否在树上过夜，我们是大可不必深究的，一深究，诗味就全都没有了。至于"语病"一说，也就更显得滑稽了。

再次，这"寒枝"和"不肯栖"诗意不尽。请看，都已经"人初静"时分了，幽人（就是词人）还在凄冷的暗夜里独自徘徊。他为什么要孤独地徘徊这么久呢？因为"有恨无人省"。那么，他又在"恨"什么？因为官场黑暗，仕途坎坷，抱负不能施展……他怨愤，他幽恨，他无奈，他还得自慰！所以，他不肯栖息于寒冷的高枝上，宁愿孤居于冰冷的沙洲旁。这"寒枝"也就成了相互倾轧、尔虞我诈、令人心寒的官场的象征。这"寒"不仅有"高处不胜寒"的滋味，更有官场缺少真心、温情，令人心生寒意之味道。这"不肯栖"既传达出了词人对官场的怨恨与批判，也显示了词人清高自守，矢志不移的崇高情操。

总之，这首词通篇以借物象征、物我合一取胜，含婉深沉，耐人深品。尤其是无理而生奇妙、痴情而成真趣的写法更值得称道。《红楼梦》第四十八回"香菱学诗"一节，作者曹雪芹通过香菱谈她学诗的体会时说："据我看来，诗的好处，有口里说不出的意思，想去却是逼真的；又似乎无理的，想去竟是有理有情的。"可见，从诗词抒发不可解之情来说，有时是讲不得理的，是不受理性逻辑所制约的。请

第一辑 课堂活教篇

再看,"不堪盈手赠,还寝梦佳期"(引自张九龄《望月怀远》),"狂风吹我心,西挂咸阳树"(引自李白《金乡送韦八之西京》),"沉恨细思,不如桃杏,犹解嫁东风"(引自张先《一丛花令》),"明月不谙离恨苦,斜光到晓穿朱户"(引自晏殊《蝶恋花》),"白雪却嫌春色晚,故穿庭树作飞花"(引自韩愈《春雪》),"春风又绿江南岸,明月何时照我还"(引自王安石《泊船瓜洲》)等,无一不是很不讲理,但却在艺术上收获了无尽的诗味。正如苏轼本人所云:"诗以奇趣为宗,反常合道为趣。"这里的"反常"就是在内容上违反习惯上的常情、常理、常事,在艺术上超越常境;这里的"合道",就是表面看来不合常规,不合理性逻辑,却合乎情感逻辑,读者不仅不觉得不合法度,反而感到新颖而有奇趣,不知不觉就被引入一个诗味隽永的艺术境界。这一点,在进行古诗词教学过程中,教师一定要引领学生深入品读、体验、玩味、感受和感悟,从而使学生真正地领会和掌握这种无理而生奇妙、痴情而成真趣的写法,切忌动辄挑剔什么"反常",谈论什么"语病"。

13. 周邦彦为何非要描摹得那么细腻?

先请看周邦彦的原词:

燎沉香,消溽暑。鸟雀呼晴,侵晓窥檐语。叶上初阳干宿雨,水面清圆,一一风荷举。

故乡遥,何日去?家住吴门,久作长安旅。五月渔郎相忆否?小楫轻舟,梦入芙蓉浦。

关于周邦彦词的写作艺术风格,宋人强焕的评价是"言情体悟,穷极工妙",清人王国维也称赞其词"摹写物态,曲尽其妙"。通俗点讲,就是周邦彦词笔法细腻工妙,生动传神。这首词,就充分体现了周邦彦词的这一艺术风格。像词中"鸟雀呼晴,侵晓窥檐语。叶上初阳干宿雨,水面清圆,一一风荷举"等语句,尤为体现突出。

于是,前人的"成说"就成了我们一些教师教读这首词的科条定律。目前,在课堂教读过程中,比较普遍的做法是:教师"胸有成竹"地让学生仔细品读原词,而后让学生去"发现"哪些语句很细腻生动,哪些字又用得很凝练传神等。果然,在教师的导引下,学生很快就找到了"侵晓窥檐语""叶上初阳干宿雨""水面清圆,一一风荷举"等语句,又找到了"窥""举"等字(我绝无彻底否定这个教读环节之意)。接着,教师和学生开始赏析:

你看,天刚刚放亮,麻雀们就起来了,站在屋檐上探头探脑地往檐下的屋里看。你再看,初升的太阳照在一一挺立的荷叶上,荷叶反映出旭日的光彩,进一步把"晴"字形象化、具体化了。"宿雨"的被蒸发、被晒干,不仅在点染"晴"字,同时还扣紧"溽暑"这一季节特点。这句很像特写镜头,连荷叶上的雨滴以及雨滴被"干"掉,在圆润清正的荷叶上留下点点滴痕都被摄进了画面,如此形象逼真!接着,词人把镜头远远拉开、推高,居高临下,俯视整个荷塘,又摄下那铺满水面的圆圆荷叶。继之,又把镜头拉下,变换视角,进行水平拍摄,镜头在水面上缓缓推进:那一株株亭亭玉立的荷叶,仿佛由什么人高高擎起,在晨风中摇曳生姿,在镜头面前纷纷后退。这三句从不同的角度、不同的侧面,运用不同的镜头摄下了荷花栩栩如生的形象。下片写词人对故乡的怀念。前四句是思归,由实转虚,从面前的荷花想到遥远的故乡,引出深沉的乡愁。"家住吴门,久作长安旅"两句承前,把空间的想象落实在"吴门"

和"长安"这两个地点上,但仍用荷花来牵连两地。"五月"三句写梦游,"五月"二字一头挽住过去,一头接通现在和作者的梦境。"小楫轻舟,梦入芙蓉浦",终于把时间与空间的距离缩短,使作者思归之心在梦境中得到片刻的满足。总之,作者善于把荷花的形象以及与之有关的情事集中起来,从不同的侧面、不同的角度来加以烘托,于是,作者的思乡之情和美感便层次清晰地展现在读者面前,使读者有身临其境的感受(我也不反对教师教学生这样的赏析)。

到此,师生便在其乐融融中结束了赏析,以为这样就足以深刻地领悟到本词的写作艺术特点了,或者说,只要教学生感受和理解了这首词的艺术特色就完事大吉了。其实,本词的教读似乎还远不该到此就结束,因为,这样的赏析还远不能使学生深入词人的生活和内心世界,用生命和心灵去体验和感受,进而真正读懂词人和这首词的艺术,彻底读懂也非要描摹得如此细腻的缘由。为了更为深入地探讨这个问题,我们不妨再接着问几句:词人为什么非要这么细腻地描写眼前景呢?准确点儿回答,这样细腻的笔触,该是词人思乡心切、孤寂无聊之情的婉转流露。试想,词人为什么要起得那么早?是不是一夜都没睡好觉?他又为什么要如此细致、敏感地观察麻雀窥探屋檐的动作和眼神?又为什么要紧盯着荷叶上昨夜里落下的雨珠看个没完没了,直至雨珠已被晒干留下点点滴痕?因为,此时的词人久居异乡(汴梁),且久做小官不得升迁,思乡(吴门)心切,孤寂无聊。这种心理下,再加之溽暑难捱,词人很可能彻夜难眠,辗转反侧地睡不着,所以早早就起来看屋檐下喧闹的鸟雀。他空虚无聊,无所事事,几乎抓只蚂蚁都摆弄半天,甚至都想要分辨出公母来。于是,词人又折腾到户外,痴痴地呆望着初阳下、池塘里一支支挺立的荷叶,眼盯着那昨夜的雨珠一点点地被蒸发掉。可见,词人空虚怅惘的时间之长,无聊的观察之细腻入微,真可谓到了极点!一句话,作者这样细腻入微地描写眼前景,其实就是在描摹自己当时的心态。这种用细腻的描写来折射作者心理的写法,在一些文学作品中还是比较常见的。例如,"这个城市不属于你,除了所有的服务都要你付钱外,这里的一切声响都弃你而去,奔赴它们既定的目的,与你没有什么关系。你拿起电话不知道要打向哪里,你拿着门钥匙不知道出门后要去向何方……你对吊灯作第六或六十次研究,这时候你就可以知道,你差不多开始发疯了"(引自韩少功《我心归去》)。这几句话中,"你拿起电话不知道要打向哪里""你拿着门钥匙不知道出门后要去向何方""你对吊灯作第六或六十次研究"等细节描写,就恰是作者身居国外,思念家乡,极度空虚、无聊烦躁的内心

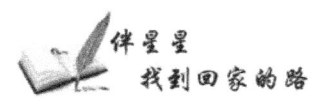

写照。总之,词人在这样描写的时候,绝没有预先想到自己的写法该属于什么写法、什么特色,只是由着自己的性情挥笔描摹、巧妙抒发而已,只是为了用这样的语言来恰到好处地传达自己的内心感受。所以,在教读这类古典诗词(包括其他文学类课文)时,教师绝不能只满足于引导学生理解和掌握写作特色之类。就是要理解和掌握写作特色之类,也必须引导学生深入作者心灵和作品的情境等来深刻地感悟,而不是简单地让学生找些词句就开始"胸有成竹"、浅表地赏析一通所谓的特色(其实大多是在背诵他人的"成说")。

鉴于这样的认识,我认为,教读古典诗词,教师不能只满足于解析内容、引导学生"发现"什么特色之类,更重要的是要引导学生深入作者的生活和内心,深入课文的内容和情境等,多问几个"为什么",真正吃透"特色"是怎样为内容和情感服务的。现在,市面上《鉴赏辞典》之类的书籍很多,教学参考书上的"成说"也不少。所以,简单地照搬、"胸有成竹"、解说式地赏析这一教学现象还比较普遍,这是很令人担忧的。试想,赏析的结论不是学生主动、自觉地品读出来的,更不是学生用生命和心灵深刻体验、感悟出来的,这还能算得上真正意义上、用生命和心灵与作者对话吗(其他文学类课文教读也存在着类似的问题,这里不再展开谈。)? 这又怎么能谈得上在培养学生自主独立的品格、人文情怀和创造品质呢? 现在,我们都很愿意提及高效语文课堂这个概念,岂不知真正意义上的高效语文课堂,远非单位时间内塞给学生的东西多(说得好听一些,可以称单位时间内学生理解、掌握的东西多),而是单位时间内学生真正用生命和心灵体验、感悟的东西多,在生命和心灵的深处理解、升华、创造的东西多。就周邦彦这首词的教读而言,要想获得教读的高效和高质,就必须彻底破除那些大家都习以为常的照搬式、印证式、解说式等浅层次的常规赏析方法,代之以引导学生用生命和心灵与作者的生命和心灵深度对接,真正使学生在生命与灵魂深处与词人的境遇、情感产生强烈的共鸣甚至共震。只有这样教读,学生才有可能真正用生命和心灵读懂这首词,读懂周邦彦细腻描摹的真正意图。

教师要教文立人,学生要学文立人,但如果大家都不肯深入人的生命和灵魂,都不肯真正让这生命和灵魂站立起来,这"文"肯定是教不好也学不好的,这"人"也就更不见得立起来了。

第二辑

学练活导篇

让语文教学真正回归生活、与生活相融,让学生把真语文学习当日子过,并在这种过日子中无痕培育自主精神、独立人格、健全心理、博爱情怀和创造品质等。语文教育理想远大,前路却曲折而漫长,我们须彻底摒弃二元对立的"死生活"和"死教育",把全部的身心都交给生活化的教文立人,用良知和信念挺起学生和民族的美好未来。

14. 教学生把真语文学习当日子过

生活化语文教学就是教与学都与生活相融通,教与学的策略、方式、方法、途径、过程、环境、体系、课程等全面生活化的语文教学。其根本宗旨就是牢固树立以生活为中心的知识观、教育观和价值观,回归语文教学的本真,让学生自然无痕地把真语文学习当日子过,积极努力地学好文立好人。那么,又到底该怎样做到呢? 我认为,起码要教学生做到以下几点:

第一,教学生把活学阅读赏析当日子过。我始终认为,作品的内容和主旨都是作者对生活的体验、感受、思辨、理解、认识和感悟等;它的遣词造句、布局谋篇、运招用技等都在为表现或表达好内容而用力,也都是源于生活情理的。所以,要想真正读懂作品的内容和主旨,要想真正赏析和领悟作品的表现或表达艺术,就必须引导学生回归生活,即教师引导学生深入作者生活、作品生活、读者生活、生活情理等,并与之做生命和心灵的深度对接,还要充分调动学生生活,链接教师生活,实现多维生活的互通和交融。只有这样指导学生真读课文、深读进去了,并且用生命和心灵与作者生活、作品生活、读者生活、生活情理做多维、深度、到位的对接了,学生才有可能充分、深入、真实、到位地体验、感受、思辨、品析和感悟,从而真正实现学生真深读、真受益和真提升。如,朱自清为什么要在《荷塘月色》里发出"只不见流水的影子是不行的"这样的呼号? 这"脉脉流水"到底隐喻着什么? 教师不引领学生深入作者生活,走进他的内心世界,学生就不可能真正理解这"脉脉流水"正隐喻着作者对恬淡宁静、自由独立、不参与党派之争、做好自己的人生理想。祥林嫂第二次到鲁家打工时,为什么还是"月牙背心乌裙"这身打扮? 又为什么不改称"贺六嫂"? 教师不引导学生深入作品生活,走进主人公祥林嫂的内心世界,就不可能深入体验、感受和理解封建礼教的贞操观对祥林嫂以及她周围人们的毒害之深,就很可能还以为"祥林嫂生活拮据,没有什么像样的衣服穿"呢。

当下课堂阅读教学的最大症结就是:浅浮、快速地"悦读",却还要强牵着学生架空探究什么高深的问题。学生还没有真正搞明白课文写了什么又是怎样写的,更没有用生命和心灵与作者生活、作品生活、读者生活、生活情理做多维、深

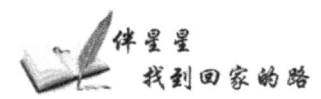

度、到位的对接,却要强牵着学生去凭空赏析什么修辞、结构、技法等的妙处,或者干脆直接由教师讲析给学生。之后,便是无休止地去这样"凌空"考试、训练和讲解答案,把阅读欣赏教学搞得不深不透、不明不白、乏味低效,令学生讨厌透顶,致使教与学都陷入一种恶性循环而不能自拔。这是我们每一位中学语文教师都必须要深刻反思的。

第二,教学生把活学表达艺术当日子过。学生学写作文,不管学写什么文体的作文,无外乎就是把自己心里的话表达出来,且尽量表达得好一些。这心里的话,要么是一种情感,要么是一种心愿,要么是一种感悟,要么是一种理想,等等。学生须根据自己的个性修养、喜好、特长和能力等选择文体(即表达形式),或明晰或含婉地表达出要表达的意思。当然,学生要想表达得有一定高度,那就得多读多看多感多思多辨多悟,不断充实、厚积、修养和提升自己;要想有创意地表达,还是要多读多看多思多辨多悟多借鉴多练笔。中学生写作就是这么回事,学生就该这么学,教师也就该这么教。这是我对中学生学习写作的一贯看法。那么,具体究竟该怎么做呢?我认为,主要应该通过课堂以教读促学表达、一篇习作多修改、做青春文摘和点评、写成长随笔、课前三五分钟口头作文等形式来落实,教学生长期坚持把活学表达艺术当日子过。限于篇幅,这里就不再展开论述了。

第三,教学生把大胆想象联想当日子过。生活化语文教学向来十分重视为学生创设足够的联想、想象的机会和空间,引导他们深入文本来体验、感受,大胆地想象、联想、思辨、品析和评判,过崇尚创造的真语文学习生活。如,教《雨霖铃》这首词时,不妨预设这样的问题:让学生想象,"竟无语凝噎"中的"无语",若真说出来可能会是些什么话,并启发学生去联想自己曾经的"离别无语",以加深体验和感受,培育想象力、感受力等。再如,教《铃兰花》时,不妨预设这样的问题:去教堂要带上铃兰花,这会不会是父母设的局?引发学生展开想象和深入思辨,以培育想象力和思辨力。说实话,散文、小说、诗歌等教学往往会为我们创造很多这样的机会和空间,这是绝不可浪费掉的。教师一定要适时抓住这样的机会和空间,预设小说情节的扩写、结尾的续写、古诗词情境的拓写等问题,为学生创造充分的想象、联想和思辨的机会和空间。我认为,这样做很有利于引发学生把大胆想象联想当日子过,进而逐渐培育他们的思辨力、感悟力、想象力和创造力,这也是培养学生创造品质的好途径。

第二辑　学练活导篇

第四，教学生把自觉独立思辨当日子过。语文教学不仅要培养学生的想象力和创造力，也要切实培养学生的思辨力。我就长期坚持在课内培养学生的自主思辨能力，教他们这样的好习惯，并由课内到课外把自主思辨当日子过。如，"什么样的'义'必须要我们去'舍生'？""屈原到底该不该选择投江自杀？""哥斯拉兄弟的出路在哪里？"等问题，我总是先引导学生深入作品生活，发现这些可思辨点，进而调动学生自主、用心地去思辨和探究。不仅如此，还由课内到课外地进行拓展性思辨，而且做到了课内外良性对接、互动促进。如，对"留守儿童和老人""被幸福""被就业"等问题的思辨。长期坚持这样教与学，不仅有利于促进学生语言表达能力和素养的不断提升，更有利于他们自主、独立、健全的精神和人格以及创新品质的逐渐发育。

第五，教学生把活练语言基本功当日子过。课文教读和写作教学对练好学生的语言基本功固然很重要，但还远远不够。其实，课堂上的正音释词、口头答题、师生对话、概括整理、课堂练笔等环节也十分重要，必须要抓实抓好，以切实培养学生规范、健康地运用语言文字的好习惯。再进一步讲，也只有在课堂上这样扎实锻炼，学生才会获得更为充分而实在的体验和感受，进而充分认识到规范、健康地运用语言的重要性，并自觉地由课内到课外去训练自己的语言运用能力，从而逐渐养成规范、健康运用语言文字的自觉性和好习惯。我一向这么认为，也一向高度自觉地这样严格地教学生去做。课外，更是长期通过"青春文摘"和"成长随笔"等形式陪着学生搞语言和素材积累的"马拉松"训练，把活练语言基本功当日子过，自然就会一天天地夯实语言基本功的，同时也会一天天树立起不浮不躁、自觉本分、踏实做事、境界高远、品格高尚的灵魂。

今天的应试教育背景下，有多少孩子是不依赖教师强制和硬塞而主动、自觉地学习和探究的？有多少孩子没有成为考试的机器和分数的奴隶？有多少孩子具有自主精神和独立人格？有多少孩子想的不是考好大学、将来做人上人？再请看我们的校园、教师和课堂，又到底为学生自主学习创造了怎样的条件、氛围、空间和环境？又有多少孩子能够在教师的导引下真过上自主学习的生活？

其实，陶行知先生在二十世纪二三十年代就曾反复告诫我们：既不要教学生做人上人，也不要教学生做人下人，要教他们做自己的主人，做机器的主人，做政府的主人，做国家的主人，做世界的主人，做服务工农大众的真人。生活化语文教学的终极理想就是培养像样的真人。20年来，我之所以始终痴心无悔、宠辱皆忘

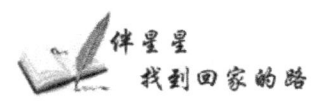

地坚守"生活化语文教学"实践研究,目的就是要让语文教学真正回归生活、与生活相融,就是要真正实践陶行知的生活教育理想,让学生把真语文学习当日子过,并在这种生活中有机且无痕地发育自主精神、独立人格、健全心理、博爱情怀和创造品质,最终达到学好文立好人的教育境界。理想远大,前进道路更是曲折而漫长,但我决意彻底摒弃二元对立的"死生活"和"死教育",把全部的身心都交给生活化的真教学和真教育,用良知和信念挺起学生和民族的美好未来。

15. 教学生重视语言规范

今天的中学语文课堂很尴尬：词不达意、言不及意、语不连贯、语意不明、缺成分、半截话等现象很普遍，就是一些观摩课、示范课、竞赛课也不能例外。至于学生的家庭和社会生活中，这种语言不规范现象则更为严重。中高考年年都考查"病句辨析或修改""语言规范与得体"等，但始终仅仅限于在考场上做题，而且备考考练活动也只是为得到点儿分数而已，与学生学习和规范语言运用的实践活动几乎没什么关系，或者说很多师生几乎就未曾有过重视语言规范的意识。

众所周知，语法是规范语言的，修辞是润色语言的，逻辑是严谨语言的。语言的规范、得体、严谨、流畅，条理性、表现力强等都是离不开活的语法、修辞和逻辑等方面素养的。尤其是现在的中学生作文，句子稍复杂一点就一定会出语病的，不是成分残缺、搭配不当、词序不当，就是语序别扭、成分赘余、语意不明或言不得体，反正总是语病多多、极不规范。一些硕导甚至博导也在惊呼——研究生们的论文，光病句都改不过来了！为什么会造成这样的局面呢？我认为，有一个原因是绝不能忽视的，那就是新课改以来，语法、修辞、逻辑等语文基础知识教学已逐渐被淡出甚至踢出中学语文教材和课堂了。那么，这种被动局面究竟该怎样去扭转过来呢？出路恐怕也只有一条，就是把语法、修辞、逻辑等请回语文教材和语文课堂来。当然，就知识教知识，死学死练死考肯定还是没有出路的，这一点也早被以前的语文知识死教学实践所证实了。可见，只能是教师回归生活地活教，学生回归生活地活学，进而教活学活，学中用、用中学，并且长期坚持，把重视语言规范当日子过，形成自觉意识，养成良好习惯。主要需做实做好三点：

其一，要教活和活教语法。教活和活教语法，教师必须做实做好的是：教学生回归生活情理，用心体悟，吃透定义。比如，主语就是句子的陈述对象，谓语就是表述主语是什么和怎么样的成分，宾语就是谓语的支配对象。这是定义，是概念。如果没有回归生活情理去用心吃透，学生就是倒背如流也未见得会用。所以，学生对"我在吃饭"这个句子的主谓宾往往都很清楚，但一遇到"这些黄瓜，王老师买了10斤，剩下的全都给李老师买走了""我看见王老师背着个包进办公室了，李老师提着个球拍去操场了，赵老师在班级教室前来回走动"这样的长句子，往往又

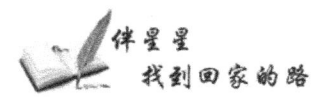

都目瞪口呆,理不出个头绪来了。但是,只要教师从生活情理的角度启发学生:谓语就是表述主语是什么和怎么样的成分,只要符合这个定义要求,无论这个谓语成分多短多长,都必须"在其位须谋其政"。学生很快就会明白:前者的谓语即"王老师买了10斤,剩下的全都给李老师买走了",后者的宾语即"王老师背着个包进办公室了,李老师提着个球拍去操场了,赵老师在班级教室前来回走动"。可见,学生仅仅死记一些定义和概念,就难免理不出这种复杂长句的主谓宾。但是,如果从生活情理的角度来分析问题,只要符合定义要求,无论这个成分多短或多长,都只能"在其位须谋其政"。现在,学生阅读论说类文章、考试题题干以及理科的定义、定理的能力普遍不足,理解不深透,在很大程度上讲,都是对较长句子的语法结构缺乏理解和把握能力造成的。不仅如此,学生在写作文和说话时也特别难以驾驭这类较长句子,动辄成份残缺,或结构混乱,不知所云。如果教师能经常结合教学实践活教语法,教他们吃透定义,厘清较长句子的语法结构,准确辨析、理解其语意,这类现象恐怕就会大大减少甚至杜绝了。

这里还必须强调一点,那就是在不同语境下不同的句式都各有其妙用。比如,"我买馒头,两个,黑面儿的哦"这句话,之所以"两个""黑面儿的"这两个定语要后置,很可能是因为环境太吵,买馒头的人要把自己的意思表达得更清晰一些。可见,变式句对表情达意往往是有其特殊作用的。这一点,古今汉语都是一样的。一些教师为学生讲析文言文的定语后置、状语后置、宾语前置、谓语前置等结构倒装语法现象时,总是喜欢停留在形式识别和归类上,动辄归纳出若干种定语后置、宾语前置的模式,至于为什么倒装也大多仅仅解读为古人的语言习惯之类。其实,古汉语也不句句都是倒装的,而是有意安排倒装的,以表达作者或说话人的一种特殊意旨。比如,韩愈《马说》中"马之千里者"这句的后置定语"之千里者",我让学生判别句子成分,他们可能几乎都知道这是"后置定语",甚至还能举出"中心词+后置定语+者"的结构形式,但却往往不理解作者究竟为什么要运用这样的句式。可见,这种死教学是脱离古人的生活实际的,也架空了结构倒装句的表意功能,因而往往是死的和无效的。对此,教师要积极引导、启发学生比较感受和思考"马之千里者"与"千里马"的区别。经过比较和思考,学生就会明悟两者的不同:"马之千里者"中的"之千里者"就是在强调这种马跑得快,可日行千里;而一般所言的"千里马"中的定语"千里",仅仅强调是一种快马,就没有这种强调意味了。同理,魏学洢《核舟记》中的"为人五,为窗八",我们也不能死教成"数量词作后置定语"之类,而是要启发学生从中感受到作者特殊的意图,即"这么小的一只桃核,王叔远竟能雕刻出五个人、八扇窗来啊",是为了赞美王叔远高超绝伦的雕刻技艺。可见,语文教师一定要结合文本语境和生活语境来扎实地活教和教活语法,切实培养学生规范运用母语来建构自己的语言世界的能力。

其二,要教活和活教修辞。首先,一定要结合课文教学来活教。请看,鲁迅散文《藤野先生》的一个片段:

(清国留学生)头顶上盘着大辫子,顶得学生制帽的顶上高高耸起,形成一座富士山。也有解散辫子,盘得平的,除下帽来,油光可鉴,宛如小姑娘的发髻一般,还要将脖子扭几扭。实在标致极了。

这一段中,作者要把句子延长,增加了"形成一座富士山""宛如小姑娘的发髻一般"。说实话,不这样造句,句子的信息也是一样的,不多不少,明白无误。那么,作者为什么要这样造句呢?到底有怎样的意味呢?教学时,教师要引导学生走进作者的心灵世界,深入课文语境,启发他们用心品味。经过深入的感受、思考、品味和讨论,学生就会真切地感悟到:作者是在借比喻说反话,表达了自己"怒其不争"的悲哀与讽刺。教学时教师一定要引导学生深入作者意图、课文语境以及读者的阅读心理等来细嚼深品,进而深透地品出这两处比喻的真滋味来,培养学生品修辞、学修辞的自觉和习惯。

不仅如此,还要指导学生回归生活情理,调动生活体验来深入感受和感悟,教学生到生活中去活学修辞。比如,讲析排比修辞时,不妨引发学生调动生活体验,回味自己考试成绩不理想,妈妈一桩桩一件件地数落自己过错的滋味,以加深感受,促进透悟。总之,凡修辞都是在不用不足以很到位地表达作者情意的境况下诞生的,我们的修辞教学就是要引导、启发学生深入作者心灵、文本情境,充分调动学生的生活体验来深透体悟这一点,而不是仅仅是教学生辨识什么修辞格,架空作者意图和文本情境等空谈什么效果。只有教师这样活教和教活修辞,学生才有可能活学和学活修辞,学到灵魂里去,真正学会和会用。

其三,要教活和活教逻辑。《基础逻辑学》之类早已被踢出中学语文教材了。对此,我的看法是,过于概念化、繁琐化、玄奥化、教条化地教学肯定是不足取的,但是一丁点儿都不让中学生接触肯定也是不足取的。学生要生活,要阅读、思辨、写作、交流、表达,等等,怎么可以一点儿都不学逻辑呢?现在,学生连起码的全称判断、特称判断、演绎推理、归纳推理、全同关系、种属关系、交叉关系、矛盾关系、

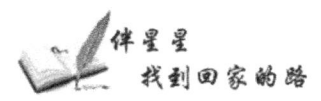

反对关系以及概念的内涵与外延等都不甚了了,这又怎么能较高质量地进行思辨和表达呢?当然了,这些基础逻辑知识的教学,必须回归课文教学和学生生活实际,充分调动学生的生活体验来进行。比如,进行课文教学时,教师也要经常结合正反实例来活教逻辑。请看一则反例,就是韩愈《师说》的一段:

古之学者必有师。师者,所以传道受业解惑也。人非生而知之者,孰能无惑?惑而不从师,其为惑也,终不解矣。生乎吾前,其闻道也固先乎吾,吾从而师之;生乎吾后,其闻道也亦先乎吾,吾从而师之。吾师道也,夫庸知其年之先后生于吾乎?是故无贵无贱,无长无少,道之所存,师之所存也。

这段文字中"生乎吾前,其闻道也固先乎吾"这一句在客观逻辑上就经不起推敲。试想想,"固"这个字在此处有"本来"之意,也就是说,"生乎吾前"的人,"其闻道也"就一定比我多啊。那么,"生乎吾前"的人,"其闻道也"真的就一定比我多吗?事实上,有些"生乎吾前"的人"其闻道也"未必比我多。可见,这个"固"字的使用就显得过于绝对了。

其实,后面韩愈又讲:"生乎吾后,其闻道也亦先乎吾,吾从而师之,夫庸知其年之先后生于吾乎?"是想强调,"生乎吾后"的人,"其闻道也亦先乎吾",我也要向他请教和学习。可见,韩愈要强调的是,只要人家比我先闻道,无论年长年少我都是要向人家学习的。至于"生乎吾前,其闻道也固先乎吾"这句话,则应该理解为"生在我前面,(而且)他懂得道理又比我早,我就向他请教和学习"更为接近韩愈的本意。所以,这个"固"字用在这里,就很难经得起客观逻辑的推敲了。

这样回归生活情理来活教逻辑知识,显然会有力地增强学生活学逻辑知识的兴趣,对培养他们的自觉和习惯也十分有益。再比如,学生书面和口头表达中也常会出现类似的话:

(1)他是多少个死难者中幸免的一个。

(2)因为他来自北方,思想根本上还是旧的一套。

(3)去年的学习成绩和今年比较起来大不相同。

对于这样的话,教师一定要及时引发学生思辨,不管是出现在口头表达还是书面作业。例如,例句(1)的病因该是:既然"幸免",自然是没有死,怎么能说是"死难者中的一个"呢?应改为"多少人死难了,他是幸免的一个。例句(2)的病因该是:为什么来自"北方"思想就旧?且"北方"到底是相对什么而言的?例句(3)的病因该是:比较一先一后两件事,一般总是以后者为主体,应是"今年的学习成绩和去年……"。只有这样及时思辨,哪怕是争辩,才能真正使学生从灵魂深处悟透病因。现在,高中生不会写议论文已成了常态,很多教师和专家也都发表了不少指导性文章,但仍是效益甚微。为什么会这样呢?原因其实并不复杂,就是学生不学逻辑了。试想想,连起码的特称、全称判断,假言判断,三段论、演绎和归纳推理等,都一概不知,学生又怎么去深入、辩证地剖析素材,进行严谨、有力的论证?树根不存在了,任你在树干和树冠上怎么折腾,也终免不了是一棵死树,又会有什么效益呢?彻底丧失了逻辑力量,终是不会写出什么议论文的。

当然,仅仅像前文所谈的那样去活教"语修逻"恐怕还很不到位,还要指导学生在课内外自主历练,并把这种历练当日子过,形成意识,养成习惯。当然,这种历练,绝不是只盯着中高考试卷上的题型死教死考死练,而是要引导学生到自己的现实生活中去自觉、主动地历练。事实上,学生在学校、家庭和社会生活中还是经常会遇到"语修逻"等方面不规范、不健康的语言现象的。例如,学科教材、课外读本、广播电视、师生对话、同学交流、自我表达、家庭生活、社会活动等都是很好的自主历练的渠道和平台。具体来讲,课内师生对话、同学交流、口头答题、整理笔记,课后做表述题、写随笔、做作文等环节,课外听人说话、与人对话、看电视,读课本、报刊、文学文艺作品等都会遇到不规范的语言现象。教师一定要指导学生在学习和生活中自觉去发现和矫正在"语修逻"等方面不规范的语言现象,并自觉搜集、整理,汇总到专门的笔记本上,长期坚持不懈。同时,教师还要定期督促、检查、鼓励、激励和奖励。比如,定期展示优秀作业、给优胜者发小奖品等。长期坚持这样做,自然会大大激发学生自主历练的兴趣,促进他们把语言规范的自主历练当日子过,并形成自觉和习惯。

最后再重申一句。教学生回归生活学好语言,把重视语言规范当日子过,让语言规范教学步入更广阔、更实在、更有为、更充满生机与活力的新天地。中学语文教学的守本归真,健康发展,大有作为,正热切地期待着我们在守本务实上多花心血、多下功夫呢。

16. 教学生学会积累"我的活素材"

  古人讲:"读书破万卷,下笔如有神。"老师,我原本很相信这句话的,也读了不少《名言大观》《写作素材》之类,但为什么我还是写不好作文?一见到作文题目,我就大脑空白,平时背下来的名言和素材一下子就无影无踪,任凭我怎么翻腾,也用不上一句话。老师,这是为什么呢?

  十几年前,一位学生就问过我这样的问题。今天,还不时有学生会问这样的问题,尤其是高一年级的。记得当时我并没有急于回答这个问题,而是给那位学生讲了《曾子杀猪》的故事:

  从前,曾子的夫人到集市上去,她的儿子哭着要跟着去。她对儿子说:"你回家,等我回来杀猪给你吃。"她刚从集市上回来,看见曾子正准备捉猪来杀。他的妻子阻止他说:"不过是和孩子开玩笑罢了。"曾子说:"小孩是不能和他开玩笑的啊!小孩子没有思考和判断能力,等着父母去教他,听从父母的教导。现在你欺骗孩子,就是在教他欺骗别人。母亲欺骗了孩子,孩子就不会相信他的母亲,这不是用来教育孩子成为正人君子的方法。"于是(曾子)就杀猪煮肉(给孩子吃)。

  讲完故事,我问那位学生:"你从这个故事里读出来什么?"他说:"父母是孩子最好的老师,母亲欺骗孩子,孩子也会从她那里学会去欺骗别人。"我再问:"还有吗?"他摇头。我接着说:"你讲得没错。故事里的父亲就是这样认为的。但你想过没有,这样的感悟恐怕所有同学都会有的。如果你只停留于此,只是在写'正人先正己'之类立意的作文时才会用到这个故事,那不是太浪费素材了吗?"

  接着,我又启发他:要跳出"欺骗",从"父亲坚持杀猪""儿子的希望""社会评价"等维度来思辨。结果,真的令我喜出望外。那位学生想到了:父母和孩子在人格上是平等的,尽管小孩子尚不明事理,母亲也要尊重他,要讲诚信,要兑现承诺。儿子希望母亲回来能真给他杀猪,这是经母亲允诺的合理诉求,作为与父母在人格上平等的儿子,他有权得到满足。父母是孩子最好的老师,也是孩子学习做人的榜样,有做好孩子人生榜样的义务,不可不谨言慎行。火候已到,我趁热引导:"故事的浅层寓意是人人可见的。如果仅仅停留在此就去死记硬背,就是背出几座山似的素材恐怕也还都不是你自己的。但是,假如你真的用心去深入感受了,用大脑去深入、多维地思辨了,你就会更深入、多维、独到地把握住素材。这才叫深深打上了你自己的生命烙印,成了'我的活素材'。"

常言道:巧妇难为无米之炊。事实上,非巧妇也是难为有米之炊的啊。一般教师的失误就在于,动辄逼着学生背名言警句和写作素材,岂不知学生哪里尽是"巧妇"啊。他们往往绝非透彻、多维地理解和消化,而只是被动地死记硬背,在一堆一堆地形式上占有,也就往往用不上或不好用。那么,究竟该怎样做好呢?我的经验是,大致分三步走:

第一步,课文教学过程中引发学生自主思辨。比如,教学《渔父》。课文的主旨内涵是:屈原为守住自己的高洁之志,不与世俗同流合污,不惜用死来表达自己的高洁与忠烈,死得其所。学生写相类似主题的作文时就运用这个素材。其实,教师完全可以引发学生进行发散性思辨和探究:屈原到底应不应该选择死?让学生自主思辨、发表自己独立的见解,只要他们讲的都在理,就给予鼓励。此外,像引发学生对屈原和司马迁的人生选择进行对比性思辨(屈原宁死不肯同流合污,司马迁为理想隐忍苟活,谁的做法更可取),对老庄的"无为无功"思想进行引申性思辨(老庄的无为无功思想对当今社会的人们有什么价值)等等,都是很有益的做法。课内引发学生自主思辨,初步学习自主积累"我的活素材",这是在教学生"打样",更有意义的是自然地由课内向课外延伸,指导学生踏实走好第二步和第三步。

第二步,指导学生在课外阅读中自主积累"我的活素材"。课内打好样,学到了方法和门道,课外阅读美文时,教师要指导学生也像课内学课文那样自主且自觉地运用发散、引申、逆向等多种思维方式,对所阅读的美文的主旨内涵进行多维、深入的思辨和探究,进而生活化、个性化地积累打上了自己生命烙印的活素材。特别是各种考试题里的美文,很容易是考完就过去了。为此,教师一边要用心指导学生对这些考试题里的美文也进行多维、深入的思辨和探究,并教学生养成这样的好习惯。我的教学经验证明,这样做更符合学生学习生活的实际,也更有利于收到好的教学效果。

第三步,引导并督促学生在课外见闻中主动积累"我的活素材"。现实生活中,每天都会发生一些故事、事件等,尤其是那些引起社会关注和热议的,教师都应该引导学生去主动接触、思辨和体悟。不仅要养成多维、深入思辨和探究的自觉,还要督促、检查学生写好思辨性随笔,养成良好习惯。这样一来,生活化、人格

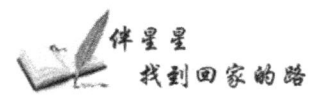

化、个性化、多样化的活素材积累也就不难做到了。

总之,教师要指导学生长期坚持,并形成自觉、养成习惯,甚至当日子过。这不仅有益于学生个性化地积累素材、历练表达,同时对他们的思维力、探究力以及健全独立的精神和人格等的发育也都是很有益的。

17. 口头作文文章大

口头作文是教改的产物,具体兴起于何年月,现已无法考证。这项改革,有人叫好,也有人说作秀。总之,说好话的人少,说不实在的人多,所以,至今难成大气候。我不隐瞒观点,我要大声喝彩:口头作文文章大!坚持做口头作文对学生十分有益,益处有三:

一者,对上台作文的学生有益。学生的说话能力、交际能力、自我展示能力不可能从天上掉下来,也不是语文教师的嘴巴吹出来的,更不是教师写几篇文章幻想出来的。一句话,只有不断地练习!要练习,学生搞集会的机会又不多,即使搞了集会,也不可能人人上场。口头作文,就给每个学生都提供了练习的机会,按学号轮着做就是了。一学期每个人只能轮两三次,当然学生会倍加珍惜喽,效果自然不需细说。就这每学期两三次,中学阶段共有十二个学期,大家不妨算算,每个学生该有多少次锻炼的机会!很显然,次数一多,对学生的说话能力、交际能力、自我展示能力的形成自然十分有益。强调一句,这也是社会和时代的需要,是学生今后发展的需要。

二者,对整体提高学生的写作水平有益。口头作文,对每个做作文的个体而言,自然会有利于写作水平的提高。这里不再啰嗦。换个角度,从听作文的学生角度来看,口头作文就更有利了。一位学生在台上做口头作文,其他学生在台下听,听观点、听思路、听条理、听事实材料、听表达手法等等。天长日久,自然会听出很多行家来。常言道:会看的看门道,不会看的看热闹,讲的就是这个道理呀。我的做法是,教师先做评点的示范,一学期后,改由学号挨着的学生学着教师的样子评点,这无疑又强化了学生的点评意识,对培养学生成为点评文章的行家,提高学生的写作水平自然更有利了。拳不离手,曲不离口,天天历练,还愁学生写不好作文吗?

三者,对学生的健康成长有益。每堂课有一名学生到台上做一次口头作文,自然会向其他学生传达一种信息,表达一种观点,或者提出一个问题,谈到一种认识等等。时间一长,学生们接收的信息、观点、思想、认识也就会越来越多,这对开阔学生视野、陶冶学生性情、提升学生境界、健全学生人格、健康学生

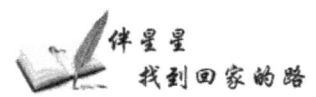

心理等无疑都是十分有益的。就这一点而言,我把口头作文视为师生共同修行的场。从我的教学实践来看,学生的内心世界是美好而丰富的,他们关注社会,关注世界,关注生命,关注成长,关注人生,关注诚信,关注真情,关注环境……总之,学生们既关注真善美,也关注假丑恶,作文内容也十分丰富,或表达一种理想,或表达一种追求,或表达一种忧患,或表达一种希望,充分展现了他们美好的心灵。教文育人,我们不能只是嘴巴上喊得响亮,关键是要通过具体的教学活动来落实。当前,封闭式教学很时兴,但要想不把学生的心灵封死,语文教师是否该想一些更有实效的办法,把自己教文育人的工作做得更务实、更人文、更有创意、更境界高远一些。

18. 文摘：精神的后花园

作文摘，从表面上看，就是积累语句，也就是积累精彩的语句或语段。精彩的语句或语段，我认为大致有两条标准：一是思想内容好，二是语言艺术好。学生学语文，夯实语言文字基本功固然相当重要，但语言文字本身并不等于语文。要想"下笔如有神"，还必须要读万卷书，而且不光要读文字之书，还要读生活之书。既要通过"读书"领悟和深化课堂上所学的为文之道，还要善于学习、借鉴人家文章中精彩语言。有人主张：学生写作文要出新，要有新的立意，要写别人没有说过的话。我却认为：学生首先要向他人和生活学习语言，学好后才有可能讲好自己的话，写好自己的文章。教师要指导学生尽可能多地摘录、占有、消化他人文章中的精彩语句、语段，包括格言、谚语、歌词等，进而化为自己的语言内存，变成自己的文化素养。在教学实践中，我要求每个学生都必须准备一个文摘本，专门用来摘录精彩语句和语段。为此，我可学生推荐优秀书刊，如《青年文摘》《读者文摘》《语文报》《美文》以及一些中外名著等，并要求学生相互关爱，彼此借阅，每周作600至800字的文摘。我认为，这项作业，对学生而言，起码有三点好处：一是为学生打开了一扇通向生活和读书的窗；二是为学生建立了一个长期坚持学习语言的机制；三是为学生打造了一个健康成长的平台。事实上，从我多年的教学实践来看，作文摘已经成了我的学生学习和生活中不可缺少的一件事。下面，不妨引一段学生的文摘供大家欣赏：

所谓成功的人，并不一定非得是高官厚禄的人，并不一定非得是功成名就的人，并不一定非得是轰轰烈烈的人，并不一定非得是可歌可泣的人。因为，一个人能力有大小，机遇有好坏。所谓成功的人，对于绝大多数人而言，就是今天比昨天更智慧的人，今天比昨天更慈悲的人，今天比昨天更宽容的人，今天比昨天更懂得爱的人，今天比昨天更懂得美的人；也就是今天比昨天更进步一点，心灵和行为日趋高尚的人。

仅看这则文摘，我们就不难推想，如果一个学生长年累月、高度自觉地作这样高质量的文摘，势必会对他的思想、文化、人格、心理及语言修养产生极大的正向影响，进而内化为他们的文化底蕴、思想修养、精神境界。像这样的文摘，我每次

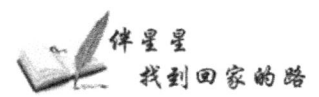

批阅作业时都把它整理下来,打印出来,每学年还要打印成册,发给学生,大家共同欣赏,共同进步,共同提高。我教的学生,高中三年下来,每人平均要作10万字左右的文摘,而且绝大多数学生都养成了作文摘的习惯。这项作业不仅提高了学生的语言水平,更促进了他们的身心健康和人性发展。我认为,作文摘,既是学生学习、积累语言的过程,更是他们修养身心、提升境界的过程。我常这样想,假如我观念再解放一点,胆量再放大一点,工作再彻底一点,给学生完成这项作业的时间再充裕一点,那么学生们一定会做得更好。再说句更到家的话,有了这样的积累,还愁学生高考作文语言不美,境界不高,分数不理想吗?实实在在地给学生建造一座精神的后花园吧,让他们终身守住它!

19. 让背诵成为一种享受

背诵经典课文,中高考都在考查。为此,很多学生在教师和家长的压力下,只好去死记硬背,吃尽了苦头,甚至讨厌背诵了。那么,我们能否让学生背诵更有趣、更智慧、更轻松、更深入和更牢固,进而成为一种享受呢?答案是肯定的。

1. 诵入生活常理

杜牧《阿房宫赋》有一段话:

使负栋之柱,多于南亩之农夫;架梁之椽,多于机上之工女;钉头磷磷,多于在庾之粟粒;瓦缝参差,多于周身之帛缕;直栏横槛,多于九土之城郭;管弦呕哑,多于市人之言语。

很明显,这段话的各个语句之所以这样排序,之所以不能任意前后调动,就是因为这些语句是严格依照生活常理来排序的。试想,盖一栋房子肯定需先立柱架梁排檩子,而后需在檩子上铺椽子,椽子铺好后需用钉子钉牢,而后才能盖瓦,盖好瓦造好房子后才可以造栏杆、做装饰,这一切都完成后人才可以住进去。可见,作者是洞明生活常理的,背诵时若严格依循这个生活常理,自然就会记得又快又牢靠。

2. 诵入因果文脉

王维诗《山居秋暝》:

空山新雨后,天气晚来秋。
明月松间照,清泉石上流。
竹喧归浣女,莲动下渔舟。
随意春芳歇,王孙自可留。

背诵这首诗,要真的用心读进去,梳理出这首诗四联之间的因果文脉:正因为是一场新雨刚过,晚秋的雨后天气才会更显晴爽,圆满的秋月才会亮亮地照在松林间,林间的石上才会流淌着清泉——少雨期可能就没有那么清,枯水期甚至还可能没有。又正因为月光明亮,浣女们才会趁月光贪晚洗衣物,渔夫们才会趁月光捕鱼。诗的最后两句则是因景生情,流露出诗人对眼前美景的喜爱、留恋之情和归隐之心。领悟到这个事理因果,学生背诵起来自然就不会犯难了。

3. 诵入时空顺序

明星荧荧,开妆镜也;绿云扰扰,梳晓鬟也;渭流涨腻,弃脂水也;烟斜雾横,焚

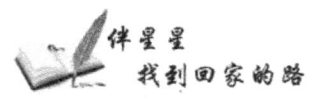

椒兰也;雷霆乍惊,宫车过也;辘辘远听,杳不知其所之也。

这是杜牧《阿房宫赋》中的另一段话。很明显,这是按照宫女们早上起来照镜、梳头、倒洗脸水、燃香美化室内环境、等待皇帝临幸、最后没有等到的时间顺序排列的。如果学生们理出了这个顺序,自然就不难记诵了。

4. 诵入观察规律

杜牧《阿房宫赋》的开篇写道:

……覆压三百余里,隔离天日。骊山北构而西折,直走咸阳。二川溶溶,流入宫墙。五步一楼,十步一阁;廊腰缦回,檐牙高啄;各抱地势,钩心斗角。盘盘焉,囷囷焉,蜂房水涡,矗不知其几千万落。长桥卧波,未云何龙?复道行空,不霁何虹?高低冥迷,不知西东。歌台暖响,春光融融;舞殿冷袖,风雨凄凄。一日之内,一宫之间,而气候不齐。

这段话,作者是严格依照观察规律而运笔的,即人们观察事物往往是先总貌,后注意细处——若有可能,再由外而内。请看,"覆压……宫墙"就是先写远望阿房宫的大轮廓,即描写阿房宫的宏大规模;"五步……斗角"就是在写中观景象,即描写比较近的视野内阿房宫的宏伟壮丽;"长桥……西东"是在夸张人们的观感;"歌台……不齐"就是在写人们置身宫内的感受,也带有夸张意味。学生明白了这个规律,这段课文也是不难背诵的。

此外,像议论类文章,教师还要启发学生悟透说理逻辑,指导他们依循作者的说理逻辑来背诵。例如杜牧《阿房宫赋》的结尾一段的背诵,就可以指导学生依循归因判断、假设推理等进行背诵。只要学生真读进去了,真用心琢磨了,就不难比较快地记到心里去了。

总之,背诵指导也一定要回归生活情理,向生活情理要智慧和乐趣。有了这样的智慧和乐趣,学生就会背诵得很轻松、很有效且很享受了。再强调一点,前文所举的例子都是集中说明一种背诵方法。其实,一篇课文的背诵往往需同时运用多种方法,写这篇文章只是想给大家一种策略上的启发。一句话,只要我们教师更灵活智慧一些,生活化地运用多种方法用心梳理出诗文的前后脉络,并且充满智慧和乐趣地指导学生去诵好记牢,背诵真的就会成为一种享受的。

归真导写篇

　　所有那些称得上佳作的作品,几乎没有哪一篇不是作者的真实心志和情感的外吐。文章是怎么写出来的,学生就该怎么学写,教师就该怎么教写。我们必须在回归本源上多动脑筋,建构好读与写、课内与课外相互融通、互哺共生、良性循环、循序提升的有机体系,自然有机、渐进无痕地培育并提升学生的感悟力、思辨力和表达力。

20. 生活化：中学写作教学走出误区的理想途径

我们完全可以这样讲，所有那些称得上佳作的作品，不管当初作者写成了什么文体，几乎没有哪一篇不是作者的真实心志和情感等的外吐。人民教育家陶行知先生也早就强调"教学做要统一"，事物是怎么做的学生就怎么学，学生该怎么学教师就怎么教。同理，文章是怎么写出来的，学生就该怎么学写，教师就怎么教写。可见，既然作品都是作者真实心志和情感等的外吐，都不是在为写而写，那我们就必须彻底反思我们的作文教学了。请看，现在的初中和高中学生，一上初一或高一就开始被进行所谓的中高考仿真作文写作训练？许多学校和教师根本不顾学生是否真愿意写，不管他们是否有真实的心志和情感等，也不考虑他们现有的思想素养和写作能力究竟如何，更由不得他们做任何"不想写""不能写""不会写""很讨厌"之类的陈述，有的只是为了中高考得分而必须要做的死挨死写死练甚至死应付！毫不客气地讲，许多中学作文教学早已成了超越学生实际，几乎彻底断绝"地气"，只为中高考作文那点儿分而逼迫学生不得已而胡乱应付的文字游戏了。这在本质上早已失去了教学的实际价值和意义。那么，我们究竟该怎么做呢？我认为，回归生活本源，走生活化作文教学之路应该是一条比较理想的出路。

一、融写法指导于阅读教学之中

我认为，语文教学的本务就是借教学课文来教学生学说话和写文章的，不论什么体裁的课文教学都是如此，即使必须进行文化教育、人文教育、文学教育、审美教育、生命教育和情感教育等，也只能都为这个本务服务，不可喧宾夺主。换个角度讲，语文课上所进行的文化教育、人文教育、文学教育、审美教育、生命教育和情感教育等越自然无痕，也就意味着语文教学的本务完成得质量越高，两者应该是有机相融的。为此，教师一定要最大化地利用好课文这个资源，教学生学懂悟透文章何以这样而不那样写的奥妙，还要指导他们在课外长期坚持这样学和悟，不断提高语文能力和素养。课文教学的实质就是教学生由语言文字切入，深入感知、理解课文的思想内容，反过来再来感受、品味、辨析、欣赏和感悟语言的艺术魅

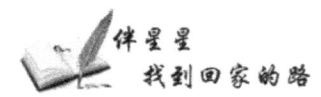

力,进而深透领悟课文何以这样写而不那样写的奥妙。说实话,学生学习课文绝不仅仅是为了了解故事情节、思想内容等,更重要的应该是想真正领悟作者到底是怎样写的,又为什么非要这样写而不那样写,进而掌握一些说话写文章的本领,去像作者那样写自己的文章。这也正是语文教学的本务,其他学科教学是概不会负起这个责任的。所以,在课堂阅读教学中,教师一定要引导学生深入作者生活、作品生活,回归生活情理,关注读者生活,并且充分调动师生的生活积淀来体悟课文何以这样写,进而指导学生如何艺术地写好自己的作文,表达好自己的思想情感。如,"我的母亲在我十三岁的时候就去世了……三个人的衣服鞋袜,没有一件不是母亲自己做的……母亲死的时候才廿九岁,留下了三男三女"(引自邹韬奋《我的母亲》)。这几句话中的"就""才"和"没有一件"看似十分不起眼,实际上这"就"和"才"更突出了作者的惋惜、悲伤及对母亲的深爱,而这"没有一件"则突出了对母亲勤劳、慈爱的赞美之情,如果删掉这"就"和"才",把"没有一件"改为"每一件",信息上虽没有什么变化,但表情达意的强度却大大削弱了。再如,"电视广播以及行人的谈话全是法语法语法语,把你因禁在一座法语的监狱无处逃遁……从巴黎带来的华文报纸和英文书看完了,这成了最严重的事态,因为在下一个钟头,下一刻钟,下一分钟,你就不知道该干什么"(引自韩少功《我心归去》)。这几个句子,其中三个"法语"叠加,更加突出了作者旅居异国的孤独、厌烦之情,而"下一个钟头,下一刻钟,下一分钟"由长到短连续排列,则又更加突出了作者的极度空虚和迷茫。假如删掉一两个"法语",把"下一个钟头,下一刻钟,下一分钟"打乱顺序讲,就会大大削弱这种情感的表现力,甚至会导致严重阻碍这种情感的宣泄。又如,"这平铺着,厚积着的绿,着实可爱。她松松的皱缬着,像少妇拖着的裙幅;她轻轻的摆弄着,像跳动的初恋的处女的心;她滑滑的明亮着,像涂了'明油'一般,有鸡蛋清那样软,那样嫩,令人想着所曾触过的最嫩的皮肤;她又不杂些儿渣滓,宛然一块温润的碧玉,只清清的一色——但你却看不透她"(引自朱自清《绿》)。这几句,其中画线的比喻句完全可以删掉或者减少的,这并不影响语意的传达,但是作者那种特别喜爱、十分激动的情感和情绪恐怕就得不到很好的表达了。课文中这种遣词造句、运招用技的实例太多了(包括论说类文本),都是为了强化表达作者的心志、情感、情绪和意图等。这就是课文语言运用的妙处,教学课文时教师一定要一次次地引导学生深入作者生活、作品生活,回归生活情理,关注读者生活,并且充分调动师生的生活积淀来深入感受并深透体悟,从而悟得语言运用的奥妙,不断发育和提升语言表达能力。

此外,像《琵琶行》插叙了"琵琶女自述"一段,是为了照应前文琵琶女的情态表现及高超技艺,也是在为下文抒发情感打下铺垫;《兵车行》的"过者"本来就是诗人杜甫自己,但诗人却假托了一个"过者",以便站在更远处观察真相,更自由地抒发自己反对朝廷穷兵黩武、同情百姓生灵涂炭的情感;《可以预约的雪》并没有写去山里看菅芒花的经历,而是主要写近几年作者生活的变故,写自己对友情、爱情、人生等的感悟,就是为了突出作者最后所感悟到的世态变化、人生变故等是不可预约的,而真情和爱这些美好东西则是可以预约的道理;《我的叔叔于勒》从我们一家人渴盼于勒发财归来写起,就是为了突出金钱更重于亲情的作品主题。可见,作品(包括论说类文本)的谋篇布局也是与作者心志、情感、情绪和意图等有着十分密切的因果关系的,教学课文时也要高度重视,以使学生能够透悟课文谋篇布局之妙,学会根据自己心志、情感、情绪和意图等来布局和结构自己的文章。

二、融即境练笔于课文品析之中

教学生深入课文,紧抓住作品生活中的某个契机点进行扩写、补写、续写、改写等训练;同时还可以引发学生即境进行祝福语、主持语、颁奖词、点评、发言稿、启事等训练。这样的写作契机点就融在作品生活之中,这样的写作训练活动就展开于课文学习的活动之中,最容易激发学生的写作欲望,最令学生兴趣盎然,也最能取得学生人人都有好收成的写作教学效果。这样的写作训练会在课文学习的过程中积极有效地夯实学生的写作基本功,会为学生课外写作发展奠定坚实的根基。学生由课内到课外,养成习惯、形成自觉,把依文练笔当日子过。

如,把苏轼的词《江城子·乙卯正月二十日夜记梦》改写成800字的写景、叙事和抒情相结合的散文,把词中"相顾无言,惟有泪千行"中的"无言"扩写成不少于150字的夫妻对话,给莫泊桑小说《我的叔叔于勒》续写一个《于勒最后的日子》,仿写鲁迅《从百草园到三味书屋》中"不必说……也不必说"那一段,补写出程海《三颗枸杞豆》的"后来,我很不乐意地被爸爸送进了学校,整天坐在窄小的木桌前盯着书上黑乎乎的汉字。我心里烦躁极了,就在桌子底下捣鬼,每每被那个尖眼睛的女老师发现,狠狠地批我一顿"这一段话里的"捣鬼",等等。再如,给高尔斯华绥《品质》中的"格斯拉兄弟"、欧·亨利《最后的常春藤叶》中的"贝尔

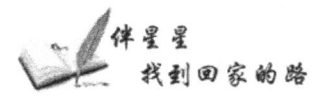

曼"、杨绛《老王》中的"老王"等写挽联、颁奖词、祝福语、点评等。这种依文境所进行的写作训练,不仅有益于在课堂内发展学生的想象力、创造力和思辨力,更有利于培养这样的自觉和习惯,进而由课堂到课外、循环往复地发展学生的自主精神、独立人格、辩证思维、健全心理等。

三、融自主思辨于学后反思之中

教师要善于发现课文内容或表达艺术上的可思辨点,引发学生去发现这个可思辨点,要善于组织学生进行自主思辨,还要充分利用各种形式反馈学生自主思辨的结果,并及时评价。此外,还要汇集优秀成果供集体分享,引导学生把这个做法当日子过,做到师生一道成长。如,笔者十年前就曾引导学生对课文《项链》中马蒂尔德这个人物形象的"虚荣"进行过思辨,结果同学们的一些看法很令我惊喜不已。他们或认为马蒂尔德是一个很爱美且努力追求美的女性;或认为马蒂尔德是一个积极向上的女性;或认为马蒂尔德是一个勇敢、坚强、刚毅的女性;或认为马蒂尔德是一位守诚信、讲尊严的女性;或认为,马蒂尔德守住了那颗金子般的心,这最为可贵。同学们的看法也许不大符合教学参考书的观点,但是他们都言之有据,都讲得很有道理——或者说更接近人物形象的真实品格。所以,我认为教师一定要善于引导学生去发现课文中的可思辨点,每遇到这种蕴含思辨点的课文,就给足他们思辨、探究和判定的机会与平台,或当堂思辨、探究,或留作课后思辨作业、随笔作业等(如人物思辨:我看项羽、我看祥林嫂、我看于勒等)。

四、融语言历练于课堂交流之中

现在的语文课堂,几乎见不到实实在在的口语和书面训练了。假如还要探讨、总结一些问题的话,其结论也大多由教师利用投影之类间接灌输了。这也是当今语文课堂语言教学效益低下的一个重要原因。课堂内不抓住一切契机实打实地教学、训练口语和书面语,而是全都推到课外让学生去自悟或干脆转移到练习册上去漫无边际地考练,这终归是盲目随意和极不靠谱的。学生课内没有真学真练,没有打下较扎实的基础并形成比较可靠的自觉和习惯,课外的自悟和考练也就失去了根基,也就只好随意、盲目、慌乱、低效地应付了。鉴于此,教师在做教学设计时一定要预设好师生总结、提炼、概括句意、层意、段意,写作技法和布局谋篇的好处等的问题和空间,一定要抓实句意、层意、段意,写作技法和布局谋篇的好处等的总结、提炼和概括,要抓实师生对话交流环节,组织好语言规范表达和交流训练。课内打好基础,课外再自觉历练,课内外互哺共生,当日子来过,养成意识和习惯,势必会不断促进学生口语和书面语表达能力。语文课的本务是教学生学好语言文字的表现和表达艺术,是训练和发展学生的语言思维能力及语言文字基本功。课堂上所有可以训练、培育学生语文能力及素养的环节都必须切实抓住,有所作为,以提高课堂实效,促进学生表达能力的不断提升。

五、融自主表达于学生生活之中

课内指导学生做实做好据文境写作和口语书面语表达历练,课外再指导学生用心观察、阅读、感受、思辨、感悟,而后写好阅读和观察随笔。尤其是在当今的时代背景下,还可以通过上传班级"成长随笔"QQ群、"青春色彩"博客等形式来展示学生的随笔,激励、鼓励他们坚持写作,写美文阅读随笔、时事新闻随笔、校园观察随笔、师生之间随笔、假日生活随笔、时代人物随笔、历史人物随笔、历史典故随笔等;同时学生们还可以共享成果,共同进步和提高。不仅如此,教师和全体学生还都可以对这些随笔进行点评、相互激励、鼓励、指导和帮助,这自然就会不断地无痕发育和提升学生的写作能力。这种融于学生课内外学习生活中的自主表达历练,无疑做到了规划合理、自然有序和循序渐进,既凸显了学生的自觉和自主,又强化了语用性、实践性、自觉性、自主性、互动性、共享性,显然能够最充分地调动学生的课外语文历练资源,最大化地利用学生的历练成果,还能够优化学生课外语言学习和表达历练的环境,最终建成生活化的语言和思维自主历练的"乐园"。不仅如此,这种自主历练形式还能够最自然地促进师生之间、生生之间最直接、最平等、最坦诚的交流,进而最大限度地促进学生语言规范和表达艺术的深度交流,也最强有力地激发了学生之间比学的热情和劲头,甚至使语言学习和表达历练成为每位学生生活和生命的一部分,以至于终身历练,不断修养和提升。

作文就是这样教出来、悟出来、涵养出来的,当然也是一点点地历练出来的,绝不是急功近利地盯着中高考作文试题的命题风向"高仿真"地死练死考出来的。只要我们肯在"生活化"这三个字上多动脑筋,建构好读与写、课内与课外相互融通、互哺共生、良性循环、循序提升的有机体系,自然就会有机无痕、循序渐进地发育和提升学生的感悟力、思辨力、表达力,自然就会教会学生写好文和做好人。

21. 中学作文教学别再忘"本"了

中学作文教学所受诟病最多。到底怎么了？依我看，就是忘"本"了。那么都忘了哪些"本"呢？

第一是忘了课文这个"本"。教课文是干什么的？叶圣陶先生早就说过，课文无非就是个例子。我想，这个例子，在很大程度上讲，就是教学生学好书面表达艺术的例子。理由也不复杂，那就是语文教学的本职就是训练学生的语言思维能力，教学生学好语言表达艺术——包括书面的和口头的。也就是说，除去中学其他学科所能教学和培养的能力与素养，剩下的就是语文学科所要教学和培养的了，那也就只剩下语言思维能力和表达艺术了——这也是语文学科的特性所在。既然如此，显然就是引导学生赏析写作艺术、品味语言之美等，最终目的也是为了提升学生思维能力和语言素养。那么，要想最大化地达成这个最终目的，就必须最大化地利用好课文资源。要想最大化地利用好课文这个资源，就必须最大化地发掘出每一篇课文中可供学生练笔的因素。一篇课文中可供学生练笔的因素到底是什么呢？一是教师教读与学生学写的相互融通，即在课堂上引导学生走进作者生活、作品生活，回归生活情理，调动生活积淀，关注读者生活来透悟课文何以这样而不那样遣词造句、布局谋篇和运招用技时，渗透"学写"的指导。二是指导学生本真地进行依文练写和即境表达训练，在加深学生对课文思想内容和写作艺术的体验和感受的同时，有机地训练学生的写作能力。如，学生可以模仿茨威格的《铃兰花》的思路和写法写自己的《勿忘我》，可以扩写出"醉卧沙场君莫笑"中那个征夫不同版本的真心情，可以续写出马蒂尔德得知项链是假的这个信息后的心情和行为，可以补写出贝尔曼医生寒雨之夜画常春藤叶的经过和情景，可以把散文《老王》改写成课本剧，把说明文《南周六月荔枝丹》改写成状物抒情散文《荔枝赋》，还可以展开思辨，进行评论，写《我心中的荆轲》，写《屈原就一定得选择死吗》，写《〈陈情表〉的陈情艺术》等。课文里这类写作资源实在太多了。这种回归课文和学生学习生活的写作训练，学生最熟悉也最愿意做，最能充分调动学生的写作积极性，激发起他们的写作欲望和热情。学生写这种融于自己语文学习生活中的作文才是真在写自己原意写、又能写的真作文，也往往能够使他们大显身手，

第三辑　归真导写篇

"战果"辉煌。三是还要做到课内外相融通，即指导学生在课外阅读美文时也要留心像课堂教与学那样透悟课文何以这样而不那样遣词造句、布局谋篇和运招用技，去自主进行依文练写和即境表达训练。随日子走，长期坚持，甚至把这样学写练写当日子过，形成自觉，养成习惯，最终肯定会真正透悟作文和写好作文的。

第二是忘了学生这个"本"。作文显然是由学生来写的。学生最终是否真学会了写作文当然有他自己的原因，但教师是绝不可推卸"归真教好"这个责任的。前文谈到的课堂教学课文所应做实做好的"三点"，也是以学生为本进行教学的体现。只有这样扎实有序地教学生悟写练写，夯实他们的写作基本功，才有可能进入更高层次的作文写作训练。而现在的写作教学，往往是初一就瞄着中考、高一就瞄着高考，无视和超越学生实际搞高仿真写作训练。这样做，不分学段和对象，不用考虑学生愿不愿意写、能不能写等问题，只需对付着往前"高仿真"地打发日子就是了，教师是很省心的。学生呢，只要消极、被动、混沌、疲惫地应付就是了。学生没话硬挤话，或者干脆瞎胡说乱写，就是偶尔有点儿感觉也大多不会写，这些"疑难杂症"也就被悄悄混沌于急匆匆的"高仿真"之中了。在这样的写作教学背景下，绝大多数中学生几乎从来就没有"我特别想写而且还要写好"的真体验，更不知怎样去把自己的心里话写出来，只是在万分无奈地对付。试想一下，学生没有充满情趣地真心练过笔，更没有夯实写作能力的根底，他们又怎么会有能力写好更上位的与中高考水平相当的作文呢？很显然，学生这个"本"也是不可忘记的。假如忘了这个"本"，很少或干脆不考虑学生是否真乐意写、真能够写的问题，使他们丧失了学好写作的真兴趣，也就彻底丧失了写作的初动力，这又怎么能取得好的写作教学效果呢？同时，要想切实做到以学生为本，教师必须设法解决好学生想写和乐意写的问题，这也是真爱学生和真尊重学生的体现。前文提到，要以课文为本，教学生透悟写作之道，最大化地发掘课文里的写作资源，实质上也是解决好学生想写和乐意写的问题的体现。以学生为本，还有一点也相当重要，就是要高度重视学生语文素养、写作素养、思想素养和人文素养等方面的积淀和提升。具体可以通过课内指导学生多思辨、多提炼，课外引导和督促、检验学生多看多读多思多辨多悟等渠道来实现，这里就不展开说了。当然，还必须尊重学生的个性差异，在要求的程度以及作文、随笔、文摘的数量和质量上有所差异，让学生都能够经常受到鼓励与激励，各扬所长，共同进步。

第三是忘了教程这个"本"。写作教程是分学年段的，是讲究教与学要循序

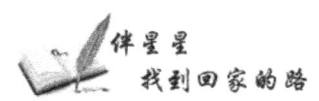

渐进的。不同学年段的学生认知水平、思维特征和能力及写作心智都不相同,因而写作训练的文体形式、文章篇幅、思维能力要求等也不应该相同。初一作文的文体形式和字数与初二、初三的肯定不一样;同理,高一与高二、高三也肯定不一样。绝不可不分学年段,不辨对象,直接从教者的主观意愿出发,长期整齐划一、没完没了地进行所谓的"高仿真"写作训练,这无异于根本就不会滑冰,却直接地训练学生做花样滑冰一样。这样训练的结果只会把学生练厌练怕,把作文练呆练死。所以,我们一定要有区别、有侧重、有目标、有规划和措施,贴近不同学年段地真教写作,指导学生真写作文和真练习作。

当然,初三年级和高三年级是可以适当做些"仿真作文"训练的,以强化审题、立意、构思、技巧、写法、规矩、速度、文面等方面训练,确保中高考取得比较理想的成绩。但是,这绝不意味着可以牺牲学生的写作意识、兴趣,尤其是学生终身倚之的语言表达能力的真历练为代价的。写作历练本该是在语文教与学的历程中功到自然成的事情,我们绝不可为"高仿真"而"高仿真",这样做往往欲速不达,反而贻害无穷。当然,以"高仿真"写作训练为名来打发日子,危害本真作文训练,浪费学生宝贵的生命,这就更不可取了。

总之,正因为我们的写作教学忘了"本",所以也就难逃失"真"的命运了。失了什么"真"呢?失了学生的真心灵、真兴趣,作文的真规律、真方略,教师的真操守、真作为,等等。当下,课文教学整天浮光掠影,压着学生疲于奔命地做练习,一味地进行"高仿真"写作训练,像江湖游医那样去兜售什么"应试高分术""作文高分秘籍""一篇作文打天下"之类的现象还比较普遍地存在着,而且好像还大有愈演愈烈之势。这也都是写作教学"失真"的体现。那么,出路在哪里呢?很简单,那就是中学作文教学不要再忘"本"了,还是返本归真、课内外融通、生活化地扎实教好学生写作。

22. 中学生作文出新之我见

曾听人讲：第一个把女人比作花的人是天才，第二个是庸才，第三个就是蠢才。这话是在强调：艺术创作必须出新，出新是艺术创作的生命。用这样的标准来要求中学生的写作，似乎也很有道理。写作嘛，固然是在用心灵说话，但总归要说得新鲜一点儿，否则读者打不起精神来读，那还有什么意思？然而，作为处于学习写作阶段的中学生而言，究竟要"出新"到什么程度呢？这恐怕得有个"度"才行。中学生作文，充其量还只是习作，还只是学着用笔把心里话说出来而已，用作家、思想家的标准来要求学生总归是有过分之嫌。再说，不同地区、不同类别学校的学生，不同学年段、不同素养的学生，其思想素养、习作能力和水平等也不尽一样，因而要求的标准也不可能一样。可见，中学生"作文出新"还是应该面向全体学生，不应该超越广大中学生的实际，人为地在那里拔高要求。那么，我们究竟怎样来对待中学生"作文出新"的问题呢？我认为，以下三点绝不可忽视：

一、立意新绝不等于"说别人没说过的话"

何谓立意？所谓立意，简单地说，就是确立作文的思想主题，即作者要表达的思想认识、情感志趣等。一篇作文，如果没有明确的思想主题，无论材料多么充足，遣词造句多么讲究，写作艺术多么高超，都不能算是好文章。可见，立意对一篇作文来讲有多么重要。那么，我们究竟怎样过好立意这一关呢？一般有四个标准：(1)立意一定要求真，即作文的主题必须真实，必须是真情实感，必须符合客观事理；(2)立意一定要求深，即作文的主题必须要能透视社会生活现象背后的本质意义，要能揭示事物的普遍规律；(3)立意一定要求精，即作文的思想主题必须要简明、精当；(4)立意一定要求新，即要敢于打破陈规，立异标新，出其不意，给人耳目一新的感觉。这"真实""简明""精当""深刻"倒还比较好理解，这里就不赘述了，但这"新鲜"二字，在实际教学过程中却往往操之过激，强调到几近荒诞的程度。一些教师和专家动辄曰"立意新就是立别人未立过的意""说别人未说过的话"，结果，往往学生还没有动笔写作文呢，就已经被吓得不知如何落笔了。也正中了那句话：你不强调，我还敢写、会写；你一强调，我反倒不敢写、不会写了。

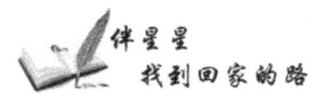

其实，学生哪会有那么多别人未说过的话可写呢。比如，现代人都热衷于买汽车，有人认为汽车多到一定程度时，就可能把人赖以吃饭的土地都变成停车场了。再比如，国学热"高烧"不退，有人认为要当心国学中糟粕沉渣泛起，再来毒害青少年的灵魂。毋庸否认，类似的观点都很有预见性，都很新鲜。但话又说回来，有这种觉悟和认识的人恐怕并不在少数，因而也就很难说谁在"说别人未说过的话"。换句话讲，如果某中学生写作文能有这样的认识高度和深度，也就很了不起了，但能就此断言他在写别人没说过的话吗？还有，"以人为本""天人合一""要善待自然""要关爱他人""要珍爱生命""要尊重人的个性"等提法，都貌似很现代，其实无一不是老子、庄子、孔子、孟子等先贤的观点，只是现代人更需要这些理念，更希望人们都能这样去做而已。可见，纯粹"说别人未说过的话"几乎是不可能的，或者说只有极少数思想家才有可能说得出来。由此看来，要想使作文的立意出新，关键问题不在于是否"说别人未说过的话"，而在于这话是否来自现实生活，是否与现代社会的思想潮流合拍，是否符合现代人的意愿和理想。一般而言，能够用现代人的眼光去审视客观事物，去发现问题、提出看法，就应该算是有新意了。比如，说"北海牧羊的苏武忠君爱国"就没有什么新意，但若说"北海牧羊的苏武是在坚守自己的精神家园"，就很有新意。可见，所谓作文立意要出新，就是要从现实生活出发，说与时代精神合拍的话，表达与时代精神同步的思想认识或情感意向。"听唱杨柳翻新枝"也好，"文章合为时而著"也罢，尺子似乎只能有这么一把。

为此，我认为，要想让学生作文的立意能出新，就必须教学生学做时代新人，学会用现代人的眼光去思辨和认识世界，学会与时俱进、有预见性地看问题。只有扎实地做好这些工作，学生才有可能具备这样的能力和素养，才有可能在写作时亮出自己非同寻常的新意。现在，我们的症结就在于学生被"圈养"起来了，成了一切为了高考的做题奴隶，成了两耳不闻时代风云的书呆子，还谈什么与时代精神同步，有超前意识！再加之我们的语文教学又严重忽视培养学生的独立思辨能力，教师（其实是教参）讲"虚荣心害了玛蒂尔德"，学生就被动地、规规矩矩地认为"玛蒂尔德被虚荣心害了"，根本就不去作发散性拓展式思辨，也就根本认识不到：玛蒂尔德还是一个生活的强者，还是一个坚守信约的楷模，其德行和品质比当今社会的一些人强多了。课堂上没有接受过任何思辨训练，课下也就不会养成思辨的习惯，因而也就不会主动地对自己平时的所读所见所闻等进行思辨，这样一来,学生作文立意出新也就丧失了起码的主体意识基础,还谈什么作文立意出新!更为荒唐的是,我们一些语文教师明知自己没在学生的人文素养上下过什么真功夫,明知学生的"人文家底"贫乏得很,却偏要在那里空洞地、高调地要求学生作文立意要"说别人未说过的话",其结果只能是害得学生又怕又恨作文,或干脆胡乱地对付、克隆作文,甚至高中毕业参加高考也大多过不了立意新这一关。再多说一句,请不要两眼总是只盯着各省市那几篇所谓的高考满分作文(更何况有的还是山寨版)来说事儿。

二、素材新绝不是仅仅着眼于时间概念

毋庸置疑,素材新也是作文出新的一个重要因素,关键是不要绝对化,不要仅仅着眼于时间概念,仅仅强调素材的时代性。现代人写现代文章,表达和抒发现代人的思想情感,当然选时代感强的素材会更好一些。比如,写《接力"爱心"》这篇议论文,选时代感强的素材就会针对性强些,就会更有说服力。但是,这样要求,是不是就等于说历史素材、课本里的素材等就都不新鲜了?比如,写《坚守》这篇议论文,采用屈原坚守爱国这一信念的史例就依然会很新鲜,关键问题是我们如何处理好相对陈旧一些的素材。如何处理呢?我认为,必须做好以下两点:

1. 表达或抒发传统性思想情感时,应尽量少采用陈旧素材

比如,以"美德"为题写作文,若写成议论文,文中就可能会谈到如何坚守诚信、坚守良知、坚守爱心等,以弘扬传统美德,促进社会文明进步等。这样的作文,固然可以采用古今对比的论证结构,但还是应该多采用当下的素材,以增强文章的针对性、说服力,同时还可避免因素材陈旧而老生常谈。我们的学生,被"圈养"起来,与时代隔绝,因而往往举例仅限于历史、语文课本,故写这类作文常是老生常谈,干巴寡味,很难打动读者。这一被动局面,我们必须要给予高度重视,进而有针对性地来加以调整和改善。

2. 表达或抒发现代性思想情感时,不妨多采用陈旧素材

比如,以"家园"为题写作文,若写成议论文,就很可能谈到如何保护好人类家园,如何重视环保、追求和平幸福等;还可能谈到如何守住自己的精神家园等。这些观念似乎都很现代,都与现代人的物质和精神生活息息相关,但请不要忘记,我们的祖先并不缺乏这样的聪明智慧。不妨指导学生在文章中多采用老子、庄

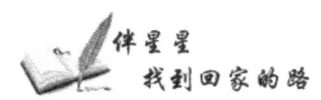

子、孔子、孟子等先贤的言论,这样做不仅会翻出新意,也会突出这些观念的历史渊源,增强作文的历史厚重感,进而增强说服力。当今的中学作文教学,教师在指导学生运用素材时就是缺乏这样的智慧,结果造成作文素材运用不够灵活、得力,不能恰到好处地发挥其作用。

三、形式出新是学生大有可为的广阔天地

前文谈及立意出新、素材出新,这些都是着眼于作文的内容谈的,也是学生不太容易做好的。其实,对于中学生而言,更容易做好的、也是大有可为的,该是作文形式的出新。所谓形式出新,我认为主要包括结构出新、写法出新、体裁出新等。就结构出新而言,一般指文章的开头和结尾如何出彩,如议论文采用故事开篇式、记叙文采用情境结尾式等。目前,指导结构出新的文章很多,这里就不再赘述了。

再说写法出新,主要指一篇文章的表达方式和写作技巧要出新。比如,《拿来主义》一文,作者突破了常规文化论文的写法,采取了比喻论证这一很新鲜活泼的写法,把文化遗产比喻成"大房子"(且不论这个比喻是否经得起逻辑推敲),把腐朽的文化比喻成"姨太太",把大众文化比喻成"萝卜白菜",把糟粕与精华并存的文化比喻成"鸦片",把旧的文化形式比喻成"烟灯烟枪"等,这就叫写法出新。这里,我们还必须强调一点:鲁迅先生的出新,绝不是为出新而出新,而是充分考虑到了该文的读者对象和表达效果——要活泼辛辣、生动有趣、别开生面地讲道理。如果正儿八经地写《论如何对待传统文化》,尽管也可能做到旁征博引,说理透辟,但肯定比不上《拿来主义》更令人喜欢读,更有战斗力。可见,写法固然必须出新,但绝不能为出新而出新,而是要既出新又能更好地为文章的思想内容服务。

至于体裁出新,我认为,这是目前的中学作文教学做得最不尽如人意的环节。郭沫若先生曾这样评价蒲松龄的《聊斋志异》:"写鬼写妖高人一等,刺贪刺虐入木三分。"老舍也评价说:"鬼狐有性格,笑骂成文章。"电视剧《聊斋》主题曲更是唱得棒:"……鬼也不是那鬼,怪也不是那怪,牛鬼蛇神它倒比真人君子更可爱!……笑中也有泪,乐中也有哀,……此中滋味,谁能解得开。"我一直这样认为,从某种程度上讲,写文章不过就是要找个比较新鲜、比较合适的表现形式来把自己的情感或意愿表达出来而已。所谓新鲜,就是要不落俗套;所谓合适,就是一要有

第三辑 归真导写篇

一种适于作者发挥的好形式,二要考虑是否适于某种背景。蒲松龄写《聊斋志异》,之所以要那样新奇、怪诞地写,就是为了适于某种背景,进而曲折、隐晦地表达自己的心声。再以前文提到的写"家园"这篇作文为例,写一般的议论文、记叙文固然可以,但若能以日本海里的一条鱼的身份写一封信给日本首相,或以一个利比亚公民的身份写一份诉状给法国总统,或以地球的身份组织濒危动植物开一次座谈会(谈保护共同家园的问题,做好会议记录),肯定会比一般的文章更吸引读者,也会更增强作文的表现力和感染力(当然,写好这样的作文,肯定要求学生具有较宽的知识面、较强的想象能力和较高的人文素养。这属于另一话题,另当别论)。目前,由于高考阅卷场上强调文体的确定性、打压这种有创意的作文,现实作文教学中,一些语文教师则干脆高考怎么要求就怎么训练,致使这类创意作文几乎绝迹了。毫不客气地讲,这种扼杀学生创造品质的行为该是中国教育的悲哀,它所造成的后果也将是十分严重的。

总之,中学生作文出新不是个小问题,应该引起广大中学语文教师乃至整个语文教育界的高度重视,更应该引起语文新课改的高度关注。但是,重视并不等于搞极端,不等于超越学生实际,不等于违背写作教学规律,更不等于放弃绝大多数学生来培养什么作家、思想家!中学作文教学,其根本目的就是面向全体学生教学说话、学写文章,使他们运用母语来自主表达的能力基本过关(即基本做到一般记叙文、议论文、说明文、实用文等文通意顺)。鉴于此,无视学生的"人文家底",盲目地喊"说别人没说过的话"之类的吓人口号,无限拔高"立意出新"的要求,僵化对待素材和形式的出新等都是十分有害的。当下,我们能做到的就是尽量增厚学生的"人文家底",尽量从实际出发指导他们在立意、素材、形式出新等方面做得理想一些,同时还要切实关注不同地区、不同类别、不同素养学生的实际差异,把工作做实做细。如果能做好这些,中学生"作文出新"就一定大有前途,中学作文教学也一定大有希望。目前,我们的语文教学风气确实很浮躁,一些极端的、超现实的提法不断地冒出来,还需吾辈同仁淡定更淡定,务实再务实。

23. 高中写作教学：须拒绝极端应试化的"高仿真"

当下的高中作文教学,很多学校和教师都是瞄着高考命题风向标考啥练啥、怎么考就怎么练,已深深陷入"教师命题猜题,学生应付枯写——教师再命题再猜题,学生再应付再枯写"的恶性循环的泥淖之中了。有些学校更是从高一开始就瞄着高考作文命题的风向、模式进行写作教学,尤其是常常直接选用高考作文题来进行写作训练,至于各种考试则更是亦步亦趋地高仿真化。这些学校写作教学不从学生实际出发进行循序渐进的训练,更不重视以课堂教读促学生学写,学生真我素养的厚积、发育与提升,学生生命与现实生活深度对接等教学策略的实施。至于学生写作欲望的激发,写作展开的体验等,则更是抓得不够切实、到位。说实话,这种极端应试化的"高仿真"式的作文教学已然背离了作文教学的本质规律,损害了广大学生的身心,甚至扭曲了广大师生的灵魂,必须坚决拒绝。那么,我们究竟该怎样做呢？我认为,以下几点很值得我们高度重视并切实实施：

第一,坚持依格循序地进行真写作训练。打破单元作文的框框,依照学生的生理和心理发展规律,由低年级到高年级定向定格、定序定量地布置课堂作文(一般不布置命题作文)。高一阶段侧重训练记叙类作文和说明类作文,高二阶段侧重训练议论类作文和说明类作文,高三阶段进行综合训练(纯正的记叙文、议论文和说明文极少,大多是特征不明显的中性文)。每次布置作文之前,都要指导学生学着课文作者的样子,依情据理地去遣词造句、布局谋篇、运招用技,下工夫认真写好自己的规范作文。不仅如此,还要求一篇作文要定向、定格(比如,某次修改定向为文通字顺、讲究一定的写法,那就以此为定向要求,达标者就可以得到高分过关。不达标者,还要继续修改,直至及格达标;同时还要制订下一次修改的定向任务)地多次修改,直至学生感悟深透,写得比较完美了,方可再写下一篇文章。不讲数量,只求质量,只求让每个学生都能够依情据理、依规入格地写好、改好作文,并且养成自觉和习惯,当日子来过。长期这样练习写作,学生自然都能在这个过程中真切地体会到真写、真改直至成功的辛苦与快乐。我的教学经验证明,长期坚持这样严格、扎实的训练,绝大多数学生都能较好地掌握记叙、说明、议论三类作文的写法。这样坚持写作训练,远比紧盯着高考作文忙乎三年,学生却还没有真正掌握不同文体的写作,结果总是写些非驴非马的作文要强得多。

第二,坚持以教师教读促学生学写。课文教读不仅要使学生明了课文写了什么和怎样写的,更要让他们明了作者为什么非要这样写。也就是说,不仅要明了课文的思想内容和作者是怎样表达思想内容的,还必须要让学生明了为什么非要这样表达。不少教师老是怪学生不会写作文,殊不知学生不会写作文的一个主要原因就恰恰在于教师课堂上没有做到以教师教读促学生学写。当然,当今的一些教材体例淡化读写有机结合,严重缺乏这方面的设计与指导,致使很多教师(尤其是青年教师)严重缺乏这种意识和智慧,这也是导致以教师教读促学生学写的这一教学规律,在很多教读课堂上几乎都得不到落实的一个重要缘由。但是,语文课堂教读毕竟还有一个基本任务,那就是以教师教读促学生学写。坚守住这个"本务",教学生学会表达的效益就会高;反之,就会浪费课堂教读,事倍功半。作为一名成熟的语文教师,必须自觉地按语文教学规律办事,坚守住以教读促学写这个规律,把自己该做好的事做实做好。只有长期这样做,才有可能真正促进学生在课堂上学文悟写,进而在自己写作文时"仿形"更"仿理",像课文作者那样依生活情理去遣词造句、布局谋篇、运招用技,把自己的作文写好。

第三,坚持指导学生表达真我。现在的高考作文命题大多是文意角度单一,缺乏多维思辨性,逼着考生代证一种人生大道理。比如,"忌浅尝辄止""要专一""近朱者赤""环境影响人""要讲诚信""心灵的选择""仰望天空与脚踏实地""绿色生活""拒绝平庸"等。面对这样的高考作文题,考生往往没有独立的思考,只好言不由衷地去"挤"出一篇大道理,或煞有介事地编一个什么故事。再加之高考作文评价又推崇要表达积极健康的"大道理",考生为了得高分又不得不去迎合、屈从,言不由衷地写"高大上"。这样的作文命题和评价倾向,自然也就影响到高中作文教学,其结果只会造成学生并不关心如何真实地表达真我,而是尽可能把这个假我表达好,总想着如何取悦或欺骗阅卷者,提高一点儿分数。不少学生甚至设法去拼凑、克隆、抄袭,而不是去以我手写我心,真诚而艺术化地表达真我。

那么,学生究竟怎样来表达真我呢?首先是通过真实的写作来真实表达自己的思想情感。但我认为,教师还要做到这两点:第一,让学生写自己和自己身边的人和事,也允许学生进行适当的艺术加工,或进行艺术创作。只要学生表达的是

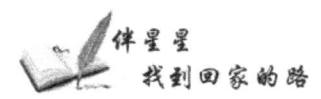

真实的情感、愿望或理想等,只要他们能够按照规定的文体类别、较准地切题、较讲求表达艺术地完成了作文,教师就应该给予鼓励,切忌把"表达真我"窄化到只能写自己或自己身边的人和事的程度。事实上,古往今来许多大家的散文名篇,都不是照相机式地拍摄,都是进行了一定的艺术加工的。第二,写什么体裁的文章、怎样去写等,这些都应该由学生自主决定。比如,2012年江苏省高考作文题《忧与爱》,就适于写成小小说、议论文、随笔、寓言、书信、文艺小品等各种文体,也适用于运用各种写法,考生尽可在文体和写法上充分创新,只要表达的是真实的"忧与爱"。总之,"表达真我"绝不等于在"真"上凿死卯子,强迫学生必须如何如何写真。如果我们在写作的"真"与"实"上箍得过死,就会箍死学生的想象力和创造力,后果将十分严重。

第四,坚持让写作教学与生活深度对接。我们说应试化写作训练没有出路,更主要的原因就在于它仅仅高度注重"仿真术""高分术",害得整个高中作文教学如此,仅仅是在如何写得像高分作文和得高分上大做文章,严重忽视写好作文所需要的积淀和灵魂。为此,我认为,高中作文教学要坚持与生活深度对接,尽心着力培养学生多读多看、对接生活、独立思辨的好习惯。师生要长期坚持,随日子走,当日子过,直至形成自觉和习惯。我和我的学生的主要做法有:

(1)先教学生如何利用课文和读本积累写作素材,再教学生如何利用课内学到的方法到课外去阅读和积累素材,课内学习与课外生活相互对接、交融,不断充实和提升。每位学生都准备一个文摘本,专门用于摘抄精彩语句和语段,包括俗语、谚语、格言、歌词等。每周摘抄600~800字(节假日不间断),还可以结合课内所学和自己的体验、感悟,为文摘加上简要的评语。我坚持每周检查、批阅一次,主要是为了督促、鼓励学生把这项作业做实做好,养成良好习惯。每学期还将经典文摘打印成册,供全体学生分享。

(2)先在课内教学生发现思辨点、学会自主思辨。如,就"屈原选择投江自杀""司马迁忍辱著述""玛蒂尔德十年辛劳为还债"等发表独立见解。再教学生像课内那样到课外生活中去读书、去观察,进而发现思辨点,自主进行独立思辨,写思辨性周记。比如,"城管执法难""食品卫生有法难依""大学毕业找不到工作等于没有上大学"等,学生就可以自主思辨,发表见解,做口头作文或写周记。不仅如此,我还经常利用合适的自读课文和读本篇目的导读机会,对学生进行积累素材和独立思辨的专题指导,以此来促进课内向课外的过渡。这样的举措,不仅

第三辑 归真导写篇

有益于学生写好作文,也有益于促进学生思辨能力、思辨习惯、思想境界、健全人格、自主精神等的发育和提升。

（3）师生交流并且商定"读世"（指课外的阅读书报、观察、闻知世事、世象等——作者注）的着眼点,教学生平时自觉地去读,去看,去听,去思辨。比如:①读时文、美文和同龄人的优秀作文;②看其他学科的教材;③看电影、电视剧;④看《焦点访谈》《今日说法》《社会经纬》之类的电视节目;⑤用心观察周围的人和事;⑥注意听演讲、报告和他人的谈话;⑦听音乐和歌曲,等等。有了这些着眼点,学生就会通过坚持不懈的"读世",长期去看门道,悟表达技法。不仅如此,我还要求每位学生再准备一个周记本,每周拣自己感受最深的现象或问题写一篇或几则周记,每周600~800字(节假日不间断)。我每周检查、批阅一次,主要是为了督促和鼓励学生持之以恒地坚持下去,当日子来过。每学期还将经典周记汇集成册,供全体学生分享。日久天长,这项活动自然也就成了学生学习生活中不可缺少的一部分,甚至成为他们生命的一部分,同时也切实促进了学生写好作文所必需的语文和人文素养的积淀与提升,并且还自然无痕地促进了他们自主、独立和健全的灵魂的发育和提升。

总之,要想真正拒绝这种极端应试化的"高仿真"式的高中作文教学,并且走出这一误区,我们必须下决心克服功利化、应试化和实用化的陈腐观念。当然,前文所谈到的我的生活化作文教学实践和体会,不可能是扭转当前被动局面的唯一途径,最多也只能是一些用以"抛砖"的东西。但是,不管怎么说,目前这种功利化、应试化、实用化的高中作文教学的确是斩断了学生写作兴趣、习惯、积淀和魂灵的反"真教育"的伪作文教学,必须下决心叫停。我们广大高中语文教师别无选择,正视现实,勇于担当,尽心尽力,以无愧于学生和民族的未来。

24. 文言文教学亦需做实"读文学写"

中学语文课文教学的本务,说到底,就是教学生掌握运用母语的本领,所谓的体验、感受、品味、赏析、探究、感悟和生成之类,也都只能以学好语言表达和交际艺术为旨归。语文学科和语文课的这一特质性本务,其他学科都不能替代。当下,我们的语文课之所以甚乏语文味,且又大都不务正业,主要是因为我们还没有认清语文课的特质性本务,尤其是对教学生"读文学写"重视得还很不够,做得也很不到位。现代文教学如此,文言文教学则更是如此,除了讲解字词、翻译课文之外就无所事事了。一句话,文言文教学也需要教学生"读文学写"。具体做法如下:

其一,教学生回归生活学课文的遣词造句。白居易《琵琶行》"今夜闻君琵琶语,如听仙乐耳暂明"两句中的"语"字,本可以用"音"或"声"的,但诗人用"语",旨在强调自己与琵琶女"同是天涯沦落人",是心灵互通的。可见,要想品透这个"语"字的真滋味,恐怕必须走进诗人和琵琶女的心灵世界。

陶渊明的《归去来兮辞》有几个句子,突然由六言转为四言:"乃瞻衡宇,载欣载奔。僮仆欢迎,稚子候门。三径就荒,松菊犹存。携幼入室,有酒盈樽。"之后又转回六言。试想想,这样的语言节奏与诗人归家急迫、到家喜极的心情不正合拍吗?此外,"松菊犹存"一句中的"松菊",更是一种高洁人格的隐喻和象征。假如诗中这六句还是采用舒缓的六言句,诗的表达力就会大大减弱,又怎能够很到位地表达出诗人此时此刻的急迫和欣喜呢?不言"松菊",诗人的高洁情怀又怎能巧妙、含蓄地传达出来呢?可见,句子的结构形式、表现风格、修辞方法、语体色彩、情感色彩等都不是作者随意为之的,都是与作者生活、作品生活、读者生活、生活情理等密切相关的。

其二,教学生回归生活学课文的布局谋篇。《核舟记》这篇说明文采用总—分—总的结构,运用空间顺序与逻辑顺序,依次介绍了核舟的大小、结构、舟上的人物和题名。详写船头的三人,略写中间、船尾和船背,有力地突出了核舟所表现的主题——大苏泛赤壁。李密的《陈情表》更是精心布局,先吐苦水来博取皇帝的同情,再巧言奉承武帝来流露自己的怨意,最后陈述至情至理来转化晋武帝。

作者所采用的语言完全是一个新朝君主所希望听到的前朝降臣之语,尊卑有序,入情入理,分寸有度,真切感人,令人怜悯。这样的布局和语序,晋武帝怎能不叹为观止,霁怒为怜,立场转化,予以怀柔,以维护自己"以孝治天下"的旗号呢?

不多说了,只强调一点,现在的文言文课堂教学几乎见不到这种活生生的品析和探究,清一色的干巴解词和翻译,几乎都与这多维的"生活"彻底绝缘了。这对培养学生的母语运用本领是极不负责任的。教学中,教师必须启发、引导学生深入这些因素,并调动生活积累,联想生活情理,深度体验、感受、思考和感悟作者布局谋篇的缘由。

其三,教学生回归生活学课文的运招用技。所谓课文的运招用技,就是指作者写文章所运用的一些写法、技法和修辞等,如烘托、衬托、反衬、铺垫、悬念、照应、象征、比拟、夸张、排比、反复,等等。一般而言,作者选用某种技法,也都是由具体的语境、心境等生活因素而定的,意到技自成。比如,"泪眼问花花不语,乱红飞过秋千去。"思妇因花而落泪,又因泪而问花,而花竟不语;非但不语,且又乱落,飞过秋千。人愈伤心,花愈恼人。春光将逝,年华如水,痴情且绝望的思妇,看到纷纷落地的花瓣儿,自然会有一种与落花同命共苦之感,所以才会生出这等痴情疯语。试想,春花本无心思,随风飘落也是常态,根本不可能理解思妇内心的苦楚,但痴情且绝望的思妇却自多痴情,无端生怨。可见,不引导学生深入思妇的内心世界,就不可能真懂这种拟人写法之妙。可见,那种动辄问学生用了什么手法,而后便是一通自演自说的灌输式赏析,又怎么能够使学生刻骨铭心地悟得写法之妙呢?至于那种整天枯燥乏味、急功近利的以考练代学习,就更是害人匪浅了,还谈什么做实做好"读文学写"?

最后再强调几句。语文教学的本务,在很大程度上讲,就是用课文教学生学好语言表达艺术。文言文都是千百年淘漉下来的经典名篇,应该是我们教学生"读文学写"的宝贵资源。为此,我们一定要充分利用好这些宝贵资源,引领学生"读文学写",自然无痕地培育他们的写作能力和素养。

无痕立人篇

　　语文教学要教文立人,道理人人都懂,但具体实施起来恐怕真的要讲究适时适度、灵活机动、浸润无痕等智慧和艺术。怀抱教育大理想固然很可贵,但那些教育微契机和真细节似乎更需要我们用心抓住、抓实和做到位,以期真正在学科教学过程中做到"教文"和"立人"有机地融合,自然无痕地逐渐培育和提升学生。

25. 教学生做一枚爱心书签

学生总是要交作业的。我的学生每天有"同步练习",每周有"青春文摘""成长随笔"和"美文品读"等作业。有作业就要有检查,不检查督促就很难保证作业的质量。学生不停地交作业,时间一长,作业本的使用页面就多了起来。这样一来,教师翻阅起来往往很费时间;学生为了让教师能够快捷地翻到作业所截止的页面,又常常会折叠这个页面,从而又对作业本造成了"伤害"。为此,我曾这样倡议:练习册、文摘本、周记本等也都是有生命的呀,它们也都在热心地为我们服务,忠诚地记录着同学们的青春和成长,它们也都有自己的尊严和爱美之心。请同学们珍爱它们,尊重它们,千万不要随意乱扔它们,也不要随意折叠它们的页面,更不要随意在它们的脸上乱涂乱画。如果你们这样做了,它们会认为自己受到了怠慢和欺辱,也会很伤心的。同时,这种看似不起眼的轻慢无礼,也会使同学们的精神、境界和人格蒙垢的。好了,那就请同学们积极行动起来吧,用心制作几枚爱心书签,打扮打扮你心爱的朋友。况且你们做好了爱心书签,用起来了,也会大大压缩老师的批阅时间,还可以大大减轻老师的翻找之苦。

令我欣喜的是,学生真的用心去做了。没几天的工夫,同学们都做了书签,有的写了几句问候和祝福的话语,有的写了几句自勉的箴言,还有的配上了自绘的彩笔画。嗬,同学们的作业本一下子都鲜亮、美丽、温馨起来。有同学还在日记里动情地写道:

真没想到,夹上这枚小小的书签,我的本子一下子就变得靓丽了。不仅本子美丽起来了,我的心灵也随之美丽起来了。日子常常很压抑,也很枯燥乏味,但这小小的书签竟使我的日子一下子温馨、鲜亮起来了。生活并不缺少美,只是要看我们是否有一双善于发现美的眼睛。这话没错,但我们不仅要善于发现,还要善于去创造美。想到这些,我真的好幸福啊!

还有同学写道:

老师每次要批阅那么多的本子,一页页地翻阅,真的要浪费掉他好多时间啊。这枚小小的书签会省去他很多的宝贵时间,也会让他的目光在我们的作业上多逗留一会儿,把我们的作业批阅得更到位一些,更能减轻老师翻阅作业本的劳苦。

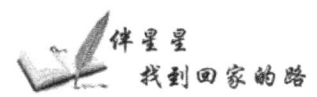

啊,我也能为老师做点儿事情了,也可以给他带去一些轻松和快乐了。其实,都说学生要爱老师,我看,这爱就体现在这小小的书签上,就在我们做学生的点滴心思上啊。

……

看着这一枚枚鲜活、美丽的书签,读着同学们那一句句滚烫的话语,我怎能不深深地感动于心!在校园和教室的围墙内,在周考、月考、半期考、期末考和随时考的重压下,在得分失分、忽胜忽败、少开心多焦忧的折磨之中,同学们竟还能够释放出这份真情,这真是我始料未及的啊。伏案静思,15年前的一幕又浮现在我的眼前:

上课铃都响了有一会儿了,山丹和小娟还没有回来。数学老师在讲着课,我在教室外焦急地来回走着,不停地搓着手!"本来数学就学得不怎么样,还这么散漫,看我怎么收拾你们俩!"我恨恨地想着,还咬咬牙。我当时是班主任,出了名的"严酷",学生怕得要死。不过,学生乖顺时,我还是很可爱的,有时就像个大男孩,当年的学生后来都这么说。

一阵急促的脚步声传来,啊,两个"小女子"怯生生地跑过来了,嘴里连喘着粗气,脸涨得通红,却罩了一层莫名的恐惧,眼皮都不敢抬一下,手抖抖地背在身后。"手里拿的啥东西?让我看看!"我厉声地命令着。小娟出了名的胆子小,吓得一哆嗦。没办法,两个人只好摊出手里的野花。"真有闲心,就下课这么一会儿,也没忘了出去野一通!"我气呼呼地训斥着,"把花给我!"我不由分说地就把两小把野花抢在手里,气愤地使劲撕扯、团揉,而后扔进垃圾桶。山丹脸涨得更红了,气呼呼地一言不发。小娟"哇"的一声哭起来了。"啊,你还有理啦!你哭什么哭!"山丹没再理我,倔哼哼地径直跑进教室上课去了。我只好向胆小的小娟细问原委。

"老师,我们俩准备了一个玻璃瓶子,想采野花装在里面,每天放在讲桌上,让老师高兴。"小娟很委屈地说着,一边说还一边抽咽着。我顿感心里有一股酸东西热热地涌上来,眼圈也湿热起来。我不知道自己当时是什么表情,反正是脸上像挨了一记耳光似的,又热又痛,羞愧极了。"老师错怪你们啦。"我都没脸大声说话了,只蔫了吧唧地咕哝了一句。小娟重重地点了点头,看得出,她原谅我了。下课后,我赶紧又向她们俩道了歉,两个女孩都快乐地笑起来了,那样甜美,那样迷人。窗外是六月里才光临霍林河的春天,草原上的野花开得正绚烂。从此,我们

第四辑　无痕立人篇

班的讲桌上就多了一束瓶装的、鲜艳的野花。不开花的季节里,就用人造塑料花替代,仿佛依然花香四溢……

这个故事发生在1994年春天。虽说是春天,其实已经都近六月了——塞北的霍林郭勒市春天报到得很迟。当时,我们学校刚搬进位于城区南郊的新教学楼,校园还没有围墙,就孤零零地坐落在草原上。但是,有学生们花一样美丽的爱心陪伴,我很温暖,更不孤独。也就是从那时起,我的学生教会了我要珍爱鲜花,珍爱鲜花一样的学生,珍爱鲜花一般的生活。

眼前,这一枚枚花一般的书签,不正是学生们那一颗颗正在绽放的美丽的爱心吗?如果没有当年的学生山丹和小娟的唤醒,今天的我还会保持那份童真的爱心吗?还会倡导我现在的学生去用心做一枚爱心书签吗?其实,流水线式机械、烦劳甚至压抑的高中生活绝不等于拒绝爱心的发育和成长。只要我们的爱心足够顽强和坚韧,只要我们对生活还保持着一份激情和热爱,就不愁爱心不会绽放,就像那一朵朵在石板压抑下依旧绽放的小花。然而,当下一些高中学校的"爱心教育"却不免令人心凉。要么应试教育的黑云压顶,年年月月都不散,仿佛把学生的爱心都给压死了——准确地说,应该是被急功近利的俗念给遗忘了。要么矫情地搞一些"爱心大签名""助老一日行""给父母洗一次脚"之类的爱心教育活动,只追求一时的轰动效应。岂不知,当受教育者已经知道施教者在教育他们时,所有的教育活动都已然归于零了。对此,我们是否该好好反思了:我们是否该抓住一切平凡的契机来自然激活学生的爱心呢?是否该让我们的"爱心教育"宁静一点儿、自然一点儿、细微一点儿、真诚一点儿呢?是否该在深入学生的灵魂上多下点儿真功夫呢?

我们也大都主张要在教学过程中对学生进行爱心教育,也都为此颇费了不少心思。说实话,在很大程度上讲,爱心教育并不是由我们教育者苦心设计的,更不必总是赤裸裸地展示或灌输给学生,更多的应该是一种自然无痕的润化。给作业本做一枚"爱心书签",这件事看起来很不起眼,但它是发自学生内心的,是在教师唤醒学生美好人性的基础上进行的,也是一个生根于学生学习生活中、实实在在的鲜活的教育细节。所以,学生才会这么有热情,才会在这不起眼的活动中自然无痕地切实得到了美好人性的发育和提升。可以说,在校园,在课堂,在师生相处的时时刻刻,这种细微的培育爱心的契机还是很多的,关键是我们能否抓得住并利用好。我们都希望学生能够有博爱情怀,做一个心地善良、有益于他人和社

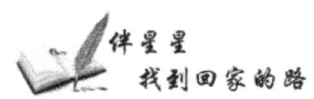

会的人，但是我们往往没有发现和抓住那一个个细微的契机。是功利主义、实用主义的应试化教学把我们教师搞得太麻木了呢，还是在这浮躁、功利、拜金的教育背景下，我们教师的人文情怀已经丧失应有的纯正和鲜嫩了呢？

　　近些年来，我们的教育真的就好比一只疯狂摇动的水瓶，总是不肯宁静下来，沉淀下去，致使一些十分重要的教育细节得不到应有的关注和重视，那些极端功利、实用、俗化的惯性操作程序仍"合理"地存在、运行甚至"兴旺"着。看来，真正在学科教学过程中做到"教书"和"立人"有机地融合，自然无痕地逐渐发育和提升学生的自主精神、境界、人格和品格等，我们确实还有许多事情要做实和做到位。就语文学科教学而言，我们都希望改革，都希望语文教学改革真的能在教文立人上更出实效。怀抱这样的教育大理想固然很可贵，但那些教育微契机和细节似乎更需要大家去用心抓住、抓实和做到位。社会的发展进步，民族的文明昌盛，正期待着我们呢。我想，这绝不是哪个在唱高调。

26. 一节最不规范的真语文课

课前五分钟,小曼同学在做她的口头作文《爷爷压根就不知道自己的生日》:

前几天,董老师教《老王》这篇课文时,说他早年过生日才能吃到一颗鸡蛋,还是妈妈偷偷塞给他的,不能让其他兄弟姊妹们看到。董老师讲这个故事的目的我也很清楚,就是想告诉我们他的童年是贫穷、苦涩的,就是想表明那个年代是物资匮乏的,老王送给杨绛的鸡蛋和香油都是很金贵的稀罕物。这个道理我懂,老师讲完故事我也有了一定的体验和感受,但我还是难以进入那个生活情境,甚至还是不能完全相信那是事实。于是,我回到家里问爷爷。爷爷的回答更令我想不到,他竟说自己压根就不知道哪一天过生日。那年月,吃上顿没下顿是常有的事情,家里人都拼命地讨生活,哪还会想得起给哪个过生日的事情,甚至根本就不记得谁是哪一天的生日。爷爷说他60岁之前就没有过过生日,也未曾见到他的父母过过生日——自己现在过的这个生日,还是快60岁时从他本家老姑那里得知的呢。他说,你们老师能过上生日,还能偷偷地吃一颗鸡蛋,那就已经很不错了。

听了爷爷的话,我不禁好奇地问:"爷爷,那你们是怎么熬过来的呀?"爷爷笑笑说:"你没见爷爷和你爸爸的个子都不高吗?都是饿得没长起来哦。富日子要过,穷日子也得过,人穷志不短。我们还不是都熬过来了。现在爷爷不也有生日过了?日子好了,生活富裕了,但苦日子不能忘,要勤俭节约,更要有上进心。"

我想,我今天的生活,不知比爷爷和爸爸他们当年要好多少了。他们在那样的艰苦日子里都能"人穷志不短"地熬下来,我们就更应该刻苦学习,努力上进。我又想起"老王",他在那样的艰苦岁月,在自己病得就要离开人世的前夕,竟把那么金贵的鸡蛋和香油送给了作者杨绛一家(老王不可能要钱,是作者杨绛坚持要给钱,老王只好接受),可见老王那颗金子般的爱人之心啊!同学们,我认为,爷爷的"人穷志不短"和老王的"爱人之心"都是很值得我们学习的呀。

小曼同学在讲桌前讲着,同学们都在认真地听着,自始至终都听得那么投入和动情,教室里静得出奇。我心想,这不就是很好的德育课吗?这同时也就是本真的语文课啊。最最可贵的是,这是同学们在真心地交流,是一种毫无矫作的心灵升华。说心里话,这样的课文教学效果是我当初根本就想象不到的。

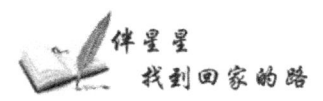

故事的缘由是这样的。前几天,我教学杨绛的散文《老王》,课文中有这样一段话:

我谢了他的好香油,谢了他的大鸡蛋,然后转身进屋去。他赶忙止住我说:"我不是要钱。"

为了让学生深入品嚼这段话中"好"和"大"两个字的意味,我先启发学生:"老王的香油就比别人的更香吗?老王的鸡蛋也比别人的大吗?"同学们都认为不可能。那作者为什么要加上这两个字呢?经过讨论和交流,同学们都认为这"好"和"大"两个字里面蕴含着作者的赞美和愧怍之情。为了让同学们能够更深入体验、感受"老王"的苦日子,领悟老王那颗金子般的爱人之心以及作者的愧怍之情,我链接了自己的童年生活,讲了一段自己过生日、妈妈偷偷送鸡蛋给我吃的故事。从当时的课堂效果来看,这个链接还是很有效力的。但是,这个链接竟能产生这么大的持续张力,这绝对令我感到意外。小曼同学竟精心准备了这么一个口头作文,同学们竟听得如此用心,甚至比我上课的效果还好。

于是,我决定这节课不再继续往前讲新内容了,就领着同学们又回到了《老王》这篇课文。我问同学们:"刚才,小曼同学讲,老王不可能要钱,是作者杨绛坚持要给钱,老王只好接受。你们同意她的说法吗?"同学们都说同意。我接着请几位同学讲理由,他们主要讲了三个理由:一是老王知道自己不久于人世了,就是想把这点儿好东西送给他最尊敬、最爱、最感激的人的,还要钱干什么呢?二是老王以前就常背大块的冰送给作者杨绛一家,而只收一半的价钱,还曾在杨绛一家倒霉时送钱钟书去医院并表示不要钱,但杨绛硬是给。三是老王总想找个机会报答杨绛一家,怎么还会要钱呢?应该说,同学们还是读得很深入的,理解分析得也很到位。

交流到此,我让同学们打开书,读下面这两段:

我也赶忙解释:"我知道,我知道——不过你既然来了,就免得托人捎了。"

他也许觉得我这话有理,站着等我。

接着我讲道:"看来作者杨绛铁了心要给钱了,老王也就只好站在那里等着接钱了。"还没等我说完呢,同学们不情愿了:"老王不是站在那里等着接钱。"我忙问:"那你们怎么知道的?"有位同学马上举手,说:"原文里有'也许'两个字呢,事实上老王就是不情愿接这个钱的,人家本就是真心实意送来的嘛。"我心里窃喜,接着又问:"这'也许'该是老王的态度呢,还是作者杨绛的一种猜度呢?"经过探

第四辑 无痕立人篇

讨，同学们都认为该是作者杨绛的一种猜度，是作者杨绛写作此文时的一种回忆性判断，也流露出作者写作此文时的愧怍之心。我见时机已经成熟，就让学生展开想象，尽可能发散性地想一想此时的老王心里到底是怎么想的？经过一番讨论和交流，大致形成了以下几种说法：

一者，老王心里很自卑，认为作者从来没有瞧得起自己，总是用钱来打发自己对他们真心的尊重和感激，自己也就别较真了，干脆就认了这种差别吧。但这种自卑是不能说出口的，是要尊重作者和她家人的，干脆就把它带到棺材里去算了。

二者，老王心里很怨愤，认为自己如此尊重和爱护作者一家，而却从来没有换来他们的尊重，总是清高地用钱来兑换自己的这份真心与爱心。但这种怨愤也不好说出口，就让它烂在肚子里好了，留下一份面子上的温馨与和谐吧。

三者，老王心里很痛苦，认为自己在临去天国前来表示这点儿爱心和感恩都不能被对方接受，还是要像以往一样用钱来交换。你们清高，骨子里都瞧不起我这样的下层人，那我也不必和你们吵了，就把你们那所谓的尊严和清高维护到底吧，然后带到天国里去。

讨论交流到这里，我又给同学们投影了聂作平的散文《童年的馒头》，让他们默读并思考。现摘录主要情节如下：

那时候，娘拉扯着我和妹妹，家里穷得叮当响。我在五里外的村小学上学，六岁的妹妹在家烧锅做饭，背着那个比她还高半截的竹篓打猪草，娘起早贪黑挣工分，日子清贫得像一串串干枯的灯笼花。

有年"六一"，学校说是庆祝儿童节，每个学生发三个馒头。我兴冲冲地对娘和妹妹说：明天发馒头，妹妹一个，娘一个，我一个。妹妹笑了，娘也笑了。

那天，学校真的蒸了馍。开完典礼，手里多了片荷叶，荷叶里是三个热腾腾的大馒头。

回家路上，看着手中的馒头，口水一咽再咽，肚皮也发出咕咕的叫声。吃一个吧，我对自己说，于是先吃了自己那个。三两口下去，嘴里还没品出味儿，馒头已不见了。又走了一段，口水和肚子故伎重演，而且比刚才还厉害。咋办？干脆，把娘那个也吃了，给妹妹留一个就是。娘平时不是把麦粑让给我和妹妹，她只喝羹羹吗？娘说过，她不喜欢麦粑呀！

等我回到家时，呆呆地看着手中空空的荷叶，里面连馒头屑也没一星了。我不知道自己怎样进了门，怎样躲开妹妹的目光。娘笑笑，没吭声。

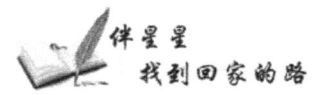

呆立间,同院的二丫娘过来串门,老远就嚷嚷:"平娃娘,平娃娘!你家的平娃带馒头回来了吗?你看我家的二丫,发三个馒头,一个都不舍得吃,饿着肚皮给我带回家来了!"

娘从灶间抬起头,"可不,我家平娃也把馒头全带回来了!你看嘛——"娘说着打开锅盖,锅里奇迹般地蒸着五个白中带黄的大馒头!"你看,人家老师说我家平娃学习好,还奖励了两个呢!"

二丫娘看着我,我慌乱地点点头……

那天晌午,娘把馒头拾给我和妹妹,淡淡地说:"吃吧,平娃,不就是几个馒头吗!"妹妹大口大口咬着馒头,我却哇一声哭了。

读后,我问同学们:"有人说,'我'太贪吃了,也不讲信用,你们也是这么认为吗?"同学们异口同声:"不!"几位同学讲了他们这样认为的理由:一是"我"家太清贫了,很难吃一顿馒头,而"我"又很饿,吃了馒头也情有可原。二是"我"毕竟还年幼,还不能够彻底抵制住热乎馒头的诱惑,不吃似乎还有点儿不正常呢。看,妈妈在家蒸好了馒头,就料到儿子可能禁不住诱惑要吃掉那三个馒头,好保全儿子的面子。我高兴地说:"同学们成熟了!"顺势又追问:"同学们,妈妈具有怎样的情怀呢?"学生齐答:"真爱,宽容!"

最后,我作总结:此时此刻,老王的心里肯定是翻江倒海,百味杂陈,有自卑,有怨愤,有痛苦,有严重不满,有自我控制,等等。但老王不能发作,不能把这些不痛快一股脑倾吐出来,因为,在他看来,理解人、尊重人、爱人是第一位的。他理解、尊重作者那样的文化人,他从骨子里爱他们,他要给予作者一家的,除了理解、尊重、爱和感恩,还是理解、尊重、爱和感恩,连同他们对自己的不尊重、不平等、不理解一起都包容了,他宁可把这种不对等的理解、尊重、爱和感恩带到天国去。同学们,小曼同学的爷爷、聂作平的母亲也一定很欣慰,因为你们读懂了他们的"人穷志不短",读懂了他们的"理解、尊重、爱和宽容"。我们的生活中正因为有了无数"小曼同学的爷爷""聂作平的母亲",这个世界才变得如此和谐、幸福和美好,那么我们的生命里到底又该拥有一些怎样的品格和情怀呢?

这是一节形式上最不规范的语文课,但却是一节人性味十足的真语文课,我至今难忘,也永远不会忘。语文课要教文立人,这道理人人都懂,但具体实施起来恐怕真的要讲究适时适度、灵活机动、浸润无痕等教育教学的智慧和艺术。

27. 尊重学生也要讲艺术和策略

2011年6月一个星期天的早上,我正疾走在去学校的路上。突然,手机一阵震动,打开一看——又是肖伟(化名)的短信:"敬爱的董老师,一晃您离开四川三年了。我们真的都很想你啊!在江苏那边饮食可习惯了?生活可习惯了?老师,没有您的指引和帮助,就不会有我的今天。您永远是我的人生航标——无论做学问还是做人。每当我困惑、怠惰时,我就会想到您,想到咱们在一起的日子!董老师,每年都选择这个日子给您发去问候,还有一个理由,那就是我认为您永远都是我的导师和父亲!"

读着肖伟的短信,我又一次落泪了,往事又浮现在我的眼前。尽管泪眼模糊,但画面却很是清晰:

新学期开学了,肖伟同学没有来报到——班主任转达家长的话,说孩子得病了,刚住院,得半个月之后才能上学。都上高二了,课程很紧的,半个月要落下不少课的,开学初的摸底考试可该怎么办?我心里嘀咕着。

两周后,肖伟果然上学来了。我为他病好了而欢喜,但也为他学期初的摸底考试成绩而担忧。我心里想:让他参加考试吧?那么多生字生词、背诵、翻译等来自课本的"死东西"他根本就没有学到,成绩肯定会一塌糊涂;不让他参加考试吧?又怕伤害了他的自尊心,落下个不尊重学生的骂名。他若真的考得成绩很不好呢,对他也会是一种打击,对班级语文平均分也一定很不利,还不如不让他参加这次考试。而不让他参加考试,我又真的不好直接说出口,一次性伤害了他的自尊心,事后没啥"后遗症"倒也无妨,可这又怎么可能呢?倘若再发生强烈的"次生性"伤害,害得他从此一蹶不振,那可就成了缺德无量的大坏事了,我坚决不能这样干。不能这样干却又不甘心,因为他的语文成绩确确实实会大大影响到班级平均分的,也会重重"伤害"到我的声誉和业绩考核的。我整天纠结着这件事,真的很难受也很烦闷。但问题总得有个解啊,于是,我决定先找肖伟来谈谈心。

我约肖伟晚自习时到我办公室来,肖伟如约而来。寒暄几句后,我问道:"你打算参加摸底考试吗?"他答道:"想,但又担心考不好。"我再问:"如果老师考虑到你的担心,不让你参加考试呢?"肖伟默不作声,不经意间眼里流露出几丝的不

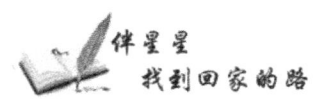

甘心。我又问:"那你愿意试一试吗?"他点了点头,"不过,老师可不要嫌我分数考得太低啊。""你自己就不怕分数考得低吗?"我追问道。"我这次考得低,并不意味着我下次还考得低啊。老师您可就不一样了。""我怎么个不一样呢?"我非常感兴趣地继续追问。"我考得分数低,会拖整个班级后腿的,会影响您的声誉的,甚至还会影响到您的工资的。"肖伟还没说完,我眼圈热起来了,心里更热了。"好吧,那咱俩就一起来想个两全其美的好办法。"我兴奋地说道。肖伟同学点头:"老师,我只在考场上做做卷子,不交卷可以不可以?""那样,你甘心吗?""没什么不甘心的,我只是想上场感受一下,也检验一下自己的实力到底怎么样,不一定非要个分数。我想,这就两全其美了。"听着肖伟的话,我心里更热了。"孩子,谢谢你对老师的理解。不过,你可以把试卷交给我,由我单独来给你判,你的成绩也只有我们俩才知道,好吗?"肖伟一个劲儿地点头,眼里分明闪着泪花。心头多日的纠结一下子消解了,我心里又是一阵热浪来袭,仿佛真的成了这个世界上最幸福的人。

考试成绩我评出来了。肖伟的分数远没有我当初想象的那么低,还超了班级平均分2.3分呢。为此,肖伟还特地跑到我的办公室来向我道谢,感谢我巧妙地保护了他的自尊心。这之后,我常常回想这件事:假如我不首先想到尊重,没有找肖伟同学谈心,假如我不用心倾听他的诉说,假如我们师生俩没有找到那个解决问题的好办法,肖伟真的会考得那么好吗?这之后,肖伟越发上进了,考试的名次也一次次靠前。高考成绩公布,肖伟的高考成绩远高出了重点大学的录取线,考取复旦大学、南京大学这类高校该是十拿九稳,但他却选择了中国农业大学。我问他这样报考的理由,他的回答令我很惊讶:"老师,您不是说解决十几亿人口吃饭的问题才是中国最现实、最大的问题吗?我报考农学与生物技术专业,就是要像袁隆平先生那样,为中国人解决好这个最现实、最大的问题。"听着他坚定的话语,我心里暗自嘀咕:没曾想,自己讲作文课时旁引的一句话,竟会对一个孩子起这么大的作用。现在,肖伟已经在读博了,学的还是农学与生物技术专业,看来,他还真的是要为自己的理想奋斗一生了。

现在,我还常会想到这个问题:尊重学生怎能不讲究艺术和策略呢?每每想起这个问题,我就会情不自禁地想起另一件事:

当时,我刚参加工作不久,教两个班语文课,同时做其中一个班的班主任。记得当时是在高三年段,班上有两个同学有谈恋爱的苗头,其中的男同学还是班级

第四辑 无痕立人篇

考大学的重点苗子,这下可难坏了我。我向有经验的老班主任请教,他们也没有好办法,只是反复强调不能放任自由,又不可操之过急"棒打鸳鸯",既要尊重学生,还要能够解决问题。这话是很有道理,但说着容易,真的做起来就没那么简单了。一时真还想不出什么好办法,于是我就悄悄地分别找那位男同学和那位女同学谈话。结果可想而知,两个人只承认情感比较相投,走得近了点儿,别的啥也没有。

又过了一段时间,眼看都快进五月份了,高考的日子也越来越近了(那些年高考时间是每年的7月7日)。天气渐渐转暖了,他俩的情感似乎也在偷偷地升温。看到这一切,我更是急得没招没落的。不能眼看着他们再耽误学习,不能在班上公开化处理,不能同时把两人一起叫来批评,甚至班会上不点名地批评也不能,我可怎么办啊? 这时,我想到了这两个同学的家长——于是我分别到他们的家进行家访,嘱咐家长一定要讲究劝阻策略和艺术。做好了这些之后,我真的如释重负。我认为,自己既对家长负责,又尊重了学生,没有让他们在同学们面前丢面子。可哪知道,家长嘴上答应我要"文明从事",可他们心里却比我还着急,沟通不畅,竟对孩子"严加管教""大动干戈",结果导致两个孩子一起失踪(两天后才在同学家里找到)。这下子可倒好,想不让全班同学知道都做不到了,想尊重学生本人也谈不上了。后来,那位男同学高考还是考取了重点大学,但比预期的目标要差些;女同学则没有考取(第二年复习后才考上个专科学校)。再后来,同学们告诉我:其实大家都晓得他俩的事,只有老师您自己还觉着挺神秘的。不过,老师您没有在班级公开处理他俩的事,这样做是对的,我们都感受到了您对学生的尊重。只是您万不该对他们的家长讲,因为孩子是父母生的,父母往往会认为自己想怎么处理就怎么处理,哪还会考虑到什么尊重啊。

现在,这两位同学都已经有了自己的家庭,也都有了已经上高中的儿女,也都正面临着自己父母当年的问题。见到我时,他们都非常诚恳地对我说:"尊重人还真得讲点儿艺术和策略啊。老师,当年可让您费心了。"我听在耳里,暖在心头,暗自庆幸:"唉,好在没有出现太严重的后果。"不过还是忍不住要想,假如当初我把"尊重"进行到底,再耐心、细致和深入一些,再多想些策略和方法,艺术地把工作做得更到位、合理一些,也许这两个学生的一生就真的会是另一番更好的景象。尽管他们现在已经理解了教师和家长当初的做法,但这种理解所付出的代价真的是太沉重了。

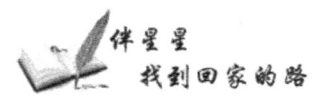

再回到肖伟的话题上来,假如我当初不是努力选择最佳策略,而是简单地不让他参加那次考试,很可能也会使肖伟的人生变成另一番不太理想的景象的。常言道:教育无小事,育人是大事,这话真有道理啊。育人的关键在于"育",也就是尽可能给他们创设最佳的发育和成长的条件和环境,而在这些条件和环境中,尊重学生的人格应该是第一位的。苏霍姆林斯基说过:"在影响学生的教育过程中,不应挫伤他们心灵中最敏感的一个角落——自尊心。"(引自苏霍姆林斯基《要相信孩子》)这话绝对道出了教育的真谛。但我还是要特别补充一句,这个尊重是必须讲究艺术和策略的,且一定要切合特定学生和特殊情况。为此,教师一定要真正耐心、平等地听进学生的心声,要自然无痕地深入对接他们的心灵,要设身处地为他们着想,更要自觉回归孩子那美好、纯正的心灵世界。现在想来,我当初的纠结还是源于自己私心较重,还是放不下个人的那点儿声誉和得失,这是极不应该的。

当前,在一些人社会价值取向过于单一的潮流影响下,一些学校已经把实用化、功利化的应试教育搞到了极致,学生的人格、人品、尊严、声誉等都仅仅等同于分数。分数高的就是好学生,分数低的就是差学生。"好学生"可以"一俊遮百丑",其他方面再差也是优等生;"差学生"几乎就没有什么人格、人品和尊严,其他方面再好也是气短心虚,在人前根本就说不起话。为此,我必须提醒大家,"肖伟的故事"仍时时刻刻地在我们的周围发生着。对此,我们每一所学校和每一位教师,都必须高度关注,深刻反思,讲究艺术和策略地尊重学生。

28. 真教学生学会自主独立

董老师，其实您根本没必要和晓明同学发那么大的脾气，更没有必要在全班同学面前讲那么多"狠话"。您辛辛苦苦地认真纠正我们默错的字词，肯定是为我们好，这一点没人怀疑。可是，老师您想过没有，同学们学习也都很忙、很苦，作业负担又特别重，尤其是数理化作业。再加上不少同学还不够自觉，认为反正老师都已纠正过来了，找空看看就是了。可是，一忙起来大家就又都忘了，真不想好好背诵的同学也许有吧，但我好像还没有见到过。就算有吧，也终归是极少数，绝没有您说得那么严重。您不分青红皂白、一股脑地把大家伙都"骂"了一通，这实在有点儿过了。况且，老师您本来血压就有点高，可不能总是激动啊。其实，老师您完全可以变一种方式来让我们默写的。比如，让我们默写之后自己去评阅，再用不同颜色的笔把默错了的字词纠正过来，把没有默出来的补上。之后，都抽空多看看错漏的地方，复习的效果也许会更好的。您这样要求，没有人敢不这样做，慢慢大家伙也就习惯了……

十几年前，一位学生曾写给我这样一封信。信中提到的那位晓明同学，当时确实默错了不少。我当即要求他认真准备，过两天单独到我办公室来默写。可是，两天之后他仍旧不会，还很不服气，于是我们师生大吵了一通。我又到班级教室里愤怒地"大骂"了一通。学生们都只是低着头，默不作声。本以为这件事就该这样结了，一切照着原样继续就是了。可是，读了这位学生的信，我的心无法平静了，于是我就此做了深刻的反思。常言道：穷人的孩子早当家。穷人家的孩子为什么会"早当家"呢？理由其实很简单，就是家里穷，没有什么好依赖的，只好自己出力气，自己救自己，凡事都自己尽心着点儿。我当时想，学生不也是一样的吗，让他们"穷"得什么依靠都没有，只能是自己主动地去学去做，他们才有可能真的做实做好啊。教学教学，教师要教学生自己去学会和会学啊。在学中做，在做中学，这才叫真教学、真学习和真进步啊。让学生自己把能做好的事情都做好，这不仅可以加深他们对知识的理解和记忆，还可以慢慢培养他们自主学习的自觉、习惯和本领啊。于是，我欣然接受了这位学生的建议，大胆地迈出了这第一步。

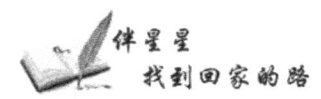

开始时,个别学生不太适应,总是想搞点小动作,偷偷摸摸地打点儿"小抄"。时间一长,经过我的认真监督,反复个别做工作,不断地整体强调,学生们慢慢就都习惯了,也越做越好了。这期间,一些同事(甚至有的校领导)很不理解,更不认可,认为这样做是教师在偷懒,是在糊弄学生。但是,我没有退缩,而是更加坚定地走下去,就是要做出个样子来给持怀疑态度的人看看!我常常激励学生:教改一定要从先改变我们自己来扎实做起,一定要回归学习的本真,自觉自主地真学习,要在这样的学习过程中自助发育自主精神、独立人格,做一个不自欺欺人、独立自主的真人,一定要做出个样子来给那些担心的人看看。时间一长,学生不仅养成了自主、自觉的好习惯,还普遍提高了默写成绩(至少不比别的班级差)。就这样,我们师生用扎实的真学习赢得了成绩,更赢得了别人的认可和尊重。

有了这样的成功之后,我又开始在新的领域进行尝试,生活化地、自然无痕地培育学生的这种自主精神和独立人格等。首先尝试的是"课前五分钟经典古诗文诵读"活动。有中学语文教学经验的人都知道,文言文和现代文教学一般都是交叉进行的。在教现代文的时候,文言文教学就要停一停,而这"停一停"则往往又会造成学生对文言文的"陌生"。因为,文言文毕竟是用已经消逝了的古代语言形式写成的,而文言语感又不是一天两天就可以培养起来的。于是,我要求学生每堂讲读课前五分钟都用来自读一篇或一段经典古诗文,既培养学生的文言语感,又可以自助式发育学生自主独立的精神和人格。经过师生一个多月的共同努力,学生们真的养成了"课前五分钟诵读经典古诗文"的好习惯,就是我出差在外(其他老师代课),他们也会自主地做完这一"固定动作"。这样的"固定动作",不仅很好地培养了学生的文言语感、良好的自主学习习惯,更激发起了学生学习文言文的热情和自觉,促进了他们对古典文化精华的吸收和弘扬。自从我进行这项课堂教学改革(近十来年)以来,学生普遍都喜爱学古诗文,文言语感也很好,古典文化素养的积淀也比较厚实。

这之后,我又开始了"学生自主订正作业"的改革实验。具体做法是,学生交上作业后,我初阅、签字、简评,了解情况之后发回给学生,让学生对照答案自觉、自主地订正,而后再把看答案后还有疑难的问题反馈给我,由我来有针对性地讲析或个别处理。这项改革目前也已历经七八年之久了,真的很受学生的欢迎,教学效率和效果都很突出。当然,相对于前两项改革而言,这项改革的难度更大,更是经历了学生由不自觉到较自觉和很自觉,家长由担心到比较认可和完全认可,

第四辑 无痕立人篇

学校领导由不放心到较放心和完全放心的坎坷历程。反正学生很欢迎，做得又很积极主动，成绩也很不错。最为可贵的是，学生还慢慢养成了自觉和习惯，提升了素养和能力，发育了自主独立的精神品格。最后，大家都认可和放心了，这项改革实验也就常态化了。

不过，这个过程中，还是发生过一些比较头疼的"插曲"。几年前，戈辉同学的考试成绩连续不理想，家长到学校来了解情况。我把戈辉同学叫来询问原因，可他却说自己一直都在严格落实我的"教法"，就是不见明显效果，搞得我很尴尬，只好叫家长再耐心等待和观察。事后，有同学向我反映：戈辉同学根本就不好好落实您的"教法"。做作业时爱抄别人的，订正时又只管抄答案，不认真找出自己的不足，总是自我感觉良好。为此，我又找来戈辉，指出他的毛病，他还是死不承认，我又不好直接说出是谁反映的，又是一肚子气。后来，我就换了招数，专门选一些有难度的问题来询问戈辉同学是怎么理解答案的。这回，戈辉同学露馅儿了，不得不承认了错误，从此就用心订正答案了，成绩也上来了。类似"插曲"还有一些，就不再絮叨了。总之，办法总比困难多，只要教师铁了心想让学生自主学习，总会想出一些好办法来的。著名特级教师钱梦龙曾讲："观念出智慧"，说的就是这个道理啊。

当下，为了高考有个高升学率，我们的很多高中学校简直就成了快出"高分学生"、多出"高分学生"的加工厂了。教学不讲方法，不寻规律，不研究教学生学习、探究、思辨和发现的策略，更不研究如何健全地发育学生和立魂树人，只是一味地要求师生苦干、蛮干、拼命干。早上六点，晚上十点半，中午休息不到一小时，几乎没有几天节假日。这在一些学校高三年级早已习以为常了，就是高一高二基础年级，也都是早作准备早抓到位。在这样的背景下，教师都被挤着压着整天在死教死考死练死评，为"分数"而战，为所谓高升学率的"荣耀"而战，哪还有什么心思想如何改进教法、如何既教好文又立好人呢？学生都成了只会接受、只知道做题的机器，就更不会自觉、自主地学习、做作业和反馈问题了。一句话，只要学生上了比较理想的大学，只要学校能够较光彩地把学生推向高校大门了，至于学生身心健康状况到底怎样，将来又到底如何去发展，谁还去管它！不仅如此，政府部门、教育行政管理部门还要连年给学校下达"步步高"式的高考指标，大力助推这种"目中无人"的应试教育。同时"只看分数不问人"的教育教学评价也愈演愈烈，哪个还能够静下心来好好想想高中教育这样搞下去到底还有没有出路！

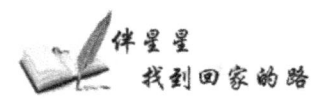

在这样的高中教育大背景下,我真的希望每一个教育工作者都不要曲解"办人民满意的教育"这句话,都不要无视学生的身心健康和未来发展,更希望每一位高中语文教师都能够尊重学生,相信学生,按语文教与学的规律办事,在教学中充分发掘他们的自觉性和自主性,培育学生的自觉和习惯,教学生学会、学好语文,学会用语文,既学好文又立好人。

想念的董老师,您现在一切都还好吧。又到教师节了,又想到了您的辛劳,想到您对我的好。想想自己当初爱面子,就是不肯在我爸爸面前承认自己的偷懒和不认真,真有一种道不尽的惭愧啊。董老师,当初您的宽宏大量、真心诚意深深打动了我,激起了我的上进心。今后,您的精神和品格还将激励我更加努力地去做,并且一天比一天做得更出色!董老师,祝福您节日快乐,桃李满天下,好人一生平安!

这是戈辉同学2013年教师节发给我的祝福短信。戈辉同学今年该上大三了,相信到教师节时他还会发来短信祝福我的。说心里话,每次接到戈辉同学的祝福短信,我都会激动一阵子,并高兴地把短信珍藏起来。原因嘛,也不复杂,那就是我在真爱学生,也在真教语文,真教学生学好语文、学会自主独立。

29. 教学生拥有独立思辨的头脑

伟大的人民教育家陶行知曾讲："千教万教教人学真,千学万学学做真人。"我认为,"教人学真"也好,"学做真人"也罢,最关键的就是要教学生拥有独立思辨的头脑。学生拥有了这样的头脑,养成了这样的自觉性和好习惯,自然就会树立起自主精神和健全人格的,发育好阳光的心态,进而辩证、智慧、积极地对待他人、社会和生活,谱写好自己进取、向上、奉献、幸福的人生。而学生独立思辨的头脑,并不是说教就教得出来的,需要教师扎扎实实地去设法真教。为此,我认为,教师一定要善于把培育学生独立思辨的能力有机无痕地融于自己的教学过程和环节之中。那么,到底该怎么去做到呢?在我看来,教师启发学生主动发现课文里的可思辨点,指导学生去积极思辨,进而由课内到课外相互促进、循序提升,应该是一个很好的办法。请先看几则15年前我的学生写的课内思辨随笔:

A 同学:我认为,玛蒂尔德是一个很爱美且努力追求美的女性。哪个女孩不爱美?不喜欢听到别人说自己很美?不想把自己打扮得漂漂亮亮的?女孩都有强烈的爱美之心,这并不可怕。所以,玛蒂尔德参加舞会前想打扮一下自己,并从朋友那里借一挂项链来美美自己,这也无可厚非——谁又能料到项链会丢呢?早知如此,当初就不去借好了。我承认,玛蒂尔德爱美、追求美的心情确实太强烈了,简直到了虚荣的程度,但是,似乎还不能算特别过头,还不像现在社会上的一些人,不能满足虚荣就去偷去抢去骗去诈去贪污!十年苦做,三千六百天的艰辛,但当她回想起当年那个舞会来,那个晚上时,仍会沉醉于她"多么美丽,多么使人倾倒"而十分自豪。这种爱美之心,这种乐观的心态,就很值得我们学习。

B 同学:我认为,玛蒂尔德是一个积极向上的女性。玛蒂尔德虽然貌美,但她出身卑微,丈夫的社会地位也不高,婚后家庭生活条件一般。我认为,玛蒂尔德完全有理由不甘心于她家庭生活的现状,希望自己的日子能过得更好些。总不该想都不能想吧?但是,请看,当她背上那么重的债务,遭遇到那么大的挫折时,她也没有悲观厌世,没有自寻短见,更没有不讲诚信,而是用行动一个铜板一个铜板地还债,一步步地去努力改变这样的现实。这只能说明,玛蒂尔德是积极向上的,是勇敢顽强的,心里始终充满了对生活的热爱。她没有不择手段地去满足虚荣、追

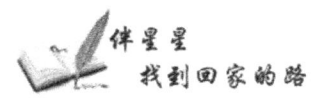

求享乐,甚至去出卖自己的美貌和姿色换来所谓的幸福。说实话,我所看到的,几乎都是今天的我们该好好向她学习的。

C同学:我认为,玛蒂尔德是一个勇敢、坚强、刚毅的女性。丢了项链,玛蒂尔德毅然决定赔偿项链。在挣钱赔偿项链的十年里,她家简直是由天堂堕入了地狱。但她并没有退缩,没有自贱,更没有寻短见,而是选择了勇敢、坚强、刚毅地活下去,把债务还掉!为了还清债务,面对种种残酷的困境,她不气馁,不悲观,不欺不诈,更没有出卖自己美丽动人的容貌,而是老老实实地做活,挣钱,还债。她完全依靠自己的意志、精神和力量,依靠自己的一双手,一点点地偿还了那笔可怕的债务。最后她真的成功了!玛蒂尔德是幸运的,幸运就在于残酷的现实终于使她明白,生活不仅仅需要幻想和憧憬,更多的应该是脚踏实地一步步地去奋斗。

我很欣赏她的勇敢、坚强、刚毅,我更希望改革开放背景下的人们,都能够选择勇敢、坚强、刚毅,扎实地做好自己的事情,安心地过好自己的日子。

D同学:我认为,玛蒂尔德是一位守诚信、讲尊严的女性。有借必还,这是玛蒂尔德的人生信条。就为这,即使自己只有一万八千法郎,买项链还需要三万六千法郎,她也没动过用假项链偷换过关的邪念,更没有像现在的一些人那样耍起"要钱没有,要命一条"的臭无赖来。而是毅然决然地打定主意,一定偿还这笔可怕的债务。十年里,她洗碗、洗衣服、倒垃圾、提水;到水果店、杂货店,争价钱,受嘲骂……十年的艰辛使她美丽不再,彻底变成了一个下层社会粗壮耐劳的家庭妇女。然而,她还清了债务,坚守住了自己的人格尊严,当然也付出巨大的代价。还清债务时,她偶遇好友佛来思节夫人时,她脸上竟露出灿烂的天真的笑容,这有多么可爱!玛蒂尔德比当今社会那些在金钱和利益面前不守诚信、不讲尊严的人不知要强多少倍呢!

E同学:我认为,玛蒂尔德守住了那颗金子般的心,这是最可贵的。对美,对富贵,对安逸生活有追求,这是一个人的本能,天经地义,不存在什么阶级之论。玛蒂尔德也是一位美丽的姑娘,幻想有一个有钱的公子爱她、娶她,过体面的日子,这也天经地义。十年还债,她坚强、勇敢,不灰心,不要赖,不怨天尤人。玛蒂尔德所拥有的、所坚守住的正是当今社会所严重缺失的那颗金子般的心。有多少人的良心在物欲横流、道德滑坡、尊严和人格跌份的现实中失落了、烂掉了,而玛蒂尔德那颗金子般的心最终却没有被毁掉。这难道不值得我们深思吗?

第四辑 无痕立人篇

这几则随笔,都写于1998年。当时,我在执教莫泊桑的小说《项链》。当时的教参资料都认为,《项链》这篇小说的主旨有三点必须要教学生深入理解和把握:一是玛蒂尔德是一个爱慕虚荣、追求享乐的小资产阶级妇女的形象;二是小说《项链》旨在讽刺小资产阶级的虚荣心和追求享乐的思想,告诫人们要当心资本主义社会拜金主义思想的毒化和腐蚀;三是莫泊桑"人生是多么奇怪,多么变幻无常啊,极细小的一件事可以败坏你,也可以成全你!"这几句话暴露了他的阶级局限性,即看不到主人公玛蒂尔德的悲剧是资本主义社会的拜金主义思想以及上流社会奢侈腐朽的生活方式毒化和腐蚀的结果。

教参上的这些观点,是用阶级分析法,即用马克思主义的阶级理论、观点,观察和分析文艺作品中的人物形象所得出的结论,无疑也是有道理的。但是,对于玛蒂尔德这个人物形象,仅仅做这样的赏析和评价似乎仍嫌不够,还需要做更为辩证全面的鉴赏、分析和评价。鉴于这样的思考,我向学生发问:玛蒂尔德灵魂里确实很有些爱慕虚荣、贪图享乐的东西,但除了虚荣之外,在她身上我们还看到了什么品质?学生无语。接着,我提出了两个问题:(1)项链丢了,玛蒂尔德有没有想不赔偿或用个假的赔偿给朋友?(2)赔偿三万六千法郎的项链,要用好多年的艰苦劳作来换取,玛蒂尔德有没有想要赖或跳楼?学生均回答:没有。我继续问:这又是为什么呢?这不正好说明除了虚荣之外,玛蒂尔德身上还该具有其他比较好的品质吗?这下子,学生的大脑被激活了:有的说她还很讲诚信,有的说她还很勇敢,敢于面对灾难;有的说他还很敢于担当,绝不退缩;甚至还有人说她应该有权利憧憬上流社会的生活——这不能叫虚荣……

下课前,我布置了思辨随笔作业:请同学们自主独立地对玛蒂尔德的品质发表看法,要有理有据。作业收上来了,读后我大为震惊:真想不到学生们会有这么多不同的想法!我心想,教人学真,学做真人,不就是该这样去教去学吗?越想越激动,情不自禁地摘抄了上述几则(都是片段,现在稍做整理和加工)。从此,我的教育观念发生了一个重大的转变,即一定要在课文教学的过程中引导学生去积极发现课文的可思辨点并引导学生积极思辨。

这之后一直到现在,每教一篇讲读课文,我都会引导学生去主动发现课文中的可思辨点,可以是课文思想主旨方面的;也可以是写作艺术方面的,只要有可思辨点,我们师生就绝不放过。如,教《渔父》,我引导学生思辨"屈原是否就必须得自杀";教《报任安书》,我引导学生思辨"司马迁是否可以选择自杀";教《师说》,

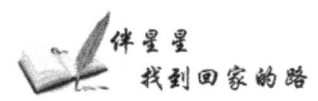

我引导学生思辨"'生乎吾前其闻道也'是否就一定'先乎吾'";教《品质》,我引导学生思辨"哥斯拉兄弟的出路在哪里";教《铃兰花》,我引导学生思辨"课文中'我沉浸在幸福和无限的喜悦之中,更显得容光焕发……她慈祥而温和地摸了摸我的头'这一部分可否删掉",等等。思辨的形式有当堂思辨、课前思辨性口头作文、课下写思辨随笔等。后来,我又渐渐地不满足于这种课内思辨了,就利用课堂教学指导学生由课内延展到课外,去观察、阅读,去发现可思辨点,进而进行独立思辨。像"'暴走妈妈'花钱美容""空巢老人在家被害""考好大学就是为了找好工作""平平淡淡才是真"等,我都要引导学生进行多维的独立思辨,发表自己的看法。日子长了,学生就逐渐养成这种自觉和习惯,以至于都把自主独立思辨当日子过了。目前,这一教学环节已经成为我"生活化语文教学"基本范式"一化六教"中的一个有机环节了,即"教学生把自主独立思辨当日子过"。

我想,这种紧随教学进程、课内外互化共生、良性循环的生活化思辨教学,不仅会极大地促进学生的思维力、思辨力的发展,还十分有益于学生自主精神、独立人格、健全心理、创新品质等的发育。看来,当前的语文教学(尤其是高中阶段)还真得好好补足这一环节,再不能仅仅满足于"只教不育"或"只考练不立人"了,因为教学生拥有独立思辨的头脑,对学生和民族的未来毕竟至关重要。

30. 真教育当是无痕的

教学南斯拉夫作家茨威格的散文《铃兰花》之后,我随感良多。文章内容梗概如下:

紧挨着我们家的地头有一块洼地,三面由陡坡环绕,活像一口深锅,只有一个隐没在晦暗、神秘的密林里的出口,总是黑黢黢的,特别怕人,大家都管它叫"地狱"。这"地狱"的山坡上长满了杂乱的灌木、黄檗、千金榆幼树、乌荆子、野樱桃树和一些乱七八糟的玩意儿,里面总是阴阴森森的。淙淙的泉水声响彻整个洼地,被三面陡坡折回来,在森林中回荡,变得更响了,又给这个阴森可怖的"地狱"蒙上了更神秘的色彩,人迹罕至。打从记事的时候起,"我"就特怕这个地方,每次走近,总是恐惧万端地尽快跑开。

可是,"我"还不到六岁时候,父亲却要"我"到那里去放牧。"我"只好赶着牲口,尽量放慢脚步,一点点走近那个可怕的地方,哪知道一瞬间牲口群便隐没在洼地里了。我无可奈何,只好跟着下去,战战兢兢地在"地狱"的底部坐下来,也不敢回头好好地看看四周。响彻着整个洼地的淙淙声,使我觉得好像有人在耍妖术。我越想越害怕,终于控制不住,大声哭叫着从"地狱"跑到父母正在耕种的地头,撒谎说所有的牲口都不见了。

父亲领着"我"回来找牲畜。来到可以看到整个洼地的坡坎上,一眼就看到这个小小的畜群还在低处老老实实地吃草呢,一个都不少。父亲明白了"我"在撒谎,就怒气冲冲地一把揪住"我"的头发,顺势往坡下一推。"我"号啕大哭,眼泪都哭干了,又可怜,又绝望,揪着心等待回家时刻的到来。夜幕降临了,我把牲口赶回了家。看"我"哭成了个泪人儿,父亲还笑呢,母亲也没有与父亲争吵,只是说孩子年纪还小,以后就不要再叫他去"地狱"放牧了,别吓成了个傻瓜。打这以后,父亲果真不再叫"我"到"地狱"去放牧了,不过我对"地狱"依旧像当初那样惧怕。

可是,有一次,正好是个星期六的黄昏,父母坐在我们家的门槛上,若有所思地翘首望着春天晴朗的天空。母亲深深地叹了口气说:"哎呀,我真想明天带一束铃兰花上教堂,可惜哪里也找不着。""是呀,眼下找铃兰花是晚了一些。要有也就是在'地狱'里了。"父亲应和着。

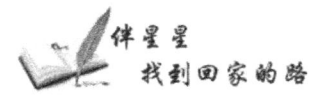

一听到"地狱"这两个字,"我"全身不禁打了个寒颤。夜里,我久久不能入眠,内心深处总是回响着母亲的叹息声。

第二天一大早,尽管我仍是十分恐惧,但还是紧闭着双眼一直走到了"地狱"的底部,找到了许多芬芳馥郁的铃兰花,给妈妈采回来了一大把……

这篇散文共计两千八百多字,但行文至一千七百多字时"铃兰花"才出场。为什么要这样布局呢?显然作者要厚厚地做足铺垫。这样做足铺垫又有什么好处呢?显然是为了突出"我"的恐惧心理。"我"心里越是对"地狱"怕得要死,就越能突出我后来在决定去"地狱"为母亲采铃兰花时内心矛盾的激烈,也就越能强烈而鲜明地对照"我"前后的不同态度,突出"我"对母亲至真至深的爱和战胜恐惧的勇气。不管自己心里有多么恐惧,但为了让母亲能够满意地带着铃兰花去教堂,我都要战胜自己的恐惧,去为她采来铃兰花。

初教这篇课文,我对这篇课文的主旨和表现艺术的理解仅限于此。然而,之后再深读几遍,我不禁问自己:父亲明知道"我"从小就害怕"地狱",甚至怕得要死,但他为什么还要"我"去那里放牧呢?"我"被父亲打成那样,母亲为什么还那么平静,而不与父亲争吵呢?经过思考,我终于明白了:父母都不希望儿子成为一个胆小、懦弱且又不诚实的男人,而希望他成长为坚强、勇敢甚至强悍的男子汉。这使我不仅想起了欧洲的文化之根,想起了古希腊的教育。在古希腊,从7岁到18岁,男女儿童分别在国家教育场所接受体育和军事训练,具体内容为"五项竞技":赛跑、跳跃、掷铁饼、投标枪、角力。教育方法主要是实践练习。从18到20岁,青年进入军事训练团接受正规的军事训练,在此期间,青年要参加"秘密服役",即夜间外出对奴隶进行突然袭击。可见,古希腊教育并不重视阅读和书写技能的培养,是片面的、野蛮的,但却又是成功的。因为,这种教育培养出来的人都是非常勇敢的战士,能够为城邦英勇作战,甚至牺牲在战场上。所以,"我"父母的生命深处不可能不沉积着这种崇尚勇敢、坚强甚至强悍的文化基因。这一点,就是在当今的欧洲人身上仍能窥出一些"影子"来。父亲为什么要"我"去放牧呢?显然是为了让我有个营生,在牲畜的陪伴下慢慢地去适应"地狱"的环境,一点点减轻恐惧,直至最后战胜它,变得勇敢、坚强起来。这样的教育方法,比那些逼着、骂着甚至打着孩子去"地狱",而嘴上还说着如何真爱孩子,教他成人的教育方式不知要强多少倍啊!

沿着这个思路,我继续深入思考:那个星期六的傍晚,父母一唱一和地谈"到教堂要带上一束铃兰花",而且还说"要有也就是在'地狱'里了",这是不是夫妻俩在一唱一和地故意"作局"呢？不想不知道，一想还真是那么回事。你想啊，这个时候家周围已经没有铃兰花可以采摘了，要采也只能去"地狱"了——这不明明是在暗示儿子必须到"地狱"去采吗？因为家周围好采铃兰花的地方人们都采遍了，而且儿子也都到过了。同时，采铃兰花去教堂也是欧洲人的一种宗教文化习俗，因为在欧洲人眼里，小巧玲珑、花香怡人的铃兰花可是圣母玛利亚哀悼基督的眼泪变成的呀（即圣母之泪的化身）。不妨试想一下，如果母亲说对儿子明天带几块奶酪去教堂，恐怕没有那么自然无痕了，至少"我"会犯嘀咕的，甚至会追问母亲理由的。父母又为什么非要选择前一天傍晚来谈呢？因为，当晚儿子是不可能去的，只给他留下明天一大早这段时间（也好让儿子有充分的心理准备）。时间紧迫，"我"又没有其他选择，只能是毫不犹豫地冲向"地狱"。结果呢，正如父母预设的那样，第二天一大早，"我"真的就去"地狱"采来了铃兰花。儿子的脾气秉性以及"地狱"此时尚有铃兰花的实情，父母是了如指掌的，所以"做起局"来也就得心应手，默契自然了。儿子采来了铃兰花，表达了自己对母亲深深的挚爱，更是得到了一次很好的精神和心理发育，由胆小、脆弱渐变得勇敢、坚强了。

请看，"我"眼前的"地狱"变得更明亮、温暖了。"远方的波霍尔耶山背后，火红的朝霞烧红了半片天，朝阳眯缝着就要探出它圆圆的脸蛋儿。阳光照到佩查山顶，给它抹上了一层绛紫色。青草、树木和灌木林上都披覆着露水，它们现在还只是忽闪忽闪地微微发亮，等到旭日东升。""我"感到往日那"潺潺的流水，和它那叫人不寒而栗的回声"，这回在清晨的宁静里听起来更响了。正要出门的母亲"伫立在霞光里"，就"犹如下凡的天仙"。写到这里，我不禁顿生感慨："我"父母的教育成功了！真爱自然无痕，真教育也该是自然无痕的啊！

再看看当今我们的老师和家长，哪一个不是都打着"真爱孩子"的旗号？可是，我们究竟是怎么做的呢？毫不客气地讲，我们的爱和教育所附带的赤裸裸的"强压"真的太多了。强压的说教、训导、管理、规范之类太多了，强加的官本、金钱、"人上人"的色彩太浓重了。不妨把文中的"父母"换成当今的国人，恐怕就远没有那么耐心和含蓄了——"让尔干什么你就去干什么，痛快去，还有什么好啰嗦的！"——这在大多数中国家长看来，是天经地义。"上学就是为了考好大学，考好大学就是为了好找工作或找好工作，就是为了做人上人——哪个孩子不听话就不是好孩子！"这也是当今中国绝大多数父母的教育法宝。那么，都做"人上人"，

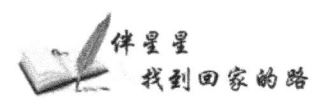

谁来做"人下人"？谁来为他人和社会做实务性的服务工作？这个问题已经很长时间没有人思考了，就连教育界的领导都不再提及了。非但如此，家长以及一些高中学校、班主任、任课教师和学校领导等则更是赤裸裸地对学生进行这样的灌输或训导。

我这样讲，绝不意味着"望子成龙"的想法是不正确的，关键是我们首先必须实事求是，必须承认孩子是有差异的，他们"成材"的渠道是多元的，社会所需要的"材"也是丰富多彩的。古人讲"三百六十行，行行出状元"，这"状元"就是行当之"龙"啊。其次，我们必须讲究真爱和教育的艺术，这一点，"我"的父母做出了好榜样——真爱教育无痕。最后，也是最重要的，我们更不能赤裸裸地灌输或强压给孩子官本位、金钱至上、人格与尊严不值钱等观念。如果我们真的整天都在孩子耳边聒噪着这些东西，将来恐怕是很难收获教育的正果的。有教育哲人讲，受教育者一旦很清醒地知晓自己是在接受某种教育，这就意味着这种教育已经失效了。为此，我建议，无论家长还是教师，在与孩子的交流对话的过程中，我们是否应该尽量杜绝直白的说教、训导和强压等，而是要像"我"的父母那样，多一些智慧与艺术，自然无痕地来传达我们的真爱与希望。我还要建议，我们的学校与社会，再把眼界放宽一点、放远一点，革除那些形式主义、强行教化之类的东西，让爱与教育如春风化雨，自然无痕地滋润每一个孩子的心田。

31. 非不能也,乃我不为也

董老师,其实,您的课很活泼有趣,也很扎实,我们大家都很喜欢上您的课。有时您出差在外,几日不见同学们都很想您的,都盼着您能快点儿回来给我们上课。可是,半期和期末考试是很无情的。这次,我们班同学就都在正字音、辨字形、成语运用、病句辨析和名句名篇默写上丢不少分数,平均分好像比平行班低了一分左右,反而导致我们在现代文阅读、古诗词赏析、写作等方面的优势显现不出来了。董老师,这正字音、辨字形、成语运用和病句辨析每道选择题就3分,这名句名篇默写一道题就8分,加起来可就20分啊。董老师,据我们了解,一些班的语文老师都要给学生加做很多道正字音、辨字形、成语运用和病句辨析的模拟题和高考题的。还有,就是名篇默写,不少班老师都要求每个学生必须一字不错不漏地背下来,背不下来就到老师办公室罚背罚默写,结果那些不太听话的学生也都只好乖乖地背下来。所以,人家班的平均分数就往往比我们班高。董老师,您看我们班,课文里注音、辨形、成语等抓得那么认真,可考试卷上却找不到几个字,经常是白忙活一通。默写吧,您又总是强调要自觉自立,要自己独立背诵和默写,自己纠正默写错误。董老师,大多数同学都知道您这是在教我们独立做事,踏实做人,养成自觉自主的好习惯。但现实是很残酷的,总是要有少数人不够自觉,靠偷看书过关的。我们都需要分数,我们的家长更看重分数啊!董老师,您能不能也给我们做更多的正字音、辨字形、成语运用、病句辨析模拟练习题呢?能不能也压着、逼着同学们狂背狂默呢?能不能也对不自觉的同学施以重罚呢?董老师,您若肯听取我的请求,您就不用担心下次考试我们班的平均分不会高一些了!

这是两年前我的课代表晓雯同学写给我的建议随笔。说实话,2008年7月我被引进到江苏之前,我还真的没有见到有同学写这样内容的建议随笔呢。到这里的六年来,偶尔就会遇到,这是其中比较突出的一次。看来,我还得先说明一下个中原委:

一者,这里的半期和期末考试卷很讲究"高仿真",离语文课堂教学实际比较远,或者说这里的语文课堂为考面教,应试化、实用化色彩特别浓重。在这样的教学背景下,命题人则往往选一仿真模拟资料上的成题来应差,结果常常造成试题

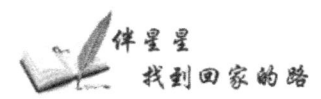

与教学实际没什么关系,只有默写的内容有75%是当下学习的课本里的。至于现代文和文言文阅读、古诗词鉴赏、写作这些难度较高的板块则就更与教学进度无关了,结果就造成半期和期末试题与当下的教学内容基本没有什么关联了,即教考评严重脱节。客观地讲,现代文和文言文阅读、古诗词鉴赏、写作等板块注重考查学生的迁移能力,这是正确的选择,但必须在学生能力培养的程度上与教学实际保持基本吻合。至于正字音、辨字形、成语运用、病句辨析和名句名篇默写等还是完全来自教学内容为妥,一是调动课堂教与学的积极性,二是有益于学生循序夯实语言文字基本功,再就是这种急功近利的高仿真命题,竟导致不少教师不怎么用心教课文了,只是压着、逼着学生做大量的模拟试题,甚至有的教师基本就不教课文了,只是要求学生把课文的同步练习做做就万事大吉了。学校领导和家长看的就是分数,这样教语文的教师分数往往还高些,谁还会管教师是否在用课文真教语文,学生是否在用课文真学语文呢?

二者,有的学校还经常分班,高一到高二分文理科,高二到高三还要再拉平分班。不是出多少人进多少人地分班,而是"洗牌式"地彻底重新分——用一些校领导的话讲,这叫做重新回到同一起跑线上,全力以赴抓高考。这样的分班现实,对需要返本归真生活化地感染、熏陶、积累、体悟、历练等"慢功夫"的语文教与学而言,应该是极其不幸的。

三者,我的语文教学是生活化教与学,以"马拉松式"的感染、熏陶、积累、体悟、历练等见长的,这种急功近利的"短平快"注定会把生活化的真语文教学送上绝路。学生刚刚学上路了,刚刚形成了一些自觉意识,养成一些习惯,刚刚尝到生活化语文教学的一点儿甜头了,就被强行地分走了——能够留在原班的往往也不过三两个。一切又得重新开始!我不想向应试主义主导下的伪语文教学低头,更不想为一时的所谓"高分数"下跪,只会选择继续生活化地真教学生学好语文,哪怕一时学生考试吃点儿亏。我就是想要教学生活学学活、会学会用,让他们学得生动有趣、归真认真、聪明智慧,就是想要真正提高学生的语文能力和素养,能以不变应万变,让他们毕业后昂首挺胸、灵魂站立着通过高考,走向美好的未来。

鉴于这些思考,我当时这样回复了晓雯同学:谢谢你,晓雯同学!你的心情我很理解,你的话也有一定的道理。但是,如果说让我强化一下默写,对少数不自觉的学生严格要求一点儿,我可以接受你的建议。如果说半期和期末考试不怎么考课文里的生字生词和成语等,我们就该课堂上不再重视词语教学和语言规范化导练,恕我不能接受!因为董老师是要教你们真学好语文,真掌握运用母语来表达、对话、交流、交际的本领的,绝不会那么急功近利的,更不可能主动去做应试主义的奴婢!请相信,我们不懈地努力掘渠,水到渠就自然成了。只要同学们真的具有了较高的语文能力和素养,高考时就一定不会吃亏的,我们还是不必计较一时的平均分吧。董老师为生活化的真语文教学,为你们未来的发展已经宠辱偕忘了,希望你们也能够这样想和这样做。一句话,非不能也,乃我不欲为也。其他一些更复杂的原因,我就不再多说了,请理解你们的董老师。

之后,我又一个个地单独与那十来个不太自觉的学生谈话,进一步重申我的教学理念和教育理想,强调长期不自觉主动做事会养成依赖意识和被动人格,而这对同学们健康成长和健全发展等都是十分有害的。最后,这十来个学生主动要求给我写保证书,并要求我与他们签订合作协议,以监督他们兑现保证。这以后,我们班同学的默写成绩还真的就明显提升了。

董老师,到大学后,我通过竞选当上了校学生会宣传委员。董老师,我的大学同学都很欣赏我的表达能力,可他们哪里知道,我最该感恩的就是您啊!一年多的大学生活,我更加深切地感受到要做自主独立的人,对自己的学习、工作、生活和做人负责,拥有善于思辨的头脑、敢于创新的品质和勇于担当的品格,这该有多么重要啊!董老师,您并不孤独,至少有我们这些懂你的弟子永远相伴!

这不,前几天晓雯同学又与我在QQ上聊了一阵子。户外的天儿很热,屋内的我心里更是热乎乎的。

32. 一份课后作业的反思

请先看几年前我学生的一份课后作业：

小说主人公之一菲利普是一个虚荣、势利、自私、贪婪，处处在蹩脚地模仿上层人物，时时都梦想着爬到上流社会的小市民形象。小说另一个主人公菲利普的太太克拉丽丝亦是如此。不仅如此，她显然还多了几分精细、刻薄和泼辣。

董老师，这样评价小说主人公菲利普和他的太太克拉丽丝，我基本同意，我对这夫妇二人也确实没什么好感。但有一点我不大明白，就是"我"的父母，尤其是菲利普太太克拉丽丝的言行到底有没有值得同情的地方呢？当年的于勒毕竟行为不端，又特别能糟蹋钱。他把父母留给自己的那份遗产吃得一干二净，还大大占用了"我"父亲应得的那一部分。所以，在"我"父母的眼里他就是坏蛋、流氓和无赖。当"我"父母再看到穷困潦倒、给人剥牡蛎维持生计的于勒时不可能不一下子又想起往事，心生嫌弃啊。他欠下"我"父母的债还没有还呢，又要来白吃白喝，甚至浪荡挥霍，那怎么能行呢？"我"的母亲很节俭，很会过日子，你看他对丈夫菲利普讲，"我怕伤胃，你只给孩子们买几个好了，可别太多，吃多了要生病的"，"至于若瑟夫，他用不着吃这种东西，别把男孩子惯坏了"。这话确实有爱面子、虚伪的成分，但也该是精细、节俭、会过日子，还很会教育儿子的表现啊。这一点就很像我的母亲啊。董老师，我们完全用虚荣、势利、自私、贪婪、精明、刻薄和泼辣等贬义词来概括母亲这个人物形象，这是不太公正的啊！董老师，我特别希望您能够回答我的这个问题。

读完这份课后作业，我的第一反应是，这孩子很有想法，应该好好鼓励！于是，我在他的作业后面写道：

××同学，你真的很有头脑，真的太有思想，太可爱了！你的表达也很出色，说理很到位。我很欣赏你的思辨，我会用一个合适的方式来好好回答你的问题。人生在世，要树德立言。树德有益于他人和社会，立言可以德行永存，流芳百世。但是，立言往往需要真知灼见。你很有头脑和思想，好好珍惜天赋，不断发展和提升自己吧。

之后，我又专就这份作业安排了一次思辨讨论课。我首先表扬了这位同学，

第四辑 无痕立人篇

同时展示了这份作业的复印件,还宣读了我的评语,以激励全体同学都要敢于思辨,积极思辨,不断提升自己独立思辨的能力和水平,将来做一个有思辨头脑、自主精神、健全人格、创造品质的人。表扬、鼓励、激发之后,我要求学生翻开课本,自主独立地从课文中再找一些可以佐证"我"的母亲克拉丽丝太太"精细、节俭、会过日子",父母抛弃弟弟于勒的行为值得理解和同情的理由。也就六七分钟的时间,就陆续有学生主动回答了:

生1:请大家看看那时"我"的家境:"那时家里样样都要节省,有人请吃饭是从来不敢答应的,以免回请;买日用品也是常常买减价的,买拍卖的底货;姐姐的长袍是自己做的,买15个铜子一米的花边,常常要在价钱上计较半天。"这样的家境,母亲没法不"样样都要节省",只能精打细算地过日子。富人家都不随意挥霍呢,更何况这样的家庭!

生2:就是啊,这样的家境,全靠母亲精打细算,处处节俭过日子呢。于勒的悲剧命运,完全是由他自己的行为造成的,不是"我"的父母剥夺了他的遗产,而是他把自己应得的部分遗产吃得一干二净之后,还大大占用了我父亲应得的那一部分。而"我"的家境又是这样紧巴巴的,对于勒这样的人的同情、怜悯,是没有任何好处的,家里的日子只会更紧巴。所以精打细算的母亲只能是特别担心地说"别叫这个小子又回来吃咱们!"。

生3:我也赞同这样的说法。不论是从"我"的父母的眼中,还是从"我"的眼中,我们都没有看出现在的于勒有任何"悔过自新"的表现。把这样的一个弟弟带回家,只能是个累赘。这个人好日子是不会过,整天只知道享受和挥霍,败掉家财。这个家,现在就这个样子,哪里还禁得起他再来挥霍呢?

生4:请看原文这一段:"我大姐那时28岁,二姐26岁。她们老找不着对象,这是全家都十分发愁的事。终于有一个看中二姐的人上门来了。他是公务员,没有什么钱,但是诚实可靠。我总认为,这个青年之所以不再迟疑而下决心求婚,是因为有一天晚上我们给他看了于勒叔叔的信。"从中,我们就可以看出当时法国社会的拜金和虚荣。如果不是"有一天晚上我们给他看了于勒叔叔的信",那个做公务员的青年还不会向二姐求婚的。二姐已经26岁了呀,婚姻大事总算有了着落,还不是因为这个家不宽绰吗?所以,我很欣赏"我"母亲的处处节俭和精打细算,也理解他不接纳穷叔叔于勒的决定。那个过不来好日子的人,就让他漂泊天涯过他的穷日子去吧。

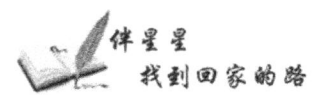

生5：请大家再看两个细节。一是"我父亲突然好像不安起来,他向旁边走了几步,瞪着眼看了看挤在卖牡蛎的身边的女儿女婿,就赶紧向我们走来,他的脸色十分苍白,两只眼也跟寻常不一样。他低声对我母亲说：'真奇怪! 这个卖牡蛎的怎么这样像于勒?'";二是"我说：'我给了他10个铜子的小费。'我母亲吓了一跳,直望着我说：'你简直是疯了! 拿10个铜子给这个人,给这个流氓!'她没再往下说,因为父亲指着女婿对她使了个眼色。"父亲为什么要低声地对母亲说话呢? 又为什么指着女婿对母亲使了个眼色呢? 这原因我想大家都明白的,就是怕影响女儿的婚事,好让那个怀揣着傍富美梦的女婿继续做他的美梦,进而保住二姐这个大龄女孩的婚姻。社会现实就这么认钱不认人,叔叔于勒又有前科,又还是那么不争气,让"我"的父母有什么办法呢?

生6：我也很赞成这样的说法。其实,就是"我"母亲说"我怕伤胃,你只给孩子们买几个好了,可别太多,吃多了要生病的"这几句话时,不仅是因为节俭、怕花钱,还因为两个姐姐赞成吃牡蛎的提议,她不能扫了女儿女婿的兴致,尤其是不能让女婿看出家里的拮据——必须在女婿面前装富有,摆大方啊——自己不去吃是胃不太好,怕伤了胃,至于儿子吗,则"用不着吃这种东西,别把男孩子惯坏了"。家境不富裕,又要装阔绰,保住大龄女儿的婚事,母亲只能这样讲话。她真的就不想吃牡蛎吗? 真的就不想摆摆阔、享受一下吗? 我想,她也是想的。有了好吃的东西,但买它的金钱有限,妈妈们往往都说自己不喜欢吃,而是给孩子吃啊——傻孩子们还真的就以为妈妈不爱吃呢! 这菲利普太太克拉丽丝该有多么可爱啊,这一点和我的妈妈没有什么区别!

听了同学们的讨论、发言,我为同学们的自主思辨成果而欢欣鼓舞,激动不已。我当即表扬了发言的同学,并要求他们整理好发言稿上传到班级QQ群,供全体同学分享。之后,我讲了下面这段话：

菲利普太太克拉丽丝确实很节俭,很会精打细算地过日子,有一般劳动妇女的好品质。菲利普夫妇厌弃弟弟于勒也确有为难之处和心理障碍,这些都可以理解。家境本就很拮据,又曾被不知生活艰难的弟弟糟蹋过不少钱财,现在这不争气的弟弟又要回来吃他们。望眼欲穿,菲利普夫妇恨不得立刻见到发财的弟弟归来,可当一切美好的幻觉全部破灭了,怎能不心头火起,谩骂加诅咒呢? 但是,我要说,人性是有虚荣、势利、自私、贪婪等弱点的,我们身边的一些人不就是这样的吗? 这些像菲利普夫妇那样金钱至上、六亲不认的人,我们称之为缺少人性或没

第四辑 无痕立人篇

有人性！因为在这种人的心里，当"于勒"挥霍家里的钱时，便"一文不值"，成了全家的"恐怖""坏蛋""流氓"；当"于勒"在美洲发了财，并愿意回来与哥嫂同过快活日子时，便成了他们的"希望""福音"，成了"正直的人""有良心的人""有办法的人"，全家时刻念叨着他，盼他回来。当"于勒"再度成了穷光蛋时，就又骂他是"贼"，是"流氓"，躲之惟恐不及，避之惟恐不远，把人性的弱点暴露得淋漓尽致。这样的人，什么样的社会都有的。在他们的眼里、心里只有金钱，没有亲情，没有人！不过，什么样的社会都有这样的人，但他们的行为至多是可以理解，却绝不该为道德文明的社会所容！

于勒呢，确实曾是个过不来好日子的浪荡公子哥，但却不是一个无情无义的人。他不太看重钱。他到了美洲之后，经济上略有好转就给哥嫂写信，表示愿意赔偿他们的损失，也表达了自己的怀念之情。破产之后，他又给哥嫂写了一封信。信虽简短，但是很感人。他隐瞒了自己破产的实情，因为他认为哥嫂都很关心他，让他们不要担心自己的健康和前途。他希望赚了钱之后，再回到家乡，和哥嫂"一起快活地过日子"。此后，他过着穷困潦倒、浪迹天涯的生活，但却没有回家，而是艰苦地自食其力，因为他不愿成为哥嫂生活的负担。于勒年轻时的浪荡、挥霍确实很可恨，但他却还是一个具有人性的人。同学们，希望大家都能练出一双慧眼，明辨这生活里的是非美丑和真伪，做一个人性美好，有益于他人和社会的人！

我说完这段话，教室里爆起一阵热烈的掌声……

33. 这样的童真不可泯灭

教室前门的保险锁的簧舌松动了，一用力就可以推开门进入教室。于是学生们就都开始用力推了——不再敲门了。这样一来，保险锁一天天地加速"衰老"了，门框也开始受罪了，整天忍受着阵阵的撕痛。尽管如此，学生们仍毫无觉察，依然如故地推门（甚至撞门）而入。

课上，我正在给学生们讲析陶渊明的《归去来兮辞》。当讲析到"云无心以出岫，鸟倦飞而知回"这两句时，我引导学生思考：这山间的云到底有没有心？到底理解不理解人意？这山谷中飞翔的鸟，是否真的就飞累了？飞累了之后真的就想到回家了？一阵陶醉其中的赏析之后，学生终于悟得：是诗人在官场上"玩"得太累了，是他不想再操这份为官之心了，是他想像归巢的鸟一样归乡隐居了，是他想像空谷中的云朵一样自由自在地游动了。

对，云就是云，在诗人眼里却成了自己；鸟就是鸟，在诗人眼里也已成了自己！因为，诗人总得找个对象来倾诉，总得倾吐掉自己心中郁结，总要向世人表达自己的理想和追求。但是，如果诗人眼里的云始终是云，鸟始终是鸟，始终没有人性、不通人思，他还能为我们创作出这么美妙的诗作吗？一定是不可能的。那么，孩子们，诗人究竟是一个怎样的人呢？我的回答是：一个灵魂里充满童真的人！只有这样的人才会望山有情，看水有意，才会很纯正、很有爱心、很有创造力地快乐长寿！

在这种灵魂里充满童心的人的眼里，世界总是那么美好可爱，万事万物都是有生命、有感情、讲情义的。同学们每天早上到学校来，都要先在家梳洗打扮一下，尤其是女孩子。为什么要这样呢？就是让其他人看着舒服，想给别人留下个好印象，给这个世界留下一份美好。其实，我们的教室、我们的校园，我们的所到之处，哪一个具体实物不都是这样想的啊！她们都想把自己最美好的一面展示给这个世界，都想把这个世界装扮得更加美丽。所以，我们一定也要读懂她们，理解她们，尊重她们！所以我们必须要爱护公物，更有责任保护她们，净化她们，美化她们！这就是我们要爱护公物，保护公共环境卫生，做好生活环境净化和美化工作的根本理由！我们的愿望就是，我们看这个世界健康美丽，也让这个世界的万

第四辑　无痕立人篇

事万物看我们也健康美丽(学生长时间热烈鼓掌)!

请看,那把保险锁有多么坚强,尽管已经被同学们无情地推撞得撕心裂肺、痛苦不堪了,但他还顽强、执着地坚守在自己的岗位上。他的使命就是保护同学们的安全。为了坚守这个使命,他愿意忍受一切打击和痛苦,生命不息,使命不止!同学们,这把保险锁可真是值得我们敬爱的无名英雄啊!今后,我们该怎样对待他呢?

第二天,我一进教室就发现,保险锁修好了——学生们自己请学校的木匠师傅修好的。学生们都屏住了呼吸,教室里静得出奇。我知道,他们在等待老师的评价。我没有表现出很激动和急迫,而是慢悠悠地、饱含童真地即兴朗诵了李白的《夜宿山寺》:"危楼高百尺,手可摘星辰。不敢高声语,恐惊天上人。"

之后,我讲了这么几句,有人考证,这首诗的"山"即蔡山,位于今湖北省黄梅县境内,"危楼"即"山寺"也就是山顶的寺庙。可见,李白当时应该在出川的途中。李白25岁出川,写此诗时又正在出川途中,虽具体年月无法考证,但年龄至少在25岁以上。25岁以上的人了,还保持着这样的童真,还有着这样超凡的想象力,真是太令我感动了!山上的这座楼好像有一百尺高,站在楼山就可以用手摘下月亮和星星。我不敢在这儿大声说话,恐怕惊动了天上的仙人。诗人童真不泯,大胆想象,渲染山寺之奇高,从而将一座几乎不可想象的宏伟建筑展现在我们面前。有人总是喜欢干巴巴地讲什么想象、夸张、渲染之类,岂不知根子则在于诗人有一颗不泯的童心!

同学们,是什么泯灭了你们的童真,扼杀了你们的想象力,竟变得如此没有生命意识?这把保险锁在问你们呢(学生齐吼一声:是作业!)。没有了童真和想象力,李白肯定写不出这样的好诗。我还要补充两句,泯灭了童真,丧失了想象力,我们还能够做好真人,创造幸福、美好的未来吗?

34. 让作业和考试都成为学生做人的"脚手架"

生活化语文教学背景下的作业和考试,特别注重适量、适度、有趣、思辨、觉悟和有价值,坚决反对随意盲目地多考多练,其根本宗旨就在于培养学生的自觉意识和良好习惯,在于学文立魂。为此我常布置这么几类作业。

第一,课前让学生自主、独立地注音释义。每次上讲读课,我都会提前要求学生阅读课文,并自觉勾画出生字生词,并自主、独立地注音释义。课后再将一个单元的生字生词打印出来,留出注音释义的空当,让学生再次注音释义,趁热巩固。

第二,教文言文时要求学生专门有序抄录并整理课文中重点文言词汇的义项。每讲一篇文言文,我都会在课文中精选出五至十个文言实词和虚词,要求学生课后利用工具书检索这些文言词汇的义项。具体要求是,大家通晓的义项不必抄录,只抄录那些比较陌生或很陌生的义项,之后标出词典上的页码,以便复习之用。就这样,每课不重复,课课抄录、有序积累,当日子过,自然就会夯实学生的文言功底了。如,"如"这个文言词有"假如""像"等义项,这都不需抄录;而"或者""到……去"等义项则必须抄录、积累。

第三,学生自主做并检测默写作业。古诗文名篇往往是需要背诵的,默写自然就少不了。我的做法是:学生按要求先自主默写;交上之后我看个大概;之后再由学生自己用红笔改正写错的字句,补上漏掉的字句。

第四,学生自主做练习题并自觉对照答案自评。每讲一篇课文,学生都要做一些巩固和迁移性练习。我的做法是:学生先独立、自主地做;之后交给我了解个大概(主要看态度);之后再把答案发给学生,由他们自己去对照答案自评、自检、自查,自己修正并发现新问题,最后把自己发现的问题(如答案表述不规范、要点缺项、知识性错误等)反馈给我。在这个基础上,我再有针对性讲评练习题的答案。

第五,结合课文教学布置学生写思辨、感悟性随笔。比如,教读《石钟山记》,我布置"目见耳闻的就一定是真的吗?";教读《琵琶行》,我布置"假如删掉'琵琶女自述'一段……";教读《念奴娇·赤壁怀古》,我布置"诵'大江东去',品东坡先生",等等。

不仅课后布置这种思辨、感悟性随笔作业,我还常布置一种叫"课后迁移思辨"的随笔作业。比如,教学司马迁的《报任安书》之后,我曾引导学生思辨"司马迁到底可否选择死"这一问题。同学们多数认为"司马迁不该选择死",并陈述了理由;也有少数学生认为,司马迁应该选择死,因为"士可杀而不可辱"。具体情况就不详述了。这里要说的是,课后我推荐给学生一则报道,要求学生就这一事件主人公的行为进行思辨。报道如下:

"暴走妈妈"陈玉蓉承认做整容,称未用一分捐款

9日,有网友发帖《拍案怒斥:"暴走妈妈"陈玉蓉,你怎么把我们的捐款拿去整形美容呢?》,质疑"暴走妈妈"陈玉蓉拿好心人募捐的钱为自己整容。记者昨日分别联系上发帖人汪德富和陈玉蓉。陈玉蓉承认做了双眼皮和眼袋祛除。她表示,选择做整形,是因为5月作为第六届世界徒步大会形象大使去秦皇岛,与当地一家整形医院结识,对方邀请她做形象代言人,签了协议,期限一年,代言费"不超过3万元"。她希望借本报澄清,做整形美容没有动用捐款一分钱;她作为整形医院的代言人,没有为此花钱。她还表示,想找一份工作挣钱补贴家里,自己曾找过一份推销的工作,"人家嫌年龄大了,太老了,所以想到去整形啊"。

(据2010年09月10日《长江日报》,有删节)

下面,是学生们的一些看法(课后思辨随笔摘要):

甲:"暴走妈妈"都那么大岁数了,还是朴实点儿好,给人的印象更真实可敬,不必去做美容。

乙:"暴走妈妈"做美容是想使自己美一点,好来找份工作,挣钱贴补家用,这只能说明她很有爱心,很爱家人。只要拥有爱心,没有什么不可以的。

丙:"暴走妈妈"就算不为了找份工作,仅仅是为了使自己漂亮一点儿,爱美并追求美,这也没什么过分的,别说没有用一分钱捐款,就是用了些,也是应该给予理解和宽容的。

丁:"暴走妈妈"热爱生活,想漂漂亮亮地活着,活出自己的精气神儿来,这种乐观向上的精神是很值得肯定和学习的。

戊:有些人(有的根本就不是捐款者)总是担心自己的捐款没有用到正当之处,甚至在不明真相的情况下就对"暴走妈妈"进行人身攻击甚至人格侮辱,这恰好说明他们的素质低,缺乏宽容和悲悯情怀……

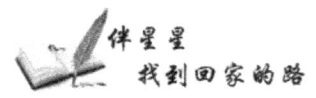

我认为,教学的过程本身就是教育的过程,"教文立人"绝不是一句教育口号,更应该是一种扎实的践履,更应该无痕地融于学生学习和做作业的过程中。前面提及的几种作业,都充分体现了学生自主和自觉,都特别注重培养学生自主学习能力和自觉做实做好的意识和习惯。尤其是思辨、感悟随笔,更是在扎实地培养学生自主思辨的自觉和习惯。

此外,我还把平时考试看作教文立人的好资源。为此,我还常布置一份课后作业,叫做"在考练的'痛苦'中提升"。现在的高中学生,从高一起就会常经受月考(甚至周考)、期中期末考等,而且试卷都带有"仿真高考"的特色。三年下来,少说也得做上百套试卷,这里面饱含着学生说不尽的痛苦。然而,现实总归是现实,高考的"残酷"我们无法回避,关键是用什么样的心态去应对、历练。

在讲评试卷的过程中,我指导学生要学着课上的样子去提炼出试卷阅读文本(主要指那篇散文或小说)的人文内涵,让每一次痛苦的做卷体验都能够转化为自己自觉发育和提升其人文素养的扎实历练,并转化为为人处世的某种"营养",真正达到一种"痛,并快乐地提升着"的境界。三年下来,这上百篇的文章的人文内涵,无疑又成了我的学生的一笔丰厚的人文财富。请再看几例我的学生从考试卷中提炼出来的成果:

1.《红叶归处是秋风》的人文内涵:人并不是万物的灵长,人甚至不如自然物那样能够坦然、洒脱地面对死亡;人与自然万物的生命都是平等的,无所谓孰高孰低、谁优谁劣,天人合一,人要与自然万物和谐相处(散文作者:查干;高二某次月考试题)。

2.《老妪》的人文内涵:近乎本能的尊贵的人心是神圣、崇高和伟大的,不论这个人本身多么卑微或显达。在这样尊贵的人心面前,任何鄙视或怜悯、施舍都是猥琐甚至龌龊的(小说作者:梁晓声;高三某次月考试题)。

3.《摔老盆》的人文内涵:钱好花,情更珍贵,钱永远买不来真情。人要活着,而且要好好活着,但绝不能只是为钱而活着。人要有悲悯情怀,要有一颗善良的心,要厚道重情,知恩图报(小说作者:江岸;高三某次月考试题)。

做这类作业时,我还常对学生讲:耶稣被钉在十字架上,肉体是痛苦的,是不自由的,但他的心灵是自由、崇高的,精神是永远不灭的。我们不信教,不宣扬宗教,但我们可以学习耶稣这种精神。我们也可以把自己钉在课堂的围墙内,在历练考试痛苦的体验过程中不断地涵养、修炼、提升自己,让自己的精神和境界一天天拔高。无疑,这项作业也应该是不断培育和提升学生素养、精神和品格的"脚手架"。

总之,学生长期坚持自主自觉地完成这些作业,这不仅有益于深入学生灵魂,真正学好学会,更有益于学生不断发育、提升自主精神、健全人格、思辨能力、创新品质等。一句话,所有那些积极、合理、适度的语文作业和考试,都不仅仅有助于学生学好、学会和会学、会用语文,更应该是学生学文做人的"脚手架"。

语文教学就应该这样守本务实、实实在在,就应该是对"教文""学文""立人"都高度负责。大家完全不必总是担忧学生高考成绩之类,其实,学生语文素养和人文素养提高了,高考成绩也绝不会差到哪里去。在美德贬值、人格跌价、良知泯灭的现实背景下,作为一线的高中语文教师,我们不应该只是人云亦云地说空话、发牢骚,而是要正视现实,勇于担当,用好教材,教文立人,有所作为,让作业和考试都成为学生做人的"脚手架"。语文学科可以做好,其他学科也未必就做不到,教育原理都是相通的。

最后再强调几句。什么样的环境培育什么样的人,立起什么样的灵魂。假如我们教育主管部门的领导、学校校长、教师以及家长和社会都对此高度关注,并且教师都能放开手脚、尽心尽力地扎实实践,学生也都这样去自主历练,那就一定会出现令人高度放心的高质量的真教育。

35. 做好自己的"唐太宗"

《谏太宗十思疏》是魏徵于贞观十一年(637)写给唐太宗的奏章,意在劝谏太宗居安思危,戒奢以俭,积其德义。太宗,即李世民,唐朝第二个皇帝,是中国历史上最有成就的开明君主之一,在他的统治时期,出现了安定富强的政治局面,史称"贞观之治"。教学这篇课文之后我先向学生展示了这样一个材料:

党的十八大以来,党的群众路线教育实践活动的开展越来越扎实,矫治"四风"的成果越来越明显。请看一些政协、人大代表的反映:

党员干部们下基层次数多了,在基层不吃饭了,为村民办理的实事和好事多了,拖拉推诿的事情少了,真正把我们老百姓的利益放在了首位。

以前各种检查很多,接待也多;现在上级部门下来直奔主题,不搞迎接也不吃饭,调研检查完后就离开,村民觉得"这些干部多实在的"。

以前每年年末,上级多部门考核组都要去单位检查工作。他们除了准备汇报以外,还要张罗好接待问题。现在不同了,检查组来了以后,听汇报、看现场、当场就打分测评,完事后马上就走,简洁明快。

接着,我这样总结了这篇课文的教学:同学们,我们党通过高压反腐,强力矫治"四风",一年多来取得了一些明显的效果。这很不容易啊!今天,我们又学习了魏徵的《谏太宗十思疏》,相信同学们会有很深的感受。请同学们记住,魏徵这篇文章不仅仅是写给唐太宗的,也应该是写给我们当代中国人的,也是写给我们每一位同学的。好吃懒做、虚荣摆阔、奢侈浪费、贪图享乐是人性的弱点。可贵的是,文明高尚的人都能够自觉地克服这样的弱点,这才推动了社会与时代的文明与进步,越发展越文明健康。为此,我们每一位同学都应该听进魏徵的谏言,做好自己的"唐太宗",为实现伟大的"中国梦"作出自己的一份贡献,这也是时代赋予我们的责任和使命。

可能有同学会讲:道理我们都明白,那么究竟怎么行动呢?我想,同学们必须首先树立起几种精神:

第一是志愿精神。就是积极主动地参与社会治理,建立美好社会,实现美好生活的志愿。有了这样的志愿,才会有坚定不移、百折不回的行动,以促进公民意识的培养与养成,保持公民对公共生活的热忱与关注,强化人与人之间的相互合作与信任,实现社会的和谐与进步。

第二是人本精神。就是以人为中心和准则的哲学精神,它强调和重视人的存在与价值,强调人是目的而不是手段,要把人当作世界的最高存在,一切从人出发,尊重人的生命、价值、意志及本能的意义。落实好这样的精神,就会以人为本,以人为中心,一切从人出发,注重人性,使人的自由、平等、尊严、权利得到切实保护。

第三是法治精神。法治精神所表达的实质意义在于社会公众对法宗教般的虔诚和真挚的信仰,一种视法为社会最高权威的理念和文化,一种乐于为法献身的激情和勇气,一种普遍的行为方式和生活方式。有了"法律至上"的观念,公民的法律意识才会得到强化,人的权利和自由才会得到充分尊重,人们才会信仰并敬畏法律,遵循理性办事的原则,促进社会的文明与法治。

第四是契约精神。契约是一种规则,也是一种道德,更是一种精神。从契约关系和契约原则中衍生出来的自由、平等、尚法、守信的品格就是契约精神的集中体现。强化公民的契约意识,有助于公民权利意识、公民与政府责任意识、公民诚实守信品格的培育和养成,有利于促进诚信社会及和谐社会的建立。

第五是自治精神。公民自治是公民社会的一种存在形态,是公民和公民社会组织自我管理、自我约束、自我服务、自觉维权、自我发展的一种社会管理模式。公民自治社会必然会有益于公民民主意识和民主精神、公民参与意识与参与能力的培养,必然会不断推进民主政治的建立与完善,提升社会自我管理能力,促进社会的稳定与繁荣。

有了这五种精神,我相信同学们自然就会清楚自己该怎么去做了,该怎样对待在校的读书生活了。好了,那就请我们大家都来做好自己的"唐太宗"吧。

教室里静悄悄,同学们的眼睛里都闪着亮光……窗外,响晴的天。

36. 这"背影"绝不该在学生的心中消失

2003年9月12日《中国青年报》刊载了一则新闻:朱自清先生的名篇《背影》落选鄂教版中学语文教材。要问什么理由,也很简单:七成学生认为"父亲"不遵守交通规则,随意翻越铁路线;"父亲"的形象不够潇洒,缺少美感等。编选课文进入教材须征求学生意见,这无疑是对学生的尊重,也体现了教育理念的进步,但若看看大多数学生反对的理由,则不免太离谱了。不仅如此,还有"名教授"撰文推波助澜,认为朱自清父亲跳下月台横穿铁道去买橘子,这种"违反交通规则"的行为,给读者带来的感动是"不健康",是一种"不理性和实用主义的表现"。今天,笔者再提起这个话题,绝无意于旧闻新炒,只想探究一个迟到的问题:那七成学生为什么会如此幼稚可笑? 笔者认为,仅仅埋怨世风浮躁如何污染学生的心灵,批评"名教授"如何趁"火"炒作都还远远不够,还应该对我们的语文教学自身多作些深刻的反省和反思。以下两点很重要。

一、勿把课上得支离破碎、浮皮潦草

笔者曾听过《背影》教学课,也看过不少"优秀"教案,总的印象是支离破碎、浮皮潦草、不中肯綮。请看一些教师的教法:一般安排两节课,做到四点,一要让学生了解背景,二要让学生读一两遍课文,三要让学生研讨一系列问题,四要安排学生讨论、探究父爱。这一、二两点没什么好说的,而这三、四点却往往就不是那么回事了。请看一些教师预设的探究题:如"课文有几处写到背影?""课文哪两个地方实写父亲的背影?""课文着重写父亲'背影'的是哪一处?""父亲的外貌有什么特点?""父亲过铁道时的行动描写有什么特点?""第一处和第四处写'背影'在文章结构上有什么作用?""课文中'我'流了几次泪?"等。这些问题大都琐屑不堪,难中肯綮,且很缺乏语文的生气,给人一种为预设问题而预设问题之嫌。非但如此,还要安排学生讨论、探究和演讲、发表对"父爱"的看法,进行所谓的人文教育。试想,两节课只有90分钟时间(有的地区是80分钟),刨去背景介绍、读课文和初步感知的时间,估计就只剩下一节半课了,而这一节半课还要安排学生讨论、探究、演讲,发表对"父爱"的看法等,至少还得半节课,这就只剩下一节课了。而在这一节课之内,什么"课文有几处写到背影?"啦,什么"课文哪两个地方实写父亲的背影?"啦,什么"父亲的外貌有什么特点?"啦,什么"父亲过铁道时的行动描写有什么特点?"啦,什么"第一处和第四处写'背影'在文章结构上有什么作用?"啦,什么"课文中'我'流了几次泪?"啦,等等。简直是东一榔头西一棒、冷冰冰地审问一通,学生更是一路惶急地东翻西看,找来找去,应付不暇。试想一下,就算学生找出了几次写父亲的"背影"、几次实写和虚写以及作者流几次泪,就算他们在教师的引导下概括出了某段的描写方法、特点及其在结构上的作用等,这种浮在思想内容之上、冷冰冰、干巴巴地只盯着概念和术语、没有学生生命和心灵深度参与的概念化、解题式的课文教读,对学生深入课文内容和情感、走进"父子"的内心世界,进而在灵魂深处真正感受到这"父子"间的至爱深情究竟又能有多少益处呢?这也正暴露了新课改背景下我们的语文教学最致命的不足,即支离破碎、浮皮潦草地架空课文语言内容,为预设问题而预设问题,为讨论探究而讨论探究,形式化、空泛化、概念化、应试化的东西泛滥成灾。为此,我认为,我们必须牢记住两点:一是要自觉地抵制课堂语文教读形式化、空泛化、概念化、应试化倾向,一定要让学生深入课文内容及作者或主人公的生命和心灵;二是人文教育必须要以学生用生命和心灵的深入体验和感受为前提,绝不可无视或超越这个前提生硬地灌输或贴标签式地搞所谓的讨论、探究、演讲之类的活动。

二、要把课上到学生生命和灵魂里去

那么,教师究竟怎么教读才获得学生"学文"和"立人"双丰收呢?答曰:把课上到学生的生命和灵魂里去。仍以《背影》的课堂教读为例,教师只需整体把握住"回家奔丧""车站分别""别后思念"三段场景或情景描述就可以了。具体教读时,先引导学生读进去,深入到鲜活的语言内容中去用生命和灵魂深刻体验和感受父子之间的至爱深情,而不是干巴巴地直奔课文写法和特点之类。这里,我们不妨以"车站分别"的一段描写为例来加以说明:

我看见他戴着黑布小帽,穿着黑布大马褂,深青布棉袍,蹒跚地走到铁道边,慢慢探身下去,尚不大难。可是他穿过铁道,要爬上那边月台,就不容易了。他用两手攀着上面,两脚再向上缩;他把胖的身子向左微倾,显出努力的样子,这时我看见他的背影,我的泪很快地流下来了。我赶紧拭干了泪。怕他看见,也怕别人

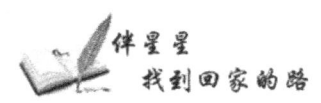

看见。我再向外看时,他已抱了朱红的橘子往回走了。过铁道时,他先将橘子散放在地上,自己慢慢爬下,再抱起橘子走。到这边时,我赶紧去搀他。他和我走到车上,将橘子一股脑儿放在我的皮大衣上。于是扑扑衣上的泥土,心里很轻松似的……

这段描写,可以概括为一句话:父亲到铁道那边给我买来橘子。所以,经常有人讲:这有什么好深入去读去赏析的,不就是"父亲"到铁道那边给"我"买来橘子吗?学生一看就懂了,还浪费学生的时间干什么。于是乎很多课堂教读就都快速"闪"过了这段精彩的文字。接着,师生就开始架空语言文字,干巴巴、冷冰冰地去分析写法和特点了,什么主要是细节动作描写啦,什么肖像白描啦,什么写得细腻生动啦……就是不肯让学生深入到"父与子"的内心世界去。其实,教师完全可以问学生这样一些问题:"父亲"为什么只能蹒跚地走路啊?又为什么要"慢慢探身"?"父亲"那么大岁数了,腿脚又不利索,为什么非要坚持自己去给儿子买橘子呢?"他用两手攀着上面,两脚再向上缩;他肥胖的身子向左微倾,显出努力的样子""(父亲)过铁道时,他先将橘子散放在地上,自己慢慢爬下,再抱起橘子走",你认为这样的描写怎么样?你从中感受到了什么呢?在生活中,你是否留心观察过自己亲人类似的细节动作呢?你又有何感想呢?这样拟设问题,很感性,很容易激发起学生的品味、体验、感受、思考的热情,进而主动地深入到"父亲"的内心世界。在这样的问题背景下,学生自然就会用心地去想:"父亲"年岁大了,所以腿脚不利索,走路蹒跚,又因为如此,所以他动作就得格外小心;"父亲"深爱自己的儿子,尽管自己年老体胖、腿脚不利索,尽管儿子都那么大了,还疼爱有加,心甘情愿地为儿子做这做那,也就顾不上爬月台的费力和不雅了;父亲对儿子的真爱深情就体现在那爬月台、放橘子、抱橘子、慢腾腾、笨呵呵等"不够潇洒"的细节动作上。再有,扬州方音橘子的"橘"与"吉"同音,买橘子送别儿子,也是为了图个平安吉利。这个风俗,教师也应该引导学生深入了解,以更深刻地感受和理解"父亲"对儿子的爱。这还不算到位,还应该启发、点拨学生由课文走出来,回到自己的生活圈子中去,由"父亲"的心甘情愿、疼爱有加,好好想一想自己的长辈、师友等关爱自己时的语言、动作和表情等,好好地用心灵品一品个中滋味,好好地体验、感受一下这人间的至爱深情。只有这样教读,才能说把课上到学生的生命和灵魂里去了,才有可能促进学生养成到生活中去留心观察、感受和思考的好习惯;也只有这样教读,

第四辑 无痕立人篇

才能使学生在情感、思想、道德和人格上得到真正的升华,真正实现"工具性"和"人文性"的完美统一。由此可见,根本就不是课文已经陈旧过时的问题,也更谈不上什么"非理性""不健康",而是我们没有使用好这个"例子"的问题。为此,我又认为,如果我们总是技术化、概念化、解题式地进行课文教读,且又为讨论探究而讨论探究,纵是再生动感人、再有时代感的课文也会被我们教得冷冰冰、干巴巴、支离破碎,令学生满腹生厌的。一句话,学生根本就没有用心走进"父亲"的心灵,又怎能从"父亲"那些"不潇洒"、不雅观的动作中体验和感受到父爱的伟大与至真至深呢!既然根本就感受不到,那么学生认为"父亲爬月台是不遵守交通规则","父亲的形象不够潇洒、缺少美感",不也就很正常了吗?

可见,形式化、概念化、应试化的课堂教读,架空课文的讨论、探究和演讲等,只会是逼着学生或惶急地应付老师,或搬些现成的材料鹦鹉学舌,言不由衷地发表一些所谓的独立见解,回过头来照样还会认为,"父亲"在"违反交通规则","父亲"的"形象不够潇洒、缺少美感",照样还会产生把《背影》这篇课文踢出教材的想法。不仅如此,长此以往,这样的教学还会对学生人格的健全与健康构成严重危害。

最后,再强调几点:

其一,写这篇文章绝不是再"炒冷饭",而是为了提醒教材编写者注意——不是什么篇目都可以随意淘汰的。课文的陈旧与否不能由它被选入教材的时间长短来决定,而应该由其思想内容来决定的,像秦牧的《土地》、杨朔的《荔枝蜜》、吴伯箫的《猎户》等篇目,都是由于其思想内容与当代人的价值取向不符而退出教材的。像《背影》这样的文章,无论从教文塑魂还是从学文做人的角度来考察都很具典范性的经典课文,是叶圣陶先生都十分推崇的经典"例子"。它表达的是父子至爱深情,是可以跨越时代、超越阶级的,正如经典古诗文一样,将永放人性美的光芒。

其二,我们固然应该尊重学生的主体地位,固然应该让学生发表自己的独立见解,但这一切都必须在真正教文塑魂和学文立人的基础上和过程中润物无声地进行,否则就是伪语文教学和伪人文教育。

其三,也是最重要的一点,即《背影》是一篇难得的能促进学生爱心发育、教会学生做人的经典散文。学生不懂得深刻体验、感受课文中所蕴含的思想情感,

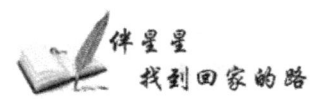

更不懂得由课文走出来，自觉地用人性美的眼光到自己的周围去留心观察、体验、感受和思考，以发育和提升自己的美好人性，甚至连一点儿这样的好习惯都没有养成，这已充分暴露了我们语文教学致命的短板。如果再不深刻地去反省我们素养上的欠缺和课文教读方法上的失误，而只是动辄不辨良莠地把某课文踢出教材，这种浮躁的风气对学生人性、人格和心灵发育，对我们语文教师自己的成长和发展等都是十分不利的。

写到这里，晶莹的泪光中，我也仿佛看见了"父亲"那肥胖的、青布棉袍黑布马褂的背影。我在心灵深处大声疾呼：这个伟大的"背影"，绝不能在我们学生的心中消失！

37. 高中文言文教学:再也不能这样平庸下去了

最近,工作室的几位年轻教师常跑到我办公室聊当下的高中文言文教学,常常只能是一番唏嘘慨叹和无可奈何。也真是的,现在文言文教学确实出了大问题:高考考什么,一线教学就教什么;高考这么考,一线教学就这么教。比如,十多年来,高考文言文试题一般都只限于文言词汇释义、文言语句翻译和文本内容的理解等;同时题型也大多是三道选择题和一道翻译题。于是乎,高中文言文课堂教学也就理所当然地仅仅停留在了字词讲析、翻译课文、理解内容的层次上。这不,今天小周老师又跑来倾诉了:自己绝不甘心就这样长期"高仿真"地教下去啊!再这么教下去,不过十年,恐怕连自己都要被真语文教学给抛弃了!可自己又能怎么做呢?不这样教,教学进度就跟不上,还往往会导致学生的分数不理想。自己的绩效工资低一点也就罢了,关键是还要接受领导的斥责、同事的小瞧,在人前都抬不起头来。

说实话,小周老师的这番心里话还真不是个例,应该能够代表当下一些比较上进的年轻语文教师的心声。为此,这些青年教师都很是压抑、纠结和困惑,但又根本无力改变或超越现状。也真够受的!其实,若从文言文教学的本质、本务以及语文教师的良知等维度来看,我们语文教师也不难找出解决问题的根本方法。这就是急功近利的应试化到处弥漫,我们也要牢牢坚守住文言文教学的本真,超越应试、实用的功利之念,既教文又立人,真正完成文言文教学的本务。具体究竟该怎么做呢?下面,是我与小周老师的一段谈话,当时是结合《五人墓碑记》这篇课文的教学来谈的。现整理出来与大家分享,主要有三层意思:

第一,教师必须引导学生思辨、探究和理解课文的灵魂。这是教学一篇课文的根本点和出发点,否则赏析就没了基准,也很难靠谱了。那么,《五人墓碑记》这篇课文的灵魂是什么?无疑就是一个"义"字。全文都在高度赞美和评价五位义士的义举和壮行,高度赞美了五位义士坚守正义、大义凛然、视死如归的精神,高度评价他们的这种精神对江山社稷的重大意义。这个灵魂,教师绝不可直接讲授给学生,也大可不必采用所谓的现代化手段变相地灌输,而是必须引导、点拨、启发学生去深读、感受和领悟,有机而无痕地进行渗透。课文倒数第二段写道:

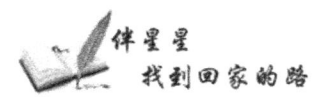

　　由是观之,则今之高爵显位,一旦抵罪,或脱身以逃,不能容于远近,而又有剪发杜门、佯狂不知所之者,其辱人贱行,视五人之死,轻重固何如哉?是以蓼洲周公忠义暴于朝廷,赠谥褒美,显荣于身后;而五人亦得以加其土封,列其姓名于大堤之上,凡四方之士无不有过而拜且泣者,斯固百世之遇也。不然,令五人者保其首领,以老于户牖之下,则尽其天年,人皆得以隶使之,安能屈豪杰之流,扼腕墓道,发其志士之悲哉?故余与同社诸君子,哀斯墓之徒有其石也,而为之记,亦以明死生之大,匹夫之有重于社稷也。

　　这段文字就高度赞美和评价五位义士的义举和壮行,但作者绝不是直接赤裸裸地喊出来的,而是巧妙地融于字里行间的。比如,"由是观之"中的"是"就复指前文中五人率众"发愤一击"的义举以及他们"意气扬扬,呼中丞之名而詈之,谈笑以死。断头置城上,颜色不少变"的壮行。教师一定要借此切入,进而启发、点拨学生思考作者把五人的义举和壮行与当今一旦抵罪的高爵显位之人的卑贱行径来对比的真正意图,即突出五人精神和人格的高贵。再比如,作者用五人"得以加其土封,列其姓名于大堤之上,凡四方之士无不有过而拜且泣者"的殊荣与他们"保其首领,以老于户牖之下,则尽其天年"这个假设性结局来进行对比,就是为了突出他们为义而死的重大价值。这一点教师也是要引导、启发学生深入语言文字来品味和辨析的。此外,像"轻重固何如哉?"中的"固","凡四方之士无不有过而拜且泣者"中的"凡""且"以及"斯固百世之遇也"中的"固"等词,看似不太起眼,但也都在强化着作者的赞美与评价。教师也一定要指导学生反复诵读,用心咀嚼并深入感受、思辨和感悟。不如此,学生就很难深入灵魂地感受到这个"义"字的分量。文言文教学不仅要拒绝照本宣科地"贴标签",更要自觉拒绝平庸的串讲和翻译!

　　第二,教师必须引导学生充分体验和深度感受课文的表达艺术。再看"吾社之行为士先者,为之声义,敛赀财以送其行,哭声震动天地。缇骑按剑而前,问:'谁为哀者?'众不能堪,抶而仆之。""然五人之当刑也,意气扬扬,呼中丞之名而詈之,谈笑以死。断头置城上,颜色不少变。"这两处,虽笔墨不多,但作者笔下的"缇骑"的狗仗人势,装腔作势,气焰嚣张以及五人临行的意气扬扬,大义凛然,视死如归等都写得栩栩如生,也生动地展现了人物的精神世界。再比如,前文所提及的两处对比以及课文第二段中富贵得志之徒死而湮没与五人死而皎皎的对比,都是在突出五人为义而死的价值和意义。此外,此文先从清除大阉魏忠贤废祠遗

第四辑　无痕立人篇

址来为五人造墓并安葬他们写起,而不是从五人率众发愤一击写起,这也是为了突出五人之死的巨大影响和价值,同时还有制造悬疑、吸引读者之用意。这些地方,也一定要引导学生深读进去,并结合课文语境深入体验、感受、思辨和品析,以使他们更加深切地感受到作者运用这些写法的真意图。这才是真正深入学生灵魂的真赏析,而不是为赏析而赏析地贴上几个术语标签。也只有切实引导学生这样去深读和赏析,学生才有可能更加深切地感受到作者运用这些写法的真意图,从而真正体验和感受到这篇课文的表达艺术。

第三,引导学生去发现可思辨点并积极进行思辨也不容忽视。当然,并不是每一篇文言文课文都具有有价值的可思辨点。但是,一旦具有就一定要引导学生去发现和思辨。比如,这篇课文就可以提炼出这样一个可思辨点:有人说,作者认为"令五人者保其首领,以老于户牖之下,则尽其天年,人皆得以隶使之"这话带有封建士大夫轻视普通民众的阶级局限。你认为是这样吗?请发表自己的独立看法。

对此,学生可以持相同的看法,认为作者确有士大夫式的阶级偏见,出口就瞧不起普通民众;也可以持相反的看法,认为作者并没有什么阶级偏见,只是在做一个否定方向的假设推理。持其中的任一方的观点都可以,只要能够自圆其说。实践表明,学生对这样的思辨是很感兴趣的。其实,在高中文言文教学中,这种可思辨点还是很多的。

说白了,文言文教学无论是广度还是深度都不应与现代文教学有别。理应一样教学生体悟课文何以这样遣词造句、布局谋篇和运招用技,一样教学生赏析和审美,一样注重培养和训练学生语言基本功,一样在课内外学习生活中培养和训练学生思辨和表达能力,等等。如果非要说有别,区别就在于文言文有一种天生的语言障碍,需要师生一起去突破,但这绝不意味着文言文教学就仅仅止步于此。诚然,高中文言文教学返本归真的做法还远不止以上所谈的这些。我谈这些的目的也就是想强调,高中文言文教学再也不能这样平庸下去了。当然,高中文言文教学之所以会这样被动,还与一些语文教师的语文素养和人文素养不足以及语文教学评价的极端功利化等有着直接的因果关系。语文教学评价的极端功利化等似乎还不能一下子得到根治,但教师还是可以自觉地去主动提升自身的语文素养和人文素养的,还是可以自觉地在文言文教学过程中渗透立人教育和艺术美赏析的。为此,凡有良知的语文教育工作者都应该高度自觉地拒绝这种应试化实用主

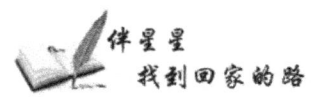

义,让高中文言文课堂做得更深入一些,更本真一些,更有味道一些,更有益于教文立人一些。那种以学生应试得高分为宗旨的浅表化、平庸化的课堂教读再也不能持续下去了!

与小周老师谈了一个多小时,谈话期间他也极少插话。我深信他真的听到心里去了,我更希望能看到"小周"们坚定不移、百折不回、宠辱偕忘地进行真语文教学实践。

第五辑

考试评说篇

当下,来自方方面面的"纷扰"正严重地危害、扭曲甚至异化着我们语文学科教学和高考备考。我们热切期盼在高考语文命题改革背景下,命题的思路和方式、方法等真的会来一个动态化、能力化、素质化和本真化的果决转身。倘能如此,高考语文命题改革必将会强有力地导引一线教学返本归真,务本有效,健康发展。

38. 高考语文命题改革理应对模式化说"不"

写下这个题目,必须先说明几点:高考不可取消,考试评价也必须进行,关键是什么样的高考命题和什么样的考试评价。恢复高考以来高考命题确实在不断改进,但也确实仍存在着很严重的弊端,那就是命题的模式化。这个"年年岁岁花相似"的板块和内容基本不出大格的模式化的后果的确十分严重,于高考语文命题本身而言,则又导致了命题的肢解化、浅表化和书斋化等弊端;于高中语文(甚至初中)教学而言,则更导致了备考乃至教学全盘的高仿真化,就是死瞄"高考指挥棒"(初中语文教学则瞄着"中考指挥棒"),考什么就教什么、怎么考就怎么教,造成一线高中语文教学因极端功利而窄化、异化和矮化。实事求是地讲,这样的后果应该不是高考命题者的本意,但命题者无论如何是撇不开总是强调小步慢改,好命题,便于评分等方面的主观故意的。

这样的判断和结论,我绝不敢凭空作出。不妨先看看高考语文命题模式化的一些表象:

一是试卷板块的固化。到2013年为止,全国卷及绝大多数的省市卷仍是这样的模式:基础板块+文言文阅读板块+古诗赏析板块+翻译默写板块+现代文阅读板块+语言运用板块+写作板块。二是题型和内容的固化。如,正音辨形、病句、成语运用等仍一直是四选一的客观题;文言文阅读仍大都是三个四选一的客观题加两三句的翻译;古诗词鉴赏仍多是三道肢解式(一般关涉诗句、技法、主旨等)的主观赏析,现代文阅读仍是两类文本肢解式(由词到句、段、篇)的主观赏析、探究和评价;等等。尽管2014年的北京和江苏两省市的试卷有所微调(主要是语言文字运用板块的微调,北京卷的作文板块则增加了个"微作文",具体请看试卷),但两省市卷在板块上仍没有变化。近年来,全国课标卷、福建卷、辽宁卷、安徽卷等确有一定改革气象,对能力化和素质化有所体现,但也还是与前一年的板块、题型、题量等完全一样,无疑又正在形成新的模式化。

我们说这种模式化危害深重,首先是因模式的长期固化导致的试题自身的肢解化、浅表化和书斋化上。

试题的肢解化主要体现在古诗词鉴赏以及现代文阅读赏析这两大板块上:

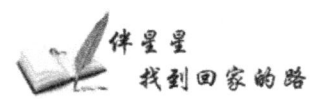

先说古诗词鉴赏板块。全国大纲卷和绝大多数省市的命题赋分一般为8分,试题多为两道(每道题4分),像2013年全国大纲卷第12题第(2)问,湖北卷的第14题第(1)问,山东卷第14题第(1)(2)问,江西卷第14题的第(1)问,安徽卷的第8和第9题等;有的省市还多达3道题,有的题分值更低,像2013年天津卷第14题的(1)(2)(3)问,湖南卷第10题的第(1)(2)(3)问等。(2014年,个别省市的试卷仍存在着这种弊端,就不再赘例了。)

命题人总是从如何容易制定答案和阅卷人如何好操作评分的意愿出发,肢解宰割文本,命制出几道支离破碎的试题。这也就直接导致了古诗词教学的肢解化、破碎化。很多一线语文教师,在进行古诗词教学时总是念念不忘考点和考法,总喜欢直接就照着教辅资料把一首血肉丰满、有体温有心跳的诗词肢解成零碎的、冰冷的考题来"高仿真"地讲析,甚至还不厌其烦地讲解怎么答、答什么才给分。

同时,我们还要看到,试题被肢解得过于破碎,实际上也不利于考生作答和评卷操作。试题多而琐碎,考生作答时就必须得不断地转换思维方式,疲于应付;再有,每道题分数都不高,扣了内容要点的分数,就不好扣答题方式和语言表述的分数了。像2013年湖南卷第(2)问的答案是"联系'春深''染衣','净'字巧妙展现了暮春时节芳菲凋尽,'绿'成了自然的主色调的情景,委婉道出词人内心的纯净"。这样制定答案,显然是考虑到了"净"字在词中的表层意、深层意和表现手法以及具体语境而拟定的,但却只赋给3分。若某些考生的答案要点全面,但就是答题方式欠妥、语言表述不够规范,显然至少要扣1分的。然而,有些考生只能答出一个要点,答题方式和语言表述也不尽如人意,本该不能给分了,却往往又给了1分,这就导致了得分多少的不公平。如果非要严格考虑答题方式和语言表述的不足,也只好不再考虑这些考生所答出的那个要点了,这又会导致少得1分的不公平。这样一来,就不仅会导致给分的不公正,也会降低阅卷给分的可信度,进而损害一线师生教与学的积极性。

这种弊端还表现在文言文翻译类试题上,三道翻译题共10分,翻译要点准确和翻译语言规范不能兼顾,最后阅卷时只好放弃对语言规范的硬性要求,稀里糊涂地处理掉。2013年的天津、江苏、安徽、江西、湖南、湖北卷仍如此,湖北卷还三道题9分(2014年,这些省市卷仍是如此)。其实完全应该像重庆、辽宁、四川等有些省份那样,文言文翻译两道题10分,充分考虑语言规范的扣分余地。最可怕的是,这种无视语言规范的弊端正在一线教学和备考中被不折不扣地执行着,成了死抠关键词句的考练游戏,哪里还是语文教学!

再说现代文阅读赏析板块。严格地讲,其命题要求也是符合教学大纲的(大纲要求不再赘陈),还是命题者的命题思路和一些试题的设置方法上出了问题。这一点与古诗词鉴赏的命题很相似,阅卷评分时的弊端也大致相仿,这里就没必要展开了。笔者要强调的是,命题者总是只考虑如何方便答案制定和阅卷操作,从自己的阅读体悟出发选出文本中的一些词语、句子、段落,命制成年年似曾相识的考题,即让考生分析其意蕴、方法和作用等。如,2013年全国大纲卷的第14题,天津卷的第16、17、18题,上海卷的第7、8、9题,江苏卷的第11、12题,安徽卷的第11、12、13题,江西卷的第17、18题,湖南卷的第20、21题等(2014年仍没什么变化)。准确地讲,从命题者的角度来看,这样命题是符合他们自己的阅读体悟习惯的。他们读文本时,发现一些词语、句子、段落乃至文本的结构布局、写作艺术等很值得品析和探究,于是就扣着这些命题点来命制试题。他们也许根本没有想到的是,这样的命题会直接导致备考训练甚至阅读教学的高仿真化和严重肢解化。正如特级教师曹勇军所批评的那样:"现在的文学类文本阅读教学已被彻底异化了,已绝非真正意义上的文学类文本阅读教学了。"这样的阅读和赏析教学显然仅仅是低效的应付考练而已,对切实提高学生语文能力和素养没有什么意义和价值。

试题的浅表化主要表现在文言文阅读能力的考查上。《高考考点说明》对文言文这一考点的总要求是"能阅读浅易的文言文",具体考查点是"实词在文中的含义、翻译文中的句子,筛选文中的信息,归纳内容要点、概括中心意思,分析概括作者在文中的观点态度"。这样的考点要求与《高中语文教学大纲》"诵读古典诗词和浅易文言文,理解词句的含义和作品的思想内容"这一要求也是相切合的。但是,这样的考点和大纲要求绝不意味着高考文言文命题只能限于"三个四选一的客观题加两三句的翻译"这种模式,尤其总是把内容的理解、判断和评价等都命制成客观题,供考生半透明地猜想、判断。像山东试卷的第11、12题,乃至2013年全国和各省市的试卷几乎仍都如此(2014年依然如故,不再赘例)。从命题者的意图来看,这样命题意图确实有利于阅卷评分,但实际上往往是无法真正考查出考生"筛选文中的信息,归纳内容要点、概括中心意思,分析概括作者在文中的观点态度,评价文章的思想内容和作者的观点态度"的实际能力和水平。高考这

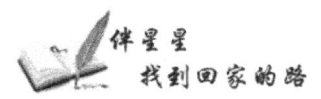

样命题,一线文言文教学就"高仿真"地这样教,仅仅止步于词语解释和语句翻译的文言文教学已成为主流和常态,几乎就不存在什么思想、道德、文化和审美等教育了,也不存在语言思维能力和语文素养的培育了。至于备考训练,则更是铺天盖地的干巴巴的实词、虚词、通假字、特殊句式,没完没了的张冠李戴、偷梁换柱、打时间差、以偏概全等形式的猜谜训练,甚至连翻译古文都强迫学生默写了。这里还要强调一点,大纲和课标所提到的"能阅读浅易的文言文",应该是对文言文教学最终效果来说的,绝不意味着教与学就可以如何浅易(事实上很多文言课文并不那么浅),教学和考试就可以仅仅关注文言实词、语句翻译和内容的理解与判断,更重要的应该是关注对学生概括、提炼、赏析、评价等能力的培养。

试题的书斋化是指高考命题试题多年来只限于读写能力的考查,一直拒听力考查于高考门外。众所周知,听、说、读、写是语文的四大基本能力,"听说"能力又是现实生活中人们运用语文的常态。随着经济的发展,时代的进步,人们的交际、交流、对话、评论、辩论等语言表达活动会越来越频繁而丰富,而且对语言的口头表达能力的要求还会越来越高。我们都有过这样的体验,一次读不明白,可以多读几次;一遍写不好,可以多修改几遍。而现实生活中,听往往只能是一遍而过;说也往往是一语道过,一般很少会有人对听话人多次重复说话。可以毫不夸张地讲,听说是一个人语文能力和素养最迅速、最直接,也最真实的反映。然而,我们的高考语文命题却长期限于"读写"的圈子(作者并无否定需考查读写能力之意),视"听说"为不存在。这显然是严重缺项的,是畸形和病态的,也是"严重地不靠谱的"(程红兵语)。事实常常无情地正告诉我们,高考语文成绩优秀的学生,他们的语言口头表达能力却往往不见佳。事实上,这种长期仅限于"读写"圈子的高考语文命题,已经导致中学语文教学长期"纸上谈兵",进而导致语文教学久不见实效甚至低效、无效,致使广大中学生都成了严重缺乏母语听说能力的"偏瘫儿"。

其次,也是最严重的,这种长期固化的模式还直接导致了一线语文备考乃至教学的极端功利化和仿真化,深陷肢解化、浅表化和书斋化的泥潭不能自拔,进而扭曲、异化语文教学。

先说说基础知识板块模式化对备考和教学的危害。这一板块的命题也是多年不变其形式,所以为了在字音、字形、成语、病句、默写之类"死知识"上夺得分数,一线教师往往于高一高二年段就开始全线下压、大海捞针式的考练了。什么

"多音字辨识集合""常考成语训练集合",什么"病句训练集合""课外名句集合"等,就好像一个个"死冰冰集装箱"不断地砸向学生,逼迫他们生硬地死记强背,死命地做考练试题——高三更是几倍地"有过之而无不及"。有的教师干脆这样告诫学生:阅读赏析那些"活东西"大家都不怎么样,作文也都好不到哪里去,谁把这些"死东西"记得死,做得实,谁就是考试乃至高考的"大赢家"。实事求是地讲,当下的一线基础年段的语文教学基本就等于死抠"字音、字形、成语、病句、默写",照着"详解"讲析教辅练习和试题答案了。至于高三年段,则更是无论多么残酷地做则都是天经地义的了。在这种教学背景下,高中三年学生到底要死记多少字词和名句,强做多少成语和病句题,到底要浪费多少宝贵青春又经受多少身心摧残,都被那点儿可怜的分数给蒙蔽掉了!

再说说阅读赏析板块模式化对备考和教学的危害。现在,无论是现代文还是古诗文阅读赏析,一线教师的备考训练全都高仿真化。高仿真化和严重肢解化、浅表化已经成了主流。毋庸讳言,就是课堂教学也都应试化了,即把课文内容直接编制成的训练题来进行教学(题不是教师亲自编制的,是同步练习册上的)。这样一来,很多教师就都不从学生的阅读体悟规律出发了,而是直接看训练题或试题中的一些"点",直奔这些"点"来讲解试题或训练题。一些教师只是照本宣科地讲解,甚至连试题或训练题的答案有误或缺项都不清楚,完全成了无休无止的肢解化考练和答案讲解,几乎就不存在学生整体阅读,深入体验、感受,用心思辨、感悟等。说通俗一点儿,就是学生还懵懵懂懂呢,考练题的答案往往就已经讲解完了。学生所获得的往往仅仅是一些肢解的、浅表的、碎片式的感觉以及一些架空文本内容和主旨的解题技巧。这样的阅读教学和考练无疑是乏味和低效,甚至无效和负效的。这么多年了,现代文阅读和古诗文赏析仍是高考考查的重灾区,考生的平均分几乎一直在总分的三分之一弱徘徊,一些考生所得的分数几乎归零,也严重影响了一线教学的积极性。我认为,模式化、肢解化的命题导向是该承担责任的。

最后说说作文板块模式化对备考和教学的危害。命题动辄五六年甚至十来年风行一种题型而无大突破,而且总是从命题人自我感觉出发,严重脱离学生思想实际。比如,先是风行六七年的话题作文,接着是风行六七年的"解说文字+命题",现在又开始风行"新材料作文"了。所命制的作文题大多是考生打心里不愿意写或不大会写的题,逼着考生在那里"挤牙膏"编造骗取高分的"假话",做"人

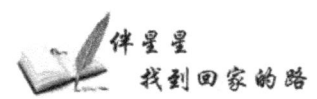

形鹦鹉"(叶圣陶语)。对这种高考伪命题和伪写作,每年都会受到有良知之士的批评,指出其背离生本化、立意和选材模式化等严重弊端。这种一段时间内形式相对稳定的模式化高考作文命题(据专家讲,这叫做需要有一个不断走向成熟的过程),无疑给猜题、押题和考辅资料泛滥创造了机会和环境,从而也导引、助推着一线作文教学及考练极端应试化,只求"高仿真"和"高分数",根本不顾及学生写作能力和素养真发育与真提升。

另外,还必须强调一点,这种模式化的命题还直接导致了人人都可以依照高考试卷的板块、内容和题型填制仿真训练题的严重后果。命题人无需怎么动脑,只要到网络"题海"里复制一些没有考练过的内容、类型题,就可以按高考试卷的板块粘贴、填制仿真试题了。考练前教师逼着学生考练,考练后教师再照本宣科地讲评,如此循环往复地打发时日就是了。一切只为了便于高仿真地逼着学生乖乖地考练,一切只为了高考得到点儿可怜的分数,没有人考虑什么语文教学的健康发展和孩子们的健康成长。不妨随时到一线看看,我相信没有人会否认这种现象的——只要他还有一颗实事求是的良心,还肯正视这个残酷的现实。

综上,我认为,高考语文命题绝不能再守着模式化了,必须得动"大手术"了。死守着这个"模式化",年年进行所谓的小修、小补、小改进,对中学语文教学的健康发展,对学生的语文能力和素养,对教师自身的发展与提升等都是祸害无穷的,必须考虑动态化、能力化、素质化的命题改革了。

对于基础知识题型固化问题,如字音、字形、成语、病句、名句默写等,应该更突出实用能力的考查,通过设置语言环境的方式进行考查。

对于肢解化问题,就阅读赏析能力的考查而言,应该以考生为本,从"我读我品我悟我赏评"这个阅读主体出发来命制试题。比如,"读了这个文本,你认为作者表达了怎样的情感(或心愿、心志等),主要运用了哪些表达方法?请简析。""这个文本主要运用了哪些抒情方法?请简析。这些方法在写作上给了你哪些启示?""请在某几段中选择一两个最吸引你的词,说说你最爱的理由。""请在某几段中选择两个你认为最有味道的句子,简要说明其具体含义。""读完全文,请选择一个你认为最关键的段落,简析其艺术手法(或作用)"之类的题型。这样的命题,虽然在答案制定和阅卷评分等方面会增加一些操作上的难度,但却遵循了阅读和评析的本质规律。读者是怎么读进去的,是怎么先获得整体感受和认知的,又是怎样逐层深入地思考、思辨、感悟、品析和评价的,命题活动就依据这个最原始、最本真的阅读思维规律来进行,以突出是"我"在阅读和品析。同时,再尽力避免试题支离破碎以及对考生答题语言规范的严重忽视等问题,把重视考生答题语言规范落到实处,切实考查到考生语言规范的能力。笔者认为,这样命制试题才是在真考语文、考真语文,才真的能够导引一线文学类文本阅读教学和备考训练返本归真。

对于浅表化的问题,希望命题者能转换思路和方式,把文言文信息筛选、内容评价等命制成主观表述题,让考生真正去用心阅读、筛选、归纳、概括、提炼、评价,发表看法、表达态度。至于文言文翻译试题还是取消为是,因为教师在具体教学时都必须教文言文翻译,以保证学生能够读懂课文,更何况有些经典课文(如《兰亭集序》)还是不翻译的好,有些语句还不能直接翻译;同时高考还是应该考查更上位的能力和素养。果真如此,一线文言文教学和备考也就不得不返本归真了,也不会再那样浅表、平庸、无所作为了。假如命题者和考纲制定者还能够再进一步实事求是、解放思想,对文言文的写作艺术也有所涉及,那无疑就会更有益于一线文言文教学的返本归真。

对于书斋化问题,我认为,语文高考命题改革必须高度重视"听说"能力的考查了,自觉增设"听力考试"这一环节,以彻底突破命题的"书斋化"。具体可以通过合理的语境、题型来考查考生听的能力。如,听取和判断语音、语气、语调、感情的能力,听取和辨析词义、复杂语句的主干的能力,听取、理解和领悟重点语句的隐含信息和"弦外之音"的能力,听取、复述、概括听力材料的主要内容,挖掘、提炼、把握听力材料的中心意思的能力等。只有真正实施"听力考试",才有可能彻底扭转高考命题"书斋化"的局面,从而真正促进广大中学语文教师和语文教育工作者真正转变观念,归真务本地切实抓好语文教学,全面培养和发展学生的语文能力和素养。

最后,再重申几句。第一,撰写此文,笔者绝不认为不断改进的高考语文命题这一做法就一无是处,更不认为以前所有的命题思路和形式都必须否定掉。比如,一些提炼、归纳、探究、感悟、评价和语言运用类的试题还是需要发扬光大的,只是不要固化为模式。第二,考试是必须的,关键是怎么考才更符合语文教与学的规律,必须要高度关注怎么考才能促使语文教与学的效益最大化。第三,高考命题模式化的危害极大,我们一定要给予足够清醒的认识,要坚决对这种模式化说"不",只认考纲和大纲,反对板块和题型固化,高考命题年年有新姿态,年年又

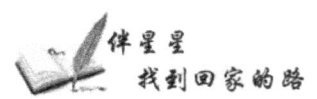

不超越语文教学大纲和考纲,使高考命题真正步入动态化、能力化、素养化、本真化、实效化的正途。绝不给猜题、押题,不给仿真化、应试化、功利化的"教考练"营造土壤和环境;同时还要高度重视语文学科的实践性和应用性,切实强化对考生语文能力和素养的考查,尤其要把听力考查付诸实施。鉴于此,我们热切期待在高考语文命题改革背景下,命题的思路和方式、方法等真的会来一个动态化、能力化、素质化和本真化的果决转身,强有力地导引一线语文教学不断优化教学生态,切实推进中学语文教学的返本归真和健康发展。

39. 语文学科高考备考领域外的"纷扰"

　　语文学科高考成绩不理想,尤其是阅读和写作板块的成绩更不尽如人意。反思这些问题时固然须眼睛向内,在语文学科高考备考领域找到问题的症结和解决问题的出路。这个视角内的意见和建议已经很充分了,这里不再老调重弹。其实,语文学科备考领域之外也一样"纷扰"重重,存在着许多深重的危机。这些"纷扰"和危机与功利主义、实用主义的语文教学互为因果,正日益严重地阻滞并危害着真语文教学,甚至把它逼上了绝路!下面,我们就依次来考察和剖析。

　　首先,来自高考命题领域的。大家都知道,高考试卷的几大主要板块无外乎字音字形、病句成语、名句名篇默写、古诗词鉴赏、文言文阅读、现代文阅读和写作等。

　　字音字形的考查,到目前为止,仍在采用选择题型,严重忽视语境运用能力的考查,至于听写之类的考查就更是遥不可及的幻想了。结果导致教师平时就一味地这样教学,这样组织考练;学生也就这样被动、瞎蒙地应付考练,实际运用能力却几无长进甚至负增长,语言文字素养越来越差。

　　成语、病句的考查也是长期采用半透明状态的选择题型,结果又导致教学一线长期死来死去地教学和考练,严重忽视回归生活情理的活教教活与活学学活。比如,"指鹿为马""炙手可热""弹冠相庆""目不窥园""举案齐眉"等成语,都是有其特定的典故、喻意和适用范围的,不可望文生义,胡乱使用。实际上,真正需要师生着心用力的,也就是这些有一定背景、容易望文生义,而大家却又都不肯用心深究的成语。对于这类成语,学生就必须深入典故和生活情理去学习和积累,更要在自己的生活中留心辨析和积累,并养成习惯,循序提升,以不变应万变。学生要这样学,教师就应该这样去教。

　　再比如,所谓的病句,说白了就是讲话不守汉语言的表述规矩,要么丢胳膊落腿儿(就是缺少必要成分),要么语无伦次(就是词语或成分次序不正确),要么浪费词语(就是成分赘余),要么语义不明(就是有歧义),要么不合逻辑(就是不合乎常理)。学生就该结合自己的表达实践,不断发现并总结自己在表达中常会犯的这些毛病,进而有针对性地在自己的表达实践中(如口头答题、做简述题、写随

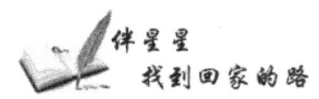

笔、做作文等)自觉矫正,并且还要在广义阅读实践中(如听说话,看电视,读课本、报刊、文学文艺作品等)自觉去发现并矫正。学生需要这样学,教师也就必须这样教,指导学生留心自己的学习生活、社会生活等,时时处处去自觉地发现并矫正病句,把自己所听到和读到的病句,自觉搜集、整理,汇总到专门的笔记本上。长期这样做,就会养成一种主动自觉地与不规范、不健康的语言做斗争的好习惯,直至达到能够用自己耳朵听出病句的程度,这还用愁考试不过关吗?

  名句名篇默写考查,命题也几十年不变规矩:上下句接龙,从不考察辨析和应用(只有个别省市有点儿尝试)。结果又是个教师死教、死考、死训练,学生则被考死、教死、练死和学死,成了死学生、死人生和死生活。有时命题人又不按"名句名篇"这个规矩出牌,如命制陈寅恪《王国维先生纪念碑》中的句子,还宣称学生要关注"时事名句",结果又把一线备考的师生导向了漫天撒网,大海捞针——有老师甚至连"人穷志短,马瘦毛长;人不为己,天诛地灭"这类低俗、反动的名句也要求学生死命地去背。可见,这样的备考训练,在某种程度上讲,对学生的学以致用、健康发展和提升等几乎不会产生什么正能量。

  文言文阅读考查,更是"千年不变"地只考文言词汇解释、语句翻译和文意理解,依据是《大纲》和《课标》只要求文言文教学要培养学生阅读浅易文言文的能力。但是,《课标》和《大纲》同时也要求语文教学要培养学生品读、赏析、探究和评价文学作品的能力,并没有特别说明古代文学作品可以例外。这样的文言文阅读考查,拒绝让考生进行赏析、思辨、探究和评判,无视古典作品照样能够促进人精神、人格和境界的发育与提升的功能。高考这样考,教师就这样教,长此下去,文言文教学除了把学生考练成"古典书橱"之外,还会有什么价值可言!这还要文言文教学干什么?干脆学生自己买几本译文书来自学不就可以应付高考了吗?学生学习文言文,主要是为了取其精华、去其糟粕,进而不断地修养和提升自己,绝非仅仅为了死记文言词汇的意思,翻译文言语句。更为可怕的是,还要考查文言文翻译,尤其强调考生要字字落实地进行翻译。10分的翻译题,又命了三道题,赋分3、3、4,结果往往只扣关键词的分数(每个句子一般有三个关键词,一个1分),不考虑句子通顺之类。结果呢,直接导致一线教师把文言文教学等同于字词解释,进而逼着学生去字字落实地翻译,根本就不考虑取其精华、去其糟粕,促进学生语言能力、精神、人格和境界的培育与提升之类。

  这里还需强调一点,就是文言语句有时是需要转译和意译的——有时甚至还不需要翻译,翻译了反而大煞风景,雅味全无。比如,"乌鸟私情,愿乞终养……臣生当陨首,死当结草"(摘自李密《陈情表》)之类的语句,怎么能够字字落实地翻译呢?只能意译或转译。再如,"此地有崇山峻岭,茂林修竹,又有清流激湍,映带左右"(摘自王羲之《兰亭集序》),这么美的语言,翻译成今天的大白话,岂不是都给糟蹋了?字字落实地考翻译,一线教师就不辨优劣地去这样教学,结果只会是教师死教死考、教死考死,学生死学学死!

古诗词鉴赏几十年不变地大卸八块、抽筋剥骨、鸡零狗碎地命制试题,直接导致备考乃至平时教学也直接这样做。古诗词鉴赏教学成了高考仿真训练,严重忽视学生深入阅读、体验和心灵感受,没有发自灵魂的共鸣和震撼,只有教师干巴巴的仿真讲解,只生硬地灌输写法、特点、主旨等,只教授答题法和应试技巧。岂不知学生鉴赏古诗词的真功夫就是靠一次次真阅读、真深入、真体验、真感受、真思考、真赏析、真感悟、真共鸣和真震撼来造就的。事实上,学生该怎么赏析就怎么教学,该怎么教学就该怎么考查,以获取不断螺旋上升的正能量,而我们所考的和做的一直正好与之相悖,前景是很令人深忧的。不仅如此,高考古诗词鉴赏试题的文面还常常"一丝不挂",一些超纲的字词或知识也大都不考虑作注释,结果导致学生几乎就读不懂,又何谈深读进去进行深度体验、感受、思辨和赏析?高考这样命题,备考又"高仿真"地做,大家都在"玩游戏",自然也就没有什么效果可言了。

现代文阅读鉴赏,尤其是文学类读本的阅读和鉴赏长期面临着一个严重的现实问题,就是试卷卷面有限,题面文字不宜多,必须对原文进行压缩。这样一来,往往就把文意压走了,而试题却照出。这种现象,每年的高考试题都会或轻或重地存在着——只要我们肯留心去审读。这样的试题显然很难保证学生做到思考全面,评析到位,答题周严。这个问题已有专家关注到了,而且年年依旧,这里就不展开谈了。一句话,这样考就这样教、这样备考,肯定会是危害不浅的。

作文命题,更是个"老大难"。几十年来,命题者先是嫌"议论文一统天下"太单一,对考生也不公平,就改成了"审读材料写议论文";接下来又嫌依材料写议论文过于狭窄,审题难度也太大,就又改成了"命题加文字解说且文体不限";再接下来又嫌这种命题太容易抄袭、克隆和宿构,现今又改成了"新材料作文(文体不限)"。折腾了一大圈,就是一个"怕"字,怕师生押题,怕形成僵死的套路,怕学生抄袭、克隆或宿构等。于是命题人就总绞尽脑汁地与备考的师生躲猫猫,于是命制出了"梯子不用横着放""行走在消逝中""山的沉稳,水的灵动""雨燕减肥"

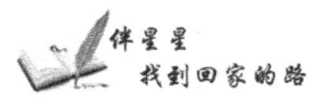

之类的怪题。高考命题这么怪,备考乃至平时考试也就会堂而皇之地一怪再怪,搞得学生苦不堪言,只好硬着头皮去熬日子,还哪有什么兴趣和信心学好写作文呢?其实,学生就该正常地学写作文,教师就该正常去教,高考也就该正常去考查,根本就没必要总躲猫猫或命制怪题。学生平时要多观察多阅读多体验多感受多思辨多感悟多练笔,教师就该依据学生学写的法子去教学、指导和督检,高考作文命题也不妨做到灵活多样,深接"地气"。比如,随试卷上的阅读文本之后命制随笔题、续写题、感悟题、仿写题、思辨题等,就是很好的选项,大可不必刻意回避学生的现实生活,故意"耍怪"。

最为可怕也最令人深忧的是,这种试题命制的模式化几十年无大变。不仅如此,还神秘兮兮地制定一个《高考考试说明》,放大所谓的命题权威性。结果直接导致高三语文教学瞄着高考试题的模块来死练死考死评,高一高二又仿照高三死教死仿,死练死考死评,最终把天下的语文都教成了模块化的"死应试",把天下的语文教师都"练考"成了"应试技工"。假如有一天只有《大纲》和《考纲》,不再搞这种几十年无大变的模式化,不再把这种模式化充分利益化,而是每年的高考试题都在《大纲》和《考纲》的域内做板块的取舍和出新,那至少会打破目前这种僵死的教学局面,会给高中语文教学的返本归真、健康发展带来一线希望。

其次,来自高考阅卷领域的。来自这个领域的具体因素主要有四:

一是,阅卷场上过于死板地抠答案要点。理解、赏析、探究类试题的答案绝不会是唯一的,说几点就是几点,说啥样就是啥样。然而,高考阅卷老师(尤其是经验不足的青年教师,有的还是硕士生)为了追求阅卷速度,只是一把尺子量到底,绝不肯动脑去认真掰扯答案的意思到底怎样,这就难免制造许多"冤假错案",大大打击和伤害了一线教师教学的积极性。

二是,不负责任地打太平分。试题答案审读起来很费脑力和气力,一些阅卷老师懒得去认真阅读和深究,于是干脆打个四平八稳的太平分,比如,5分的题给2分,6分的题给3分。如此这般,反正差不多,至于是否少评或多评一两分,谁去过问?

三是,不讲原则地保心理底线。比如,由于受命题影响,某年某省高考考生的作文十之六七不甚切题或跑题。若严格评卷,恐怕省高考作文均分就会大大下滑,甚至会影响社会的安定与和谐。于是,作文评卷就必须无原则地放宽审题要求,以保考生、家长和社会的心理底线,维护社会的安定与和谐,结果评出来的均分仍与前几年大致相当。诚然,心理底线是保住了,高中作文教学的质量底线和教师的敬业底线又有谁来担保呢？教得好与不好无所谓，反正高考作文阅卷场不会让天塌下来的。这种现象还是"绝后"为好！

四是，过于草率地制定所谓的红线。高考阅卷场上还常会制定一些所谓的红线。如，某个文言语句中的某几个关键词翻译正确就给满分，否则就错一个扣一分，直至扣光，而语句翻译的大意说得过去则一分不给；某理解、赏析或探究题的某要点甚至答案中的某一层意思缺了就扣分，从不考虑除此之外是否还有更有价值的答案要点。这样过于草率地制定所谓的红线，表面上看好像很客观公平，实际上只会导致教师瞄着所谓的评卷规则，更加不遗余力地死教死考死练，恶性循环，直至把阅读赏析教学彻底教死，推上绝路。更可怕的是，高考作文阅卷场上还常草率地把中规中矩的朴素议论文定为"大路货"，把一些很有创意的作文定为"胡编乱造"，把一些叙议结合的随笔定为"四不像"，把一些"我"为主人公、情节有点儿夸张的小小说定为"不真实"，进而一棍子打死。其实，这一棍子打死的何止考生的一篇作文，更是广大高中语文教师教好作文的信心和责任心！

五是，来自教辅资源领域的。我们都说高考怎么考导致了教师怎么教，实际上还导致了教辅资料怎么编写。最终是三者互为因果，促成了一种恶性循环，对教学、教育、学生，甚至对民族的未来都构成了严重的危害。综观当下的教辅资料，真正能引导教师真教语文、学生真学语文的十分少见，绝大多数都是在"马后炮"，都是在相互"借鉴"，甚至几十年都似曾相识。这样的教辅资料比比皆是，笔者就不再举例和评判了。只想强调一点，这样的教辅资料只会助推教师死教死考，学生死学死练，助长恶性因果循环不尽，造成无穷的危害。

此外，整个社会的价值取向过于单一也是一种不可忽视的重要因素。当下，考取名校、将来做"人上人"的价值取向仍是绝对的主流，哪个都不甘心将来做一个普通的实用型人才。这种社会思潮，较之二十世纪五六十年代甚至出现了严重的倒退。这样的社会思潮和价值取向，势必会大力助推甚至导致教育的异化，变成应试化、功利化的伪教育。这显然是另一个更深重的话题，这里就不再深入展开了。

当下，这些来自方方面面的"纷扰"正严重地危害、扭曲甚至异化着我们语文学科教学和高考备考，实质上也正危害着我们的学生和民族的未来。我们每一位有良知的"语文人"是否该做一做深刻的反思呢？是否该奉献一些正能量呢？

40. 请不要把自主招生的真经念歪

为什么要进行自主招生改革？大家嘴巴上唱的保准都是"公平"二字。这也是自主招生这段真经的真义。然而，这边自主招生政策一出台，那边"自主招生考试过关培训"的广告就雪片似的飞起来了。时至今日，已有十来年了，这种"过关培训"之风非但没有敛势，反而越刮越猛了，竟堂而皇之地刮遍了神州各地的大城市，如北京、上海、天津、南京、杭州、武汉、长沙、重庆、沈阳，等等。

先请看一段广告词：

招生对象：2014年准备参加清华大学、北京大学自主招生考试的优秀同学。

师资队伍构成：北京大学、清华大学、人民大学、北京师范大学等高校自主招生专家；参加北京教育考试院2013年高校自主招生考试阅卷组成员；人大附中、北大附中、清华附中等重点中学自主招生考试研究的学科专家；北约、华约、卓越等自主招生考试面试研究专家及部分面试考官；全国重点高校自主招生考试专用教材编写组主编及专家成员。

授课时间：2月20日至25日（上午9:00~12:00，下午14:00~17:00，晚上18:00~21:00；含模拟考试）。

收费标准：文科10 000元/人，理科：15 000元/人（含食宿费，不含往返交通费）。

这类广告，现如今网上到处都是。这不，前几天笔者又接到了两家这种培训机构发来的广告函——组织学生参与的老师还可以根据所组织的人数享有一定比例的金钱奖励。大家不妨扳着手指头算一下，这种所谓的自主招生预先冲刺培训费竟日均2 500元（理科），每个课时竟两百六十元上下——这还不算最高的！我们不仅要问，究竟给学生培训了些什么啊！这一封闭一冲刺，真如此非同寻常，简直就是日进斗金！

这样的培训班，有钱人想烧钱买个"进门"优势，一些人又想凭借自身的资源优势挣点儿外快，这看起来该是一种愿打愿挨的"双赢"，似乎并不碍别人什么事。不过，据可靠消息，参加这种培训班的学生还真的就有些优势啊。于是，一些学校就顺应形势，积极组织人力物力投入其中，勾兑、疏通，结果还真的就"战果辉煌"啊。有的培训机构还办什么高价的"特色VIP包过精品班"，一周的课程竟收费两三万元！我们不禁要问:怎么能做到"包过"呢？不过就是玩"老鼠打洞偷油喝"之类的游戏而已。这里面的猫腻大家都懂的，就不必点得太明了。这自主招生改革本来是为了给素质全面、个性发展的学生一次公平竞争的机会，是为了昭示教育的公平的。然而还是有人趁机公开用金钱再制造新的不公平，还是有人堂而皇之地把它"改革"成了靠山吃山的"红利增长极"。

现在，中学教师课外补课挣点儿钱早已被亮红灯了，参与补课的老师都成了人人喊打的"过街老鼠"，而一些"专家"却可以充分发掘和利用资源优势来理所当然地大捞外快——却一点儿也听不到喊打之声。谈到这里，我们不妨大胆地做个假设:假如自主招生改革仅仅是为某些有优势的部门、团体或个人提供获取"改革红利"的机会，仅仅是为某些富人用金钱为子女买上好大学的机会创造合法条件，那就是在彻底剥夺穷人、老实人和正直人的公平权利。这样的教育改革，除了滋生腐败土壤、败坏社会风气、破坏社会和谐之外，还有什么意义可言呢？事实上，自主招生改革，从诞生的那一天开始就该彻底拒绝这种所谓的过关培训。然而，不幸的是，这种改革却早已实实在在、一天比一天红火地为某些靠山吃山的利益集团创造着"红利蛋糕"。这就是我国教育改革长期吼得凶、不见效、反倒问题越来越多的一个重要原因。对此，希望大家都能够心平气和地、十分冷静地深刻反思——我们的改革一定要玩真的了！假如就这样一天天地玩下去，肯定会一点点把教育者的那点儿起码的良心都玩光的，把学校教人求真的校训都玩倒的，把国家教育事业的底盘玩掉的，把民族崇真向上、文明发展的一点儿信心玩碎的。结果到底会如何呢？大家都懂的。

最后我还是想说几句:请一些"有本事"的人，不要总是动教育改革的歪主意，或者总是在为自己的歪主意想什么改革的新举措。教育改革的真经，绝不能再允许某些人为满足私欲而故意往歪里念了。

41. 对新高考改革方案的几点冷思考

新一轮高考改革已经拉开序幕,在沪浙两省先行试点,方案也都公布了。新的高考改革方案到底如何,有人总结出了三大变化(参见 2014 年 9 月 20 日《扬子晚报》):

第一大变化是新高考不分文理科:

沪:高考成绩总分满分 660 分。高考成绩由语文、数学、外语三门统一高考成绩和学生自主选择的普通高中学业水平等级性考试科目成绩构成,不分文理。其中,语文、数学、外语每门满分 150 分,三门普通高中学业水平等级性考试科目每门满分 70 分。

浙:高考成绩总分满分 750 分。高考必考科目为语文、数学、外语三门。选考科目:考生根据本人兴趣特长和拟报考学校及专业的要求,从思想政治、历史、地理、物理、化学、生物、技术(含通用技术和信息技术)七门设有加试题的高中学考科目中,选择三门作为高考选考科目。语文、数学、外语每门满分 150 分,得分计入考生总成绩;选考科目按等级赋分,每门满分 100 分。

第二大变化是外语考试一年两考:

沪:外语考试一年举行两次,一次在六月高考,另外一次安排在每年 1 月。外语考试包括笔试和听说测试,引导外语教学注重应用能力的培养。高中生最多参加两次外语考试,可选择其中较好的一次成绩计入高考总分。

浙:外语每年安排两次考试,一次在 6 月与语文、数学同期进行,考试对象限于当年高考考生;一次在 10 月与选考科目同期进行。

第三大变化是"学测"实行等级赋分:

沪:新方案里,思想政治、历史、地理、物理、化学、生命科学六门科目设合格性和等级性考试。高中生可根据自身特长和兴趣,选择学习其中 3 门科目并参加相应的等级性考试。普通高中学业水平考试各科目考试分散在高中三年,随教随考随清。逐步探索普通高中学业水平考试向不同年级学生开放、提供两次及以上考试机会的可行性。等级性考试成绩以合格性考试成绩合格为基础,按照等第呈现为 A、B、C、D、E 五等,分别占 15%、30%、30%、20% 和 5%。普通高中学业水平等级性考试成绩在计入高考总分时,由五等细化为 A+、A、B+、B、B-、C+、C、C-、D+、D、E 共 11 级,A+ 为满分 70 分,E 计 40 分。相邻两级之间的分差均为 3 分。

浙:新方案里考生可根据本人兴趣特长和拟报考学校及专业的要求,从思想政治、历史、地理、物理、化学、生物、技术(含通用技术和信息技术)七门设有加试题的高中学考科目中,选择三门作为高考选考科目。选考科目按等级赋分,每门满分 100 分。选考科目每年安排两次考试,分别在 4 月和 10 月进行。

看到这"三大变化",我们不能否认,这套高考改革方案草拟者的初衷是好的,确实想为学生的全面发展、个性发展和高考选拔的公平公正等做出一个比较理想的方案。但是,面对这"三大变化"我想得更多的是现实操作。从一线学校和教师落实的角度看,我认为,这套方案只不过是形式发生了一点儿"物理"变化,实质上并不可能发生什么大变化。也就是说,这套方案还不能够从根本上打破拼命"考高分上好大学"的极端应试主义局面,从实质上改变当前的应试教育评价机制。为什么要这样讲呢?因为实际操作起来,这样的高考改革方案,学生的(也包括老师的)负担非但无法减轻,很有可能反而更重了——尤其一些学校"折腾"所带来的那些无谓的负担。为此,我们不能不冷静下来思考这么几点:

其一,这套新高考改革方案实质上并不能阻止一线学校按应试需求实施分科教学。表面上看,新高考方案讲得确实很理想,其方案设计是不分文理科的。然而,非常遗憾的是,方案并没有彻底堵死一线学校实际操作上仍会分科的漏洞。表面上说是不分科,实质上只不过是一种理想的表述而已。何出此言呢?大家不妨想一想,既然有选科的规定,就不要指望学校、家长和学生会在现实操作中不选科。其实,无论是学校还是家长和学生,骨子里还是先分好了科的,甚至有的学校还会暗箱或变相分科的。最可能出现的状况是:原来还在明里操作分科,这回则必须得"讲点艺术"暗箱操作了,更要在"表里不一"上多动脑筋了。这样一来,确实与原来大不一样了:原来是分科就分科,用不着再去动脑筋弄虚作假,这回是一定要做好"上有政策,下有对策"的。不妨再推想一下,这种弄虚作假的做法对教学生学做真人肯定会很有害的。按理说,基础教育阶段的学科设置都应该是对学生健康成长有益的,也都是学生应该学好的,根本就没有必要选科。而现今的这种新高考改革方案,我们根本就看不到一个很到位的解决策略和方法!

其二,这套高考方案所带来的机会更多是通过应试来获取高分的机会。上海和浙江都是外语一年两考,浙江的学业水平测试也采取两考制。有人说,考生机

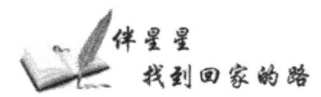

会变多了。我们不妨追问一下,到底是什么机会变多了?究其实质,不过是考试得高分的机会变多了而已。如今,哪所学校哪位家长哪个学生不都是在挤破脑袋想得高分?如果第一次高考没有得到理想的高分,哪个傻瓜又会自动放弃自己再考一次来得高分的机会呢?说实在话,如果给学生更多的高考机会,很多人恐怕都会选择不得到最理想的分数不罢休的。如此看来,这不明显是拼死应考去博取高分的次数更多了吗?结果只会更加重师生的负担而已。也许还会有人认为,沪浙两地都采取了合格性和等级赋分的方式,这样不仅给考生减负,而且更加科学、公平。那么请问,为什么要划分那么多等级呢?面上的理由肯定是为了考生公平,而实际操作则是根本无法回避更加激烈的竞争的。一个几分之差的小等级,就可能决定孩子的前途和命运啊!还要一年两考,岂不是更增加应试竞争的激烈程度了吗?师生的压力和负担不都更重了吗?

其三,这样的高考改革方案并不能真正矫正语数外三大主科高考命题的模式化倾向。从这个新高考改革方案中我们不难看出:语数外三科仍是必考科目,我们却没有从中嗅到一点儿如何彻底拒绝这三大主科命题的模式化以及因此而带来的僵死化和技术化,尤其是没有看出一点儿如何变高考命题模式化为动态化、能力化和素质化的实质性要求。以往三大学科试卷,都是分多少个固定板块,各个板块又固定出什么题型和多少道题(多少分值等都是基本固定)。这以后,三大学科高考命题仍会沿袭这种模式。这样的高考命题,仍会继续引导着"教辅"和"考辅"资料的模式化和"高仿真化",仍会指挥广大一线教师教学及备考指导与训练的"极端应试化"和"高仿真化"。也就是高考考什么就"教练考"什么,高考怎么考就怎么"教考练",教师整天按着一个"模子"教和考,学生整天也就按照这个"模子"学练考,就是高中一二年级的教学也都如此地同步高仿真化了。这样的极端应试化教学,仍会继续危害学科教学,浪费学生宝贵的青春,最终使学生仅仅成为做题的机器!

接下来,再说几句实在话。单凭这套高考改革方案,是很难扭转"高考指挥棒"下极端应试主义泛滥成灾局面的,甚至还有可能导致一线教学极端应试化的进一步加剧。事实上,假如实务性和技术性劳动者的劳动报酬、经济地位得不到提升,没有一个比较理想的社会地位,假如蔑视劳动、不尊重一线劳动者的大气候得不到彻底改善,假如整个社会的人生价值取向仍旧那么单一(仍不过是"读书考好大学,将来做人上人"的人才观和价值观),那么又怎么会形成真正意义上的尊重人、激励人、发展人和提升人的社会氛围呢？没有这样的社会氛围，也确实不可能产生什么更理想的高考改革方案。这也确实有点儿难为制定方案的专家了。所以，也请大家先不要忙着对新高考改革方案过于兴奋。

最后，我还要强调一点，高考改革是社会进步、教育发展的必然选择，但必须在彻底打破极端应试主义上狠下功夫，必须采取动态化、素质化和人性化的命题变革，必须勇于放弃一部分应试教育集团的切身利益。否则，就不可能反过来促进社会氛围的好转，就不可能给真正进行素质教育改革的人们带来希望！可见，高考改革必须进行，但也一定要审慎而行啊！

42. 高考状元有什么好炒的

　　近几年,高考之后热炒状元的现象已大大降温了,这应该是一种进步。尤其是江苏省,鉴于省教育厅的"七项规定",各大市、学校以及媒体都慑于规定的制约而不再炒高考状元了,至少各地市、各县区乃至各学校都低调多了,或者说有点儿不大好意思炒了。但是,不知什么原因,2014年高考后,某些媒体又不安分了,什么省文理科状元,什么各大市文理科状元,又大张旗鼓地热炒起来。对此,我的看法仍是:高考状元有什么好炒的!理由主要有以下几点:

　　第一,高考状元的诞生有很大的偶然性。做出这样判断主要有三个理由:一是高考也不过就是一次考试而已。既然是一次考试,就会有学生适应,有学生不大适应。对于那些不大适应的考生而言,这次考试肯定是没有考状元的机会的,任你平时学得多么好、考得多么突出。凡是教过高三的老师都很清楚,学校或班级的学科或总分第一名一般都是"皇帝轮流做"的。既然高考也不过就是一次考试而已,第一名又轮到哪个考生头上,也应该是个未知数。二是高考那几天考生的生理、心理、体力、心态等还必须都处于最佳时期。如果不是这样,就是考生平时再优秀也不一定发挥得很令人满意,就更不要指望超水平发挥了。平时参加半期、期末考试和月考等,学生就会经常出现这种情况,高考也仅仅是一次考试而已,也不可能例外,更何况面临高考学生总会自觉不自觉地产生一些心理压力的。三是高考阅卷的偶然性,尤其是语文学科。实事求是地讲,数学、英语之类学科的试题,答的对就对错就错,几乎没有什么判分误差。当然,英语也有作文之类,但分值不高,且实用性强,考生得分的差距并不大。语文学科就不同了,主观的阅读鉴赏题和作文题都是有很大的判分误差空间的,尤其是作文评分更是受阅卷人主观感受的制约。同样的答案,不同的阅卷老师评分的误差是比较大的,作文评分更是如此。有时一篇满分70分的作文,两位阅卷老师的评分误差竟会高达30分!状元的作文肯定是需要得高分的,但必须两位阅卷老师的感觉都很好,都打高分。这种机会真是太难得了——而这本身又是个极大的偶然性。

　　第二,当年的高考状元离校投身社会后,大多湮没无闻。据报道,"高考状元研究"课题组专家赵德国,调查了自1952年至2011年全国范围内的1 400名高考状元,调查结论跟前者不谋而合。其中仅有三名当选中国科学院和中国工程院院士,分别是1955年广西高考理科状元、上海交通大学雷啸霖教授,1958年辽宁高考理科状元、哈尔滨工业大学杜善义教授,1965年福建高考理科状元、华南理工大学吴硕贤教授。他们均毕业于二十世纪五六十年代。这就意味着1977年恢复高考后的高考状元尚无一人成为职场状元。当然,知名的专家教授还是有一些的,但数量并不多。如,有一名当选美国艺术与科学学院院士,是1978年上海高考理科状元,美国哈佛大学的袁均英教授;一名入选中国杰出人文社会科学家名单,是1977年江苏高考文科状元,南京大学的童星教授;一名入选"千人计划"学者,是1980年浙江理科状元,上海交通大学的蔡申瓯教授。另外有两名高考状元当选"长江学者"等,分别是1977年安徽理科状元,中国科技大学的叶如钢教授,1977年江苏理科状元,中南大学的潘毅教授。1980年以后这类高端专家教授就几乎没有了(据2012年7月17日《快乐老人报》消息整理)。

为什么会这样呢?原因并不复杂:"高考状元"为了追求高分,往往把精力用于解题、用于死记硬背。时间是一个常数,当他们把全部的精力都用于背书和解题时,不免顾此失彼,创造性的思维能力必然大受限制。人的创造性、想象力、思辨力,是培养一位顶尖人才所必具的品质。"高考状元"多数只有分数的优势,一旦走向社会,其死读书的短处就显出来了。所以,他们中间的许多人难以成为顶尖人才也就不是偶然的了。个人在职场成功的关键因素并不全部在于智力,而在于个性、情绪智力和持之以恒的毅力等非智力因素。考察一个人的真才实学,主要标尺是看他能不能做到活读书,能不能活学活用书本知识来解决社会实践、科学研究和生产实践中的各种难题。人的一生是多次博弈的过程,不要把"宝"全押在分数上。一个人的成才,机会多得很,看你是否能够及时抓住。

第三,高考状元追捧热门学科,农学至今无状元问津。从中国校友会网调查到的1977~2012年中国各省市自治区高考状元就读学科专业分布来看,选择就读经济学和管理学的高考状元人数最多,有522名,位居各学科门类首位,占总数的37.85%;其次是选择工学的,有324名状元,居第二,占总数的23.50%;理学有221名,居第三,占总数的16.03%;法学有110名,居第四;文学有84名,居第五;医学有17名,居第六;历史学有9名,居第七;哲学有7名,居第八;教育学有4名,居第九;艺术学有2名,位居第十。不仅如此,很多高考状元还以北大、清华等名牌学校为跳板,通过留学等渠道到美国、德国、加拿大、澳大利亚等西方发达国

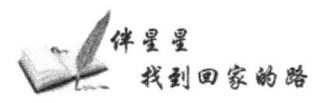

家去工作了。我们这样讲,并不是想说,只要高考状元肯献身农学就可以热炒了;更不是说,不这样热炒就一定会有高考状元问津农学了。我们只想强调,我们所热炒、热捧的高考状元们从来就不想献身于平凡、艰苦且又很重要的农业研究。我国是一个农业大国,但令人遗憾的是,1978年恢复高考以来,农学尚无高考状元问津,这显然与我国从农业大国变身为农业强国的国家战略是很不相符的。同时,大量的高考状元都移居国外,为西方发达国家效力,不再是实现"中国梦"的中坚了。这就更不值得热捧和热炒了。当然,高考状元们都有自己人生发展的自主选择权,但是这样的现象还是很值得我们深刻反思的,尤其要反思社会的深层原因。

　　说到底,高考状元只不过是一次考试的头名。他们的出现当然应该是一个学生的天赋、情商、志向、勤奋与家庭的生活条件、生存环境、教育方式及其就读中学的办学理念、教师水平、教学方法等诸多因素结合的产物。但是,这种"热炒状元风"又悄然刮起来了,这至少意味着"应试主义"在回潮,又在兴风作浪,推波助澜。对此,我们必须要有清醒的认识:其一,极端"应试主义"害教育害学生的局面绝不能再继续下去了。出了状元的学校绝不意味着以生为本的素质教育就搞得好,往往可能是把应试教育搞得更彻底;没有考出状元的学校也不意味着素质教育工作就绝对做得差,只是社会大环境漠视甚至无视它罢了。基础教育必须能够积极促进学生身心健康、个性发展,必须能够为学生未来的发展与幸福奠基,绝不是靠考出几个状元来一俊遮百丑,更不该把考出状元作为将应试教育进行到底的精神动力。其二,中学和大学应转变人才培养观念和教育模式。教师应积极帮助学生培养自我管理与自我发展的能力素养,为他们将来的职场成功打下最坚实的教育基础,从而改变过去几十年来高考状元教育投资回报率过低的问题。其三,社会和用人单位也应该反思人才选拔和用人机制,选人用人要注重德才兼备,还要重视对人才的兴趣和事业心的培养,加强引导,注重培养,给足支持,鼓励拔尖,追求卓越,实现创新,为高考状元变身职场状元创造宽松的工作环境和人文氛围。

43. 假如能像刹"四风"一样狠刹"极端应试风"

"十八大"以来,有案必查,有腐必惩,通过有效严肃的查处,纪检监察机关的反腐震慑力得以发挥,中央惩治腐败的决心得以彰显,腐败蔓延势头以及形式主义、官僚主义、享乐主义和奢靡之风"四风"得以有效遏制。有专家这样总结评价党中央反腐凸显成效的原因:一是高层特别重视,亲自推动;二是密集出拳,查办、约谈、巡视、清退会员卡、设网络举报监督专区,环环相扣的密集组合拳,取得了显著的成效;三是群众参与,形成反腐的人民战争,网络反腐成效显著,实名举报不断涌现。

由此我不禁想起了当下的高中教育。现在,很多高中学校都在一门心思搞极端应试化教育:师生加班加点,早晚开设自习,节假日都不休息,高三年级一年只放几天假;课程不全开,课时安排弄虚作假;课后过度布置作业,逼着学生天天熬夜;课堂死教死灌死练死考,把学校搞成死教死学死练死考恶性循环的"应试教育训练场"……这一切表面上看是对学生、家长和社会负责,实则对学生、家长、社会乃至民族的未来已构成了极大危害,恰恰是最大的不负责任!

说到底,极端应试教育就是一种"目中无学生""心里没未来"的教育。在这样的教育环境中,教师不充分调动学生的生活体验和生命积淀,不教给学生规律和方法,不给学生预设真讨论、真探究的问题和环境,极不重视培养能力、自觉和习惯;学生只能是学死练死考死,心里只有"高分数"和"好大学",没有他人,没有社会。一些分数高的所谓尖子生,一俊遮百丑,什么荣誉和好事都会给他们,甚至老师、家长和学校都要看着他们的脸色行事,生怕哪句话没对心情、哪件事没"做明白"影响他们考清华、北大,考名牌大学,进而影响了学校的声誉。这些学生被娇惯得只能顺不可逆,一心只想着自己将来做人上人,心理脆弱,人性缺乏,自私自利,没有爱心,人格极不健全,责任感和担当情怀几乎归零。学生身处其中,人性也渐渐被扭曲,一点点变得心地自私狭隘,人格被动依赖,而创造力、担当意识、博爱情怀、奉献精神等也很难在教育过程中得到培养。实际上,如此搞极端应试化教育,就算学生考上大学了,又怎样呢?不妨再请看一位在校大学生发给我的帖子中的一段话:

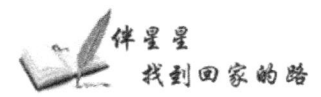

应试教育的产物就好比小儿麻痹症的患者,就算有一个健全的大脑,也很难避免手脚的残疾!从小到大,耐挫能力差,动手能力差,自理能力差等呼声一直都在陪伴我们,可是这一切却一直都只是说说而已,对于庞大的学生群体,几乎就没有什么大改观!从很久以前的马加爵,到如今的复旦大学投毒事件,都在对应试教育发起挑战!成才不成人,这真的就是教育的目的吗?!敢问一句,人的品性真的可以单独用成绩来考量吗?教育系统把这些教育的半成品投入大学,甚至直接投入社会,这和一个投毒者有什么区别?!应试教育的悲剧,请不要再不断地重演了!

这位在校大学生发自内心的质疑和呼喊,理应引起我们的高度重视了。

当然,这固然与如今的大学随意升格、盲目扩招,只重视收取学费,不重视师资队伍建设和学生德才兼备、人格健全等因素都有很大关系。但是,我们不该也不能回避的是,这也是中小学校,尤其是高中阶段的学校只认高分数,不管学生身心健康,大搞特搞应试教育,榨干学生的智商、泯灭学生的情商、阉割学生的自觉意识和自主能力的直接恶果!这种极端应试化的学校教育,对孩子未来的发展和幸福,对中国的文明进步,对中华民族的繁荣昌盛等都是十分不利的。然而,应试教育这根链条似乎又一直都在牵扯着太多人的利益。比如,炫耀命题动向的高考信息"专家",兜售"高仿真应试术"的应试指导"专家"以及阅卷产业、教辅产业、考辅产业、招生产业等链条上的商家,还有以高考升学率为政绩的各级领导等。为此,有的人是可以为一己私利把学生仅仅作为极端应试化的工具,甚至不惜牺牲掉孩子的身心健康和未来发展与幸福的。可见,极端应试化这个顽疾之所以很难治愈,不仅仅因为国人的"应试教育"理念特别顽固,也缘于很多既得利益者骨子里的"私"字放不下。

写到这里,我不禁联想,假如我们也能像利"四风"一样,狠刹这种"极端应试化"的歪风,先建好反应试教育的法规"笼子",再将顶风违规违纪者毫不留情地关进"笼子"。也来个高层特别重视,亲自推动,查办、约谈、巡视,加设网络举报监督专区,也做到环环相扣、密集出拳,群众参与、实名举报,雷厉风行,令行禁止,使一些人再也不敢搞、不想搞、不能搞这种极端应试化教育。果真能如此,我相信,"教育资源不均衡""'高考指挥棒'由来已久""'学而优则仕'根深蒂固""一定要读书考名牌大学,将来做人上人""每家一个孩子谁也输不起"等等论调,一定会消停许多。

我们有理由热切地期待着……

教育随感篇

  教育的实质就在于培养学生的良好习惯,发展和提升人。为此,学校的所有教育活动,哪怕是各学科教与学、练与测,课上听课和课下做作业等日常环节也必须指向良好习惯的培养和人格的发展与提升。要彻底拒绝"假大空",摒弃极端应试主义思想,唯有如此,我们才能够收获更自然、更真实、更喜人的教育果实。

44. 绩效工资理应给力于真出绩效

何谓绩效工资呢？目前的主流提法一般都这样表述：绩效工资，又称绩效加薪、奖励工资或与评估挂钩的工资。绩效工资由四部分组成：基本工资、年龄工资、岗位工资、奖励工资。

据当年的报道，我国事业单位岗位绩效工资制度分三步实施：第一步，从2009年1月1日起先在义务教育学校实施；第二步，配合医药卫生体制改革，特别是实行基本药物制度后，从2009年10月1日起，在疾病预防控制、健康教育、妇幼保健、精神卫生、应急救治、采供血、卫生监督等专业公共卫生机构和乡镇卫生院、城市社区卫生服务机构等基层医疗卫生事业单位实施；第三步，从2010年1月1日起，在其他事业单位实施。

高中教育阶段的学校，既非义务教育阶段的学校，也非基层医疗卫生事业单位，当然就该归属于这个"其他事业单位"了。按照国务院当年的部署，高中教育阶段学校实施岗位绩效工资制度本该在2010年1月1日起就全面实施，但时至今日，仍有很多高中学校并未真正实施。理由很简单，只有两个字——很难！为什么这么难呢？原因就在于实际情况远非决策者想象的那么简单。不过，还是有一些高中学校率先施行了"绩效工资"。那就请让我们来晒晒绩效工资这个"角色"在一些高中学校究竟是怎样"表演"的吧。

目前，在一些高中学校，"绩效工资"这个"角色"几乎都是这样"表演"的：绩效工资是奖励性工资，其中70%部分每月发放在教师工资中，而30%部分由单位考核之后发放。结果呢，在几乎所有的高中学校，这30%奖励工资的重心就指向了学校的领导和应试教育。学校各级领导要高指数，高三教师要高指数，高考学科（语数外学科）教师要高指数，就是要根据这个学科试卷总分数的多少来制定高低不同的指数，如，外语学科不如语文和数学学科指数高，政史和理化等学科不如语数外学科指数高，等等。早晚自习、休息日加班上课要高指数，等等。如此一通"高指数"之争后，真正的课改成果奖、教研成果奖、突出贡献奖、优秀模范奖等就都几乎没有什么"指数"了。如果非要奖励一下，还得靠自筹资金——没有自筹资金的学校就干脆不言奖励。理由也很简单：这样的教师毕竟是极少数，极少

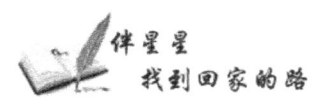

数人怎能侵占绝大多数人的利益呢？于是乎，这30%的奖励工资的重心就倾向了领导、应试和分数，甚至干脆就倒在了把学生直接等同于分数的"反教育"行为的怀抱。因为，在一些人看来，再不会有任何东西比分数来得更实在、可靠，更货真价实了。细一琢磨，在当今这个教育大背景下，一些高中学校如此分配绩效工资，似乎也很合情在理，还真的没有什么更好的办法。这样一来，这30%奖励工资的主体也就流向了它本不该归属的地方，这又怎么可能真正促进素质教育的强力推进和健康发展呢？这30%奖励工资还直接导致一些高中学校的"窝里斗"，你怒我噪、你踩我蹭地搞得领导和教师、教师和教师很不和谐，严重影响了教学和科研的积极性和主动性。真正搞素质教育的，真正为学生身心健康和一辈子发展着想的教师，大多会因学生应试成绩不够理想而难以得到高等级"绩效工资"的青睐。要说，这30%的工资也不是小数，却没有真正花到对素质教育的真推进和真发展上，还在领导干部和教师之间、学科教师之间、学年段教师之间、普通教师和模范优秀教师之间制造了诸多错综复杂的矛盾，甚至还搞得矛盾很深。这样的绩效工资制度，我们还要它干什么呢？

再看看义务教育阶段的状况。谁都知道，义务教育阶段与高考不大沾边，也不存在什么高考科目、非高考科目、早晚自习、休息日加班之类，所以也就少了那么多的"高指数"。于是，这30%奖励工资也就基本平均地发放了。这平均主义"大锅饭"换来的是不求进取，只求平均，和气一团，其乐融融。至于有贡献者是否真的需要些奖励，倒也不太惹人关注了——反正大家都很平凡、很平淡甚至很平庸，就是你想突出冒尖一些，也必须装作很平凡、很平淡甚至很平庸。这种整体化的甘于很平凡、很平淡甚至很平庸的风气非但没有受到矫正，反而还得到了绩效工资的鼓励与支持。这种风气长期发展下去，究竟对学生、对教师、对教育事业、对国家和民族的未来又会有什么好处呢？

其实，中小学校所实施的绩效工资不仅危害真教育、损伤广大教师积极性、主动性、进取心和奉献精神等，它还存在着天生的缺陷，我们不妨再做更为深入的思考。

首先，我认为，既然叫绩效工资，那就统统按绩效来发放，绩效高就多，绩效低就少，根本就无需分割成基本工资、年龄工资、岗位工资、奖励工资四部分。可以按月考核，根据不同的表现、业绩来定多寡，这虽有点麻烦，但还是行得通的。可是，现在却人为地规定基本工资、年龄工资、岗位工资这三部分占70%，奖励工资占30%。其中那70%人人有份，无需任何考核就按月发放。我们不禁要问，这样平均发放还能叫绩效工资吗？既然不可以叫绩效工资,那又何必要生造"绩效工资"的概念呢？既然都不该有这个概念,那我们还实施它干什么呢？有人可能会说,那70%是基本工资、年龄工资、岗位工资、奖励工资四部分中的70%,是先发给大家过生活的,留出其中的30%年终考核后再发放,作为一年的绩效奖励。这又引出了一个新问题：这种扣除30%工资来作绩效奖励的做法在法律上站得住脚吗？那可都是受教师法、劳动法保护的教师个人劳动报酬啊！依我看,绩效工资从它一开始就是个荒诞的伪命题。

其次,我认为,"绩效工资并不是从教师的固定工资中扣除一部分钱来发放"这个说法过于滑稽,大有"此地无银"之嫌。事实上,每月发放给教师的那70%部分工资大都远低于没有实施绩效工资之前的中小学教师工资总额,一般也就相当于原工资的七成。也就是说,即使把"70%"部分与"30%"部分加在一起,也仅仅相当于未实施绩效工资之前的教师工资总额,其至还会略低一些（尤其是高中教师）。这就足以说明,原本该100%发给教师的工资现在却被人为地扣除了30%,用来作为奖励工资了。说白了,也就是要教师们自己拿出30%的工资来奖励自己,来搞你多了我少了的争斗游戏,却还被滑稽地解读成"并不是从教师的固定工资中扣除一部分钱来发放"。有人说,这叫做在羊身上剪下绒毛,织成毛衣后再奖励给那只被剪毛的羊。之所以要进行这样的工资改革,据有关权威部门论证,如此改革工资制度可以提高教师待遇和工作积极性、主动性,增强他们的责任感和奉献心云云。既然是这样,那么起码应该保证改革后比改革前有所提高和改善,而绝不是基本持平或降低！请问,这样绩效工资改革还有可能发挥出它的理想作用吗？更何况那30%奖励工资的流向还很不理想（前文已提及,不再赘言）。依我看,既然想通过奖励工资来提高和增强教师工作的积极性、主动性、责任心和奉献精神,那就该在百分之百（70%＋30%）的工资发放之后再增加30%的奖励工资。谁真的有突出业绩和贡献就奖励给谁,就像国家和各级政府部门所设立的"科技进步奖""杰出贡献奖"之类一样,恐怕没有几个人真会去眼红的——无功不受禄嘛。否则,恐怕就很难发挥奖励工资的效力了。不仅不能,反而还会大大挫伤教师们的积极性、主动性、责任心和奉献精神。总之,就算真的为了充分调动教师们的积极性、主动性、责任心和奉献精神,就算是真的为了提高教书育人的效益,领导者也万不该只是在教师本该百分之百得到的那点儿工资上再发掘什么"潜力"。

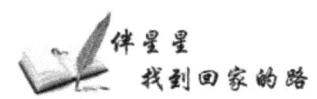

再次，我认为，扣除教师工资的 30% 来作奖励工资的做法也是违法的。《中华人民共和国教育法》和《中华人民共和国教师法》都明文规定：要按月足额地给教师发放工资。如此把教师工资三七开、拿出 30% 来作为奖励工资，还要辩称"并不是从教师的固定工资中扣除一部分钱来发放"，这种做法不仅有昧良知，也严重违反了教育法和教师法的有关规定。这样一想，问题可就更严重了。不过，在我们这个古老的国度，违法乱纪似乎早已不足为奇了，尤其是一些实权衙门，不然就不会诞生出这么个根子上就无视相关法律法规的怪胎——绩效工资制度了。

可见，中小学校所实施的绩效工资制度，在实施过程中走向了它初始理想的反面，对推进素质教育、深化新课程改革、调动广大教师的积极性和创造性，非但无益反而有害，除了激发消极甚或阻碍进取的因素之外，几乎就不能再发挥什么正能量了。绩效工资如不能给力于真出绩效，甚至对真出绩效还起负作用，那恐怕就得考虑退出中小学校了。

45. 对当前素质教育的再思考

素质教育到底是什么样的，目前学术界的定义还真不少。我比较认可的提法是：素质教育是教育者基于个体发展和社会发展的需要，利用各种有利条件，通过多种有效途径，以适当的方法引导全体受教育者积极主动地最大限度地开发自身的潜能，提高自身的整体素质，并实现个性充分而自由发展的教育。这里还必须强调几点：一是必须面向全体学生；二是必须让全体学生主动发展；三是必须让全体学生个性获得充分而自由发展；四是必须让全体学生获得德、智、体、美等全面发展。

为了让大家进一步明显地看出素质教育的优势，我接下来再把素质教育和应试教育做一下区分：在教育的目的上，素质教育追求学生素质即德、智、体、美等的全面发展；而应试教育旨在应付考试，片面追求升学率。在教育对象上，素质教育强调面向全体学生；应试教育则把学校工作放在少数所谓优秀的、有升学前途的学生身上。在教育内容上，素质教育重视德育、智育、体育、美育、劳动技术教育等"全面开花"，把这几项教育有机结合起来；而应试教育则只重智育，片面强调对知识的掌握，严重忽视学生的德、体、美、劳等方面的教育。在教育方法上，素质教育注意在一定共同要求的基础上对学生因材施教；应试教育则只是对少数学生提出"升学"应试的统一要求，并不去实现因材施教。在教育评价上素质教育要求从德、智、体、美、劳等各个方面来评价学生的素质水平；应试教育则把考试作为唯一的评价渠道，将分数作为唯一的评价标准。在教育结果上，素质教育"不求个个升学，但愿人人得到发展和提升"，每个学生最好都能达到"及格+特长"的标准；应试教育则只成就少数人升学，获得成功，而大多数学生的特质发展却被严重忽略，以失败者的心态走向社会，奔赴人生之途。

事实上，这些道理大家似乎还都明白。但素质教育我们毕竟已经喊了几十年了，却仍罕见一些令人满意的改革成果，尤其是高中教育阶段，更是仍让人感受到一股浓烈的伪化、畸形、变质的味道。

先说说这伪化的味道。当下的中小学校，没有哪一所不在信誓旦旦——如何实施素质教育的——各级各类的教育工作计划和总结、教育会议、教育论坛等，无

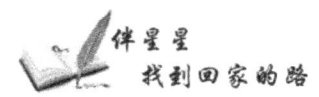

不都在高谈阔论着。尤其是一些高中学校,更是面上把素质教育搞得轰轰烈烈,而内里却总是一门心思、扎扎实实地在抓高考升学率。实施素质教育只是装样子讲给别人听的,写给或做给别人看的。之所以要在表面上搞得轰轰烈烈,仅仅是为了显示自己如何如何重视,而绝不是真想实打实地去做,离学科教学和师生身心的实际还远着呢。说实话,素质教育实施的主渠道本就该是学科教学,也只有把它有机融入其中,才会真的能大有作为,才可以称作彻底的素质教育,而绝不仅仅是在那里搞些远离学科教学的德育活动。请看,当下的一些学校(尤其是高中)素质教育活动有几家不是远离学科教学的,有几家不是为搞活动而搞活动,甚至干脆就把素质教育实施直接等同于额外搞活动。

更令人难以理解的是,有的学校竟还三分实搞活动、七分花钱来请媒体包装,甚至根本就没搞什么活动、做什么研究,也要把"想当然"的东西当作真实成果包装出来。目前,这种包装早已成了一种集体无意识的必然选择。更有甚者,一些手里握点儿实权的人还通过这样的包装来假公济私。需要强调的是,这种包装化的"素质教育实践研究"已远不是某些学校、某些领导和某些媒体的问题了,早已俨然形成了一种"存在即合理"的学术风气和环境。试想想,这样的学术风气和环境下又能诞生一些什么样的素质教育实践研究成果呢?这样的成果对素质教育的健康发展又终有何益呢?大家都心知肚明,只是因各种复杂的因素还没人愿意去戳破这一个个"美丽"的肥皂泡而已。

我一直认为,教学就必须要研究,教学中的大大小小的问题本身就是研究课题,那些用心思考和研究而得到的、有益于促进教学健康发展和提升的成果,本身就标志着我们教师的成长。至于在学科教学中实施素质教育的实践与研究,我想,也是要遵循这样的规律的。然而,在今天这个应试教育为主流的大背景下,学科教学应试化,急功近利,目中无人,把学生和教师都异化为分数。素质教育仅仅成了漂亮的口号,成了一些远离学科教学和师生健康发展的额外活动。一切想着高考,一切只为了高考,教师只能屈服于这样的现实,只能在这夹缝中无奈、痛苦、麻木地教下去。因为教师不能不吃饭,不能不养家,不能不生存下去!这样的现实背景下,想不叫素质教育实践长期远离学科教学和师生健康发展,想不叫研究与活动长期形式化,我们能够做到吗?说句到家的话,现在想找到个在学科教学中实施素质教育且效果明显的真典型,以激发教师并唤醒教师自主发展、提升和超越的灵魂,真的到学科教学中去实施素质教育,真的就是难上加难!目前,在普

第六辑　教育随感篇

通教育领域，尤其是高中教育领域，素质教育的实施就只能是如此地被折腾着甚至强暴着和伪化着。

接下来说说畸形的味道。德育和校园文化建设工作是学校实施素质教育的重要组成部分，无疑是十分重要的。然而，长期以来，德育和校园文化建设工作一直存在着强制化、形式化和虚空化等弊端，一直远离学科教学和师生健康发展的实际，甚至几乎不能相融。只要是高考升学有需要，德育和校园文化建设工作就都统统往后靠，就统统得化大为小，化小为无。于是乎，很多学校领导就都选择了功利主义和机会主义。你不是说我不重视德育和校园文化建设吗？等到高考升学工作不甚紧张的时候，我就拿出点儿形式主义的花点儿给你看看，我才不去管这些花点离学科教学和师生身心健康发展到底有多远呢？

到了今天，就是想搞一些素质教育活动，也往往因"安全大于天"而取消了。请看看，现在的中小学，连强度大一些的体育教学项目都取消了，至于春游、秋游、到乡下体验生活、到工厂参观学习、到烈士陵园扫墓，搞社会实践活动之类的真活动也就更别提了。然而，学生毕业时还被要求装模作样地去填写什么社会实践活动调查表。于是乎，几近一色地造假，应付上边检查或走个过场，以免影响学生升学。学生都被圈了起来，都成了死读书、读死书的圈养动物，这就已经够备受身心摧残的了，又要让他们瞪眼睛说瞎话，填表造假，这还谈什么素质教育啊！难怪有良知的教师都在慨叹：素质教育的出路在哪里啊！这种畸形的素质教育，对孩子的健康成长、对民族的繁荣与强盛还有何益？更有甚者，学校所在地的各级政府部门还常责令搞一些应景式活动，不仅与学科教学和师生健康发展不甚沾边，还干扰了学校正常的德育和校园文化建设工作，对学校实施素质教育几乎没什么益处。很多老师（包括学校领导）又都在慨叹：这种局面何时才有个尽头！

最后再说说变质的味道。请看一些高中学校，高考考什么就教什么，高考怎么考就怎么教。怎样应付高考才能最省心、又有一定效果呢？只有最原始的高压和强灌，只有把高考可能考的东西都塞给学生让他们去死记硬背，只有依循考纲和考试说明、照着《高考训练一本通》之类的体例搞"流水线"式的应试强化训练，只有高一就瞄着高三、把课堂教学都应试化（语文教学甚至都可以不讲课文了），成年累月、铺天盖地地反复强化训练。教学过程简直就成了"压、灌、练、考、评"的无限循环，没有规律、方法的探讨和发现，没有真正学习、探究意义上的成功与快乐，至于如何唤醒、强化和固化学生自主习惯，如何培育和提升学生的自主精

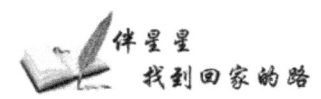

神、健全人格、思辨能力、创造品质等，则就更成了天方夜谭。说得更准确、到位一些，在这样的背景下，学生的人性、人格、品格、精神、思辨力、创造力等统统变成了试卷上那个可怜的、苍白的分数！以分数来衡定学生一切，以分数来直接评定学生优劣！到目前为止，在学科教学中有机而无痕地融入素质教育，还远未成为广大高中教师的自觉选择；素质教育还仅仅被误读为搞搞活动之类，仍被视为与学科教学无关，只是用来应付上级检查的把戏。这样的高中学校学科教学现状，哪里还能见到一丁点儿素质教育的影子，早已堕落成了赤裸裸的反素质教育！

再有，"只要学不死，就往死里学"。这已经成了一些高中学校领导骨子里的口号，只是有的还不好意思震天响地喊出来而已。不讲方法，不寻规律，不研究教学生学习、探究、思辨和发现的策略，更不研究如何健全学生、铸魂立人，只是一味地要求师生苦干、蛮干、拼命干。早上6点半、晚上10点半（上晚自习，学生回家还要熬夜），中午休息不到一小时，已经成了一些学校高三教学独特的"风景线"。对此，大家都心领神会，都认为自己在做最对得起学生和家长的事情，都认为自己在办领导、家长、社会最满意的教育！至于学生身心备受摧残，都成了做题的机器，都成了考试的奴隶，都成了只会被动做事、只等条件做事的木偶，甚至成了厌恨学校甚至厌恨社会的人格分裂者和灵魂扭曲者，谁还会去过问？大家似乎都抱定了这样的打算：只要学生上了较理想的大学，只要学校能够较光彩地把学生推向高校大门了，至于学生以后如何发展谁还去管它——教育管理部门又不看你这些。为了升学率，不惜把学生往死里整，居然天经地义地成了"让人民最满意"的教育！最可怕的是，大家不仅都这么干，而且谁都不肯去说真话，还要到处去包装自己如何积极实施素质教育，甚至还不惜动用经济手段在一些媒体上去"树牌坊"！不仅如此，教育行政管理部门还要年年给学校下达"步步高"式的高考指标，助推这种"目中无人"的应试教育去愈演愈烈！在这种被严重伪化和畸形化的背景下，素质教育实施想不变质都很难啊！

素质教育，正在一天天地被伪化、畸形和变质着。无语的素质教育，我们大家都来救救她吧！为孩子的明天，也为中华民族的未来！

46. 高中教育的顶层设计须尊重学生个性

2013年1月底,有幸参加了学校举行的中德友好学校的校际交流活动,远赴位于德国中部黑森州的赫尔曼和茨中学参观学习。在一次课间交流中,我有幸看到了一篇介绍德国中等教育现状的文章。当时,一位定居德国的朋友给我翻译了文章的大意,我十分感兴趣。后来,我一直放不下,就又通过这位朋友转来一份中文版的邮件。内容概述如下:

德国的中等教育主要施行为"一本三枝"制度,即在晋升至中学阶段期间,有为期两年的过渡期,可以通过老师建议以及学生与家长的意愿,决定往后就读的学校。中等教育定向阶段主要有三种学校可供选择,依次为主干中学、实科中学以及文法高中。具体如下:

1. 学业程度较好的学生通常选择文法高中就读,为期约九年,学生以升大学为主要出路,政府领导阶层、社会精英多半出自于此。

2. 学业程度次好的学生进入以培养中等的工商业界、政府机关的实务人才为主的实科中学,学程约五年或六年。毕业后多半继续接受全日制的高级职业技术教育或科技类的高等教育,少部分接受所谓二元职业训练。

3. 学业程度欠佳的学生则就读五年制的主干中学,毕业后多继续进入双元制职业教育体系,完成学徒训练,并以从事手工业、制造业为主。

4. 此外,还有一种综合性类中学,与上面三种传统中学属平行体系。有些学生在小学以后还没有完全可以区分去哪类学校,他们就可以依据个人的偏好与兴趣的考量来发展,就读综合类中学,结束大致为10年级,然后再决定以后的去向。

看到这个体系,我真的很震撼:这才是以学生为本的真教育,这才是切切实实地在为学生的个性发展着想!再看看我国的各类教育,尤其是中等和高等职业教育,改革开放这么多年来虽然也有较大发展,但以学生为本,尊重学生个性,为学生的个性发展和美好未来奠基的,恐怕大多还仅仅停留在口头上或一些研究者的论文里。仅仅从教育管理者、研究者、实践者的意志出发来办教育、搞管理和实施教学的做法,至今为止仍是我国大中小学教育的主体特征之一。高中教育更是个老大难,它的顶层设计尤其要尊重学生的个性和发展,但这一直仅仅是一种天真而美好的愿望,极少见到实实在在的成功范例。何出此言呢?

首先,我认为,德国的中等教育"一本三枝"的体系是以学生为本的,是很尊重学生个性和发展的,就是在切实地为学生的个性发展和美好未来奠基和服务,很值得我们学习和借鉴。当时那位定居德国的朋友就对我讲,在德国,选择读文法高中、以升大学为主要出路的那部分学生,一般不会超过15%。这部分学生将来主要步入政府领导、社会精英阶层。还有一部分学生有独特天赋,如有文学、音乐、美术、体育等方面的天赋,一般也不会超过15%,他们会选择综合性类中学,凭借个人的兴趣和爱好来发展。其余约70%的学生,自愿选择实科中学和主干中学,将来或成为中等的工商业界、政府机关的实务人才,或从事手工业、制造业等。实科中学和主干中学是德国中等教育的主体部分,学生在校期间是边读书边到一些实业部门实习的,是理论与实践相结合的,学生的学习效果是过硬的,也是很受用人单位欢迎的,就业后的工资待遇也不低。不仅德国中等教育很尊重学生和家长,就是学前和小学教育也一样,是否把儿童送往托儿所和小学校,绝对要根据家长和学生的意愿,从不是强迫性的。

其实,中等教育阶段,我国与德国各类学生的比例应该大体相当。然而,三十多年过去了,高中教育现状几乎没什么大的改进。大家都在嘴上喊"不要片面追求升学率",实质上仍以"大学升学率"为命根子,高中教育仍是教改的禁区。更令人疑惑的是,尽管一些教育管理者和研究者也曾到国外做了不少考察,但高中教育的顶层设计却似乎从来就没有考虑过须尊重学生个性和发展的问题。学生初中毕业之后,根本就没有像德国那样被实施"分流",尤其是那大约70%的学生也根本就没有给他们配置好足够的、相当于德国"实科中学"和"主干中学"的高中学校。当然,在高等教育这边,更不可能相应配置足够的职业技术类大学来接纳这部分学生。于是乎,尽管我们高中教育都已快普及了——大学升学率也已接近80%,但绝大多数学生和家长还是希望考上名优大学,结果往往是难如人意,因为那部分学生只能占全体学生的15%左右。于是乎,那些一般性普通高中学校也就几乎成了摆设,既不能在职业技术教育方面有所作为,又不可能培养出几个考上名优大学的学生,只好一天天半死不活地在那里硬撑着。于是乎,很多学生也只好不情愿地流入一些没什么竞争力的、高精尖人才和实业技术型人才培养两无优势的大学,胡乱地读几年混一张文凭,实际上就已经成了一个高不成低不就的"残次品",就是想到工厂就业还得"回炉重铸"。于是乎,学生家长乃至全社会就

第六辑　教育随感篇

都拼命地"赶鸭子上架",硬是想把这70%的学生活活地往名优大学里推,以求将来有个好工作,结果换来的常常是家长的绝望和孩子身心的备受踩躏和摧残。

其次,这种不尊重学生个性和发展、几十年无大改进的高中教育,也正在严重地分裂着很多教育管理者、师生、家长的人格。一边在一心一意、扎扎实实搞应试教育,片面追求高考升学率,一边却在轰轰烈烈地搞什么素质教育,高高竖起扯人眼球的牌坊。现在,"素质教育""生本教育""生命教育""立人教育""善美教育""幸福奠基教育"等提法多得是,在一些高中学校搞得也很热闹,实际上大都没有切实融入学科教学和师生发展之中,甚至与之毫不搭界,只不过是一块块应时造景的招牌而已。综观改革开放以来所诞生的高中教育名校,真正很有底气地说自己确实没有片面追求高考升学率的到底又能有几所?在这样的高中教育环境下,就是那些整天在那里高唱教育公平、育人第一的专家和官员,又有几人不是整天在那里设法给自己的孩子择高考升学率高的高中名校呢?现在,尽管几十年都过去了,我们根本就没看到几所实实在在的中国式的"实科中学""主干中学""综合类中学",看到的只能是遍地的中国式"文法高中"!我们总是简单粗暴地把不同个性和天分的孩子都捆在一起,来强行打造统一规格的"英才"——实际是最不人道的摧残!更可悲的是,我们的教育管理者们却还整天在那里讲自己如何高度重视学生身心健康,如何在办"以生为本"的教育。试想想,这种整个社会都在人格分裂的教育土壤里,又焉能不时时滋生出危害学生精神和人格发育的毒素呢?

再次,这样的高中教育还衍生了很多社会问题,也大大助推了全社会鄙视实业技术和基层劳动者这一不良风气的形成。我们不妨想一想,家长、社会和学生为什么要你死我活去争着考上名优大学,无外乎是为了将来就业好和好就业,做个待遇优厚、受人尊重,又不大操心费力的人。实话实说,我们的很多高中学校和绝大多数家长就是这样想的,也都是这样教育孩子的。真不知道该让哪些人去做人下人!现在,一种鄙视劳动,看不起各种实务型人才,崇尚权势和金钱,艳羡做高待遇、低付出、不劳作的人上人的不良风气已然形成。在这种社会风气下,学生被刻上优生、待优生、后进生、差生、双差生等标识,甚至被逼成了一个个只会做题的奴隶甚或一个个厌恨教育和社会的极端分子。社会所急需的各种专业人才和特殊人才被一场场高考混战给毁掉。大学办学质量日益下滑、搞虚假就业,大学生毕业即失业,就是就业了也工资低得可怜(与高昂的学费付出极不相称),硕士生和博士生含金量严重缩水、地位严重贬值。一些企业却出现"用工荒",一些边

18

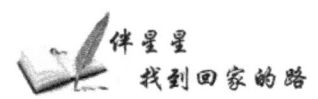

远地区奇缺教师等社会问题日益突出。金钱和权势正一天天肆意地践踏着教育公正和社会真善美,人们的教育理想一天天地麻木和畸形,全社会的人格分裂也在一天天加剧……

假如我们的高中教育改革也能像德国那样,充分考虑学生个性差异,尊重学生个性和发展,不再由教育主管部门根据学生中考分数来决定他们所上的不同等级的学校,而是按学生的个性、天分和未来的发展来分类上不同类型的学校,恐怕我们的高中教育也不会发展到今天这个地步,社会状况也不会这样糟糕。当然,要扭转这种被动局面,仅靠教育界自身的努力作为还很不够,还需要国家相关部门切实作为,出台提高实务型技术人才工资待遇的政策或法规,并依法在全社会营造尊重劳动、热爱劳动、赞美劳动的良好氛围,为大力改进高中教育,实施"高中教育分流"提供强有力的社会支撑。

综上,我认为,高中教育要做好顶层设计,大力改进高中教育,必须借鉴国外的先进经验,充分尊重学生的个性和自主发展的需求,必须充分考虑现代化建设对各种人才的实际需要,切实做好工作,建构好高中教育"分流"体系。果能如此,我国的高中教育自然也就会以学生为本、健康有为地向前发展了。现在,我们大家都在做着一个强国梦。毋庸置疑,这个"强国梦"也一定需要每一位教育工作者勇于担当,锐意进取,有所作为,把有条件和有能力做好的事情尽早做好。

47. 给学生留足空间

语文课堂,一般是45分钟。不宜教师一讲到底,把缝隙都填得满满的,也不宜不做任何预设地让学生随意地去自主阅读,更不宜以"学生合作探究"为名放羊式探究,浪费学生学好语文的美好时光。当然,那种死压死箍学生满堂考练的做法就更不可取了。其实,语文课堂教学的艺术,在某种程度上讲,就是为学生留足空间的艺术。那么,到底留足哪些空间呢?依照我的生活化语文教学实践,教师在课堂上至少要为学生留足四种空间。

一、为学生留足读思空间

不妨就举我的一个教学案例。小说是塑造人物形象的,作者又是通过塑造主人公形象来表情达意的,所以小说教学离不开对人物形象的分析和欣赏以及对小说主旨的理解和把握。那么究竟该怎么教读小说呢?是由概念到概念、半生不熟地讲授,还是真正给学生留足读思空间,让他们自主地去阅读、发现、思考和品悟呢?我选择了后者。

每当接触到小说教学,我都会先与同学们很随意地聊上一段:

同学们,要想了解我董老师,你们该怎么做啊?假如我只给你们三五分钟的时间。学生说,那就只能看您的相貌和衣着打扮了——看您慈眉善目的,衣着又比较整洁,想来该是个善良、利索又比较严肃的老师。那我要给你们一两个月时间呢?学生说,那就还要看看您怎么说和怎么做,就是要看看您的表现。假如我给你们一两年时间呢?学生说,那就更要看您怎么表现了。不仅如此,还要了解您的兴趣爱好、脾气秉性,最好还能够了解您的一些个人隐私。比如,晚上说梦话是不是也喊:"我中了五百万!"有时间是不是也喜欢和朋友玩麻将,下雨阴天是不是也情绪不佳等,当然还要听听您的同事和朋友们怎么评价您。

好!同学们在初中时就接触小说了,老师肯定会对你们讲小说是塑造人物形象的。那么,小说家到底会怎样去塑造人物形象呢?我想,同学们一定会从我们刚才的聊天中悟出来的。

我的话音刚落,学生就积极反应:该通过肖像描写、语言描写、动作描写、心理

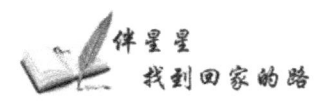

描写、环境描写、侧面描写等手法来塑造。好！这个单元必讲的小说有两篇,那就请同学们先去自读,看看作者到底是运用怎样的手法来塑造人物形象的。请同学们自己总结和归纳。之后,我们再来具体探究。令我高兴的是,学生每每读得很认真,也总结、归纳得很好。

教读不同类课文时我们经常会遇到类似情况,我们何不回归生活情理,活泼有趣地启发、引导学生很自觉又很有兴趣和实效地去自主读思和品悟呢？所谓的教文立人,很重要的一点,就是体现在要为学生留足读思空间,并生活化地、智慧地启发和引导他们去自主读思和品悟上。这个过程既是学生自主读思和品悟的过程,更是学生灵魂站立着自主自觉学习和思悟的过程。而相对的,从课文到课文、由概念到概念地"满堂灌",这样的小说教学形式不仅乏味低效、费力不讨好,更是难以激发学生的兴趣、培养其能力、启迪其智慧的。

二、为学生留足品悟空间

我再讲个教学案例。欧·亨利小说《最后的常春藤叶》并没有直接写贝尔曼如何在黑夜风雨中画最后那片常春藤叶的情景,只是写他也因寒冷患上肺炎,最后去世了。小说中有这样一段细节描写:"他的衣服和鞋子都湿透了,冰凉冰凉的。"对于这几句细节描写,我引导学生展开了这样的对话探究:"贝尔曼是穿着雨衣的,他的衣服和鞋子为啥还都湿透了呢？"我问。有学生说是"雨太大"。"雨再大,我把雨衣裹得牢牢的,还会被浇得那么透吗"？思考了一会儿,有同学说:"是因为风太大,雨衣都被吹起来了,不能遮盖住贝尔曼的身体。不仅风大,贝尔曼还要画树叶,要做动作,雨衣不可能裹得很牢的。"还有,"时间又特别长,几乎整整一夜啊"！又有几位同学这样补充。"难道贝尔曼就真的一点儿也没有想过回屋内避避风雨再说吗？他到底是怎样咬牙坚持下来的"？我接着再追问。有的学生说:"贝尔曼一心只想着救人了,根本就没有在乎雨大风大、夜黑天寒。"有的同学说:"贝尔曼也许动摇过,但救人第一的心理终于战胜他的畏惧和动摇。"

我认为,要想让学生真正用生命去体验、感受、思考和透悟作家的写法,是必须要引导学生如此生活化地深入文本生活来微观、细察和深品的。同时,所谓的有机无痕地进行情感、精神、品格、人格等人文因素的渗透,也是该这样展开的。语文教学中,类似的例子很多,如给学生留足空间,启发引导他们去细读、深品、透悟作者的遣词造句、布局谋篇和运招用技等。

三、为学生留足思辨空间

十几年前，我教莫泊桑的小说《项链》时，就曾启发学生对小说女主人公马蒂尔德的"虚荣"展开思辨。以下是学生写的思辨随笔（摘要）：

同学甲：我认为，玛蒂尔德是一个很爱美且努力追求美的女性。可话又说回来，哪个女孩不爱美？哪个女孩不想把自己打扮得漂亮？哪个女孩不喜欢听到别人说自己很美？女孩有强烈的爱美之心，这并不可怕。所以，我认为，玛蒂尔德参加舞会前想打扮一下自己，并从朋友那里借一挂项链来美一美自己，这无可厚非——谁能料到项链会丢呢？我承认，玛蒂尔德爱美、追求美的心情确实太强烈了，简直到了图慕虚荣的程度，但是，还不能算特别过，还不像现在社会上的一些人，不能满足虚荣就去偷去抢去骗去诈去贪污！玛蒂尔德确实有虚荣心，但她有权爱美，也有权追求美，并无大错。

同学乙：我认为，玛蒂尔德是一个积极向上的女性。玛蒂尔德虽然貌美，但她出身卑微，丈夫的社会地位也不高，婚后家庭生活条件一般。我认为，玛蒂尔德完全有理由不甘心于她的家庭生活现状，希望自己的日子过得更好些。总不该想都不要想吧？但是，请看，当她背上那么重的债务，遭遇到那么大的挫折时，她也没有悲观厌世，没有自寻短见，更没有不讲诚信，而是用行动一个铜板一个铜板地还债，一步步地去努力改善着自己的生活。这只能说明，玛蒂尔德是积极向上的，是勇敢顽强的，心里始终充满了对生活的热爱。她没有不择手段地去满足虚荣、追求享乐，甚至如何出卖自己的美貌和姿色换来所谓的幸福。说实话，我所看到的，几乎都是今天我们该好好学习的。

同学丙：我认为，玛蒂尔德是一个勇敢、坚强、刚毅的女性。丢了项链，玛蒂尔德毅然决定赔偿项链。在挣钱赔偿项链的十年里，她家的生活环境发生了剧变，简直是从天堂堕入了地狱。但玛蒂尔德没有退缩，没有自贱，更没有寻短见，而是选择了勇敢、坚强、刚毅地活下去，把债务还掉！最后她真的成功了！玛蒂尔德是幸运的，其幸运就在于残酷的现实使她终于明白，生活不仅仅要有幻想和憧憬，更多的应该是脚踏实地一步步闯过去。我欣赏她的勇敢、坚强、刚毅，我更希望改革开放背景下的人们，都能够选择勇敢、坚强、刚毅，扎实地做好自己的事情，安心地过好自己的日子。

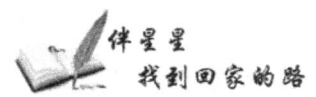

同学丁：我认为，玛蒂尔德是一位守诚信、讲尊严的女性。有借必有还，这是玛蒂尔德的人生信条。就为这个人生信条，即使自己只有一万八千法郎，买项链还需要三万六千法郎，她也没动过用假项链偷换过关的邪念，更没有像现在的一些人那样耍起"要钱没有，要命一条"的臭无赖。而是毅然决然地打定主意，必须偿还这笔可怕的债务。她坚守住了自己的人格的尊严，也甘愿为了保全自己的人生尊严付出巨大的代价。所以，我认为，玛蒂尔德比当今社会那些在金钱和利益面前不守诚信、不讲尊严的人要强很多倍呢！

同学戊：我认为，玛蒂尔德守住了那颗金子般的心，这最为可贵。一个人对美，对富贵，对安逸生活有追求，这是人的本能，这是天经地义的，不存在什么阶级之论。玛蒂尔德也是一位美丽的姑娘，幻想有一个有钱的公子爱她、娶她，过体面的日子，这也是天经地义的。她不安心于小职员家庭的生活现状，憧憬过上更富裕、更有地位的生活，想在舞会上展示一下自己的美貌，这是没有什么大过错的。我深信，当她听说项链是假的时，她依然还会坦然地面对这个残酷的生活玩笑的。有多少人的良心在当今社会这物欲横流、道德滑坡、尊严和人格跌份的现实中失落了、烂掉了，而玛蒂尔德那颗金子般的心最终却没有被毁掉。这难道不值得我们深思吗？

引用这个案例，就是想强调语文课绝不等于照搬教参和教辅地死教死练死考，而是要活教教活，要高度重视学生思辨能力、自主精神、健全人格等的培养，要自觉确立树德立人的价值取向。

说实话，教读课文时，这种自觉发育思辨能力、自主精神、健全人格等的机遇还是很多的，只要教师肯去思考、发现并积极预设，每一篇讲读课都会成为学生学习的一个良好载体。如，教《逍遥游》，引发学生对"绝对自由"进行思辨；教《渔父》，引导学生思辨"屈原是否就必须得自杀？"；教《师说》，引导学生思辨"'生乎吾前其闻道也'是否就一定'先乎吾'？"；教《季氏将伐颛臾》，引发学生思辨"仅树仁德是否即可安天下"；教《我的叔叔于勒》，引发学生思辨"母亲是否有可理解之处？"，等等。此外，还可以引发学生对作者为什么遣词造句、布局谋篇、运招用技等问题进行思辨，不再赘述。

四、为学生留足历练空间

为学生留足历练空间，主要指课堂上需进行的口语、书面语历练以及依文表达历练等。语文课堂上，教师首先必须指导学生做实做好口语、书面语历练。如总结、提炼和概括句意、层意、段意,写作技法和布局谋篇的好处等,甚至还包括师生、生生之间的对话交流等。教师一定要引导学生深入文本生活,把握课文主旨来一字一句地总结、提炼句意、层意、段意以及写作技法和布局谋篇的好处等。只有课内教好教会,学生才会在课外去自觉地历练,做到课内外互补共生,养成这种总结和提炼的意识和习惯。这不仅会不断促进学生口语和书面语表达能力的发育和提升,也会不断促进其自主、自觉学习习惯以及独立精神、自主做事能力等的良好发育。

其次,教师一定要教学生深入课文生活,紧抓住其中的某个契机点进行扩写、补写、续写、改写等训练;同时还可以引发学生即境进行祝福语、主持语、颁奖词、点评、发言稿、启事等。这样的写作契机点和训练活动融在课文教与学的生活之中,最容易激发学生写作欲望,最令学生兴趣盎然,也最能取得学生人人都有好收成的写作教学效果。这样的写作训练会在课文教与学的过程中极有效地自然夯实学生的写作基本功,会为学生课外的写作发展奠定坚实的根基。同时,学生还会由课内到课外,形成自觉依文练笔的良好习惯,这就不仅有益于课内发育学生的想象力、创造力和思辨力,更有益于由课堂到课外、循环往复地培育学生的自主精神、独立人格、辩证思维、健全心理等。如,把苏轼的词《江城子·乙卯正月二十日夜记梦》中"相顾无言,惟有泪千行"中的"无言"扩写成不少于150字的夫妻对话,给莫泊桑小说《我的叔叔于勒》续写一个《于勒最后的日子》,补写《最后的常春藤叶》的贝尔曼画树叶的情景,等等。再如,为史铁生《我与地坛》中的"母亲",欧·亨利《最后的常春藤叶》的"贝尔曼",杨绛《老王》中的"老王"等写挽联、颁奖词、祝福语、点评等。此外,还可以尝试采用仿写、续写以及读后感、思想和艺术评论等形式。

说实话,以上这些空间,在当下的中学语文课堂里早已被"极端应试主义"支配下的满堂灌、满堂考练挤压得荡然无存了,甚至几乎就是盲点!这无论对教学生学好文还是做好人都是极其有害的!对此,广大一线语文教师,尤其是高中语文教师,我们究竟该怎么做呢?我想给学生留足空间不失为一条好的路径。

48. 自习:本义该是学生自主自觉地学习

最近,有个机会去张家港市崇真中学参观学习,在交流中了解到一件很令我兴奋的事:学生的早晚自习不再要求每个班都有教师看守,而是施行楼层值班巡视制。该校一位分管教学的副校长颇有几分得意地讲道:改班级坐班为楼层巡视,通过大环境的共同教育和教师个别教育相结合,过程虽略显缓慢,但效果长远。从自学纪律上来看,刚开始时自习铃敲过后,一些班级需要巡视教师到场才能逐渐安静下来,但实施两个月后,绝大部分学生都能在铃响后保持安静,开始自学。从学习行为上来看,刚开始时很多学生不知道如何安排自己的学习,但经过几次指导和主题交流后,绝大部分学生都能按照老师的要求,比较自觉地合理安排好自己的作业完成、预习、学科补弱或强化、复习整理的时间等。现在学生学习的自主性、自觉性都大大增强了。这一切,都远远超出了我们当初不够乐观的想象。

其实,该校的做法并不复杂:早读(6:55)前、晚自习(18:15)后,实行楼层值班,即取消常规的教师进入到每一个教室的坐班制,教学楼每一楼层安排一位教师巡视值班,各班每天由值班班长负责管理。在自习时间里,教师都对学生留有一定的作业要求和自习要求;同时学生也拥有一定的自主安排学习的时间,用以自觉地解决好自己学习中的问题。巡视教师不干涉学生的具体学习内容,只对学生的学习纪律、学习行为进行督察、指导和教育。可别看他们做法这么简单,但在当今又有几所高中学校敢迈出这一步呢?为什么不敢迈出这一步呢?理由很简单,就是学校和教师不紧紧看住学生的学习,又怎么能放心呢?学生早晚自习不能自觉地按照教师要求完成课后作业、预习、学科补弱或强化、复习整理等,长此以往,他们的学习成效又怎么能得到保证呢?成效保证不了,成绩上不去,高考升学率也就无法保证,那学校又怎么能立足于世呢?至于长远发展,也就更谈不上了。鉴于此,绝大多数的高中学校也就只好选择紧看严管和硬箍了。教学生学会独立自主地学习,养成自主自觉学习的好习惯,逐渐发育好自主精神、健全人格以及独立思辨和做事的能力等,这些话就只当作教育专家们纸上谈兵的文字游戏而已!

第六辑 教育随感篇

那么,崇真中学为什么就敢迈出这一步呢?请先看看他们的教育理念:教育是一种渗透,是一种慢的艺术,是学生良好习惯、尤其是良好学习习惯自觉养成的过程。在教育过程中,学生始终是自我教育和发展的主体,在这个过程中教师和学生所获得的应该是共同成长。再请看看他们的意图:从幼儿园以来,学生一直处在一种被看管甚至是被逼迫的教育环境中,在学校里如此,在家里也是如此。他们始终处在一种"不放心"的氛围之中。作为学生的学习主体意识淡漠甚至丧失。学生难以感受到学习的乐趣、互助的乐趣和学习的成就感,并由此而形成恶性循环。将学生自习改坐班为楼层巡视,首先是要让学生感觉到学校对他们自主学习能力的信任、对他们进行自主学习管理能力的信任。其次是想通过积极向上的学习主旋律、大氛围,对那些学习习惯尚未改善的学生产生一种环境渗透教育,让他们逐渐融入自觉学习的主流,并逐渐养成一种良好、乃至影响终身的自主学习习惯。第三是通过自主学习时间里的学生互助,促进学生合作学习的意识,养成互助合作的习惯。第四是进一步解放教师时间,让更多的教师有更多的时间陪伴家人、备课学习、交流成长。

通过学习和了解该校这样做的理念和意图,笔者更加坚定了这样一些想法:第一,真教育都是目中有人的,都是高度重视学生的自尊自爱、自主自觉和自强自立的。第二,给学生创设什么样的教育环境,他们就有可能成为什么样的人。否则,一切良好的教育愿望都不过是空谈。第三,有先进的教育理念固然很重要,但更重要的则是脚踏实地的实践,脚踏实地才有可能梦想成真。

高中学校大都担当着学生高考升学的重任,适度重视抓高考升学率,为学生创造更好的自主学习环境,组织学生抓紧时间进行早晚自习,这都无可厚非,关键是我们同时也要高度重视学生的全面发展和健康成长,要按照教书立人的规律办事。张家港市崇真中学为此勇敢地迈出了可喜的一步,我们也深信,这一步肯定不会是该校教育教学改革的最后一步,真诚希望该校今后还能不断地给我们教育改革的惊喜。当然,我们更希望有更多的高中学校能从该校迈出的这一步获得启迪,也去勇敢地迈出那最关键的一步。这一步也许迈得并不大,但只要一步一步坚实地迈下去,我们就有可能书写出中国教育改革事业的辉煌!

49. 校本教研，让人期待让人忧

作为江苏人民教育家培养工程的一名培养对象，常会深入一些高中学校做调研，也常在网上与一些朋友聊到高中教育问题。从自己身边学校到比较远一些的学校，再到全国范围内的很多学校，教师普遍特别爱谈到一个话题，那就是对校本教研死活都爱不起来。

校本教研，就是为了改进学校的教育教学，提高学校的教育教学质量，从学校的实际出发，依托学校自身的资源优势和特色进行的教育教学研究。这项教研工作对学校办学的健康发展，对教师本人的专业发展和素质提升，可谓要多重要就有多重要。可是，广大的一线高中教师却对它兴趣寡淡，甚至一点儿兴趣都没有。为什么会这样呢？通过观察、调研和思考，我认为，这几个缘由绝不可忽视：

第一，应试主义正主宰着学校的教育和教学。这个认识似乎有点儿不够新鲜了，但笔者就是要问，既然这个认识"不新鲜"，那为什么"应试主义"还那么"繁荣昌盛"，为什么还能够绝对主宰绝大多数高中学校教育教学工作呢？理由很简单，那就是我们都在揣着明白地做自欺欺人的空头文章，都在一边欺世盗名地高吼"以学生健康成长和发展为本，为学生未来幸福奠基"的漂亮口号，一边在扎实彻底地做"应试主义"统帅一切的伪教育。我们预设了那么多惊人醒世的研究课题，创作了那么多人本教育的漂亮论文，打造了那么多"素质教育示范校"，原来都是在搞一种教育假设，都是为了通过形式和表象上的验收、评比，都是为了混个高一级的职称，在与时俱进地沽名钓誉。为此，我们很有必要真真切切地看一看现实真相。请看绝大多数高中学校的实况直播：

所有的工作都围绕着"应试"两个字在做，都必须服务于应试，这理所当然，天经地义。所有的教学工作都表现为不择手段地死压、死籀学生去死学死练死考得高分，教师必须绝对欣赏并无条件地向这样的教学行为看齐。没有升学率就没有学校的一切，甚至也就没有学校的未来。这句话压倒一切，至高无上，任你什么人都绝对不可绕越，必须要百分之百地严格执行，最好做到超百分之百的登峰造极的程度。据笔者的观察和了解，至少有三种倾向十分严重。

一是教师只为分数而教。很多教师只晓得教学生如何在考练中得高分，仅仅是

第六辑 教育随感篇

手拿一本必须要有答案详解的练辅资料或考辅资料,用最原始、最省心智的办法在压着、箍着学生去死练死考,获取死高分。教师们长期不读书,不反思,不研究,甚至十几年、几十年连一本专业研究刊物都不订阅。你要询问原因,他们就这样回答:首先,学校唯分数是优,只重视升学率,只盯着"211""985",清华和北大之类。学校领导都鼓励我们这样压着、箍着,甚至背着、抱着学生死教死练死考,反复循环——这样做很容易出高分。其次,学校的考核评价非常实在,直奔主题,一切都拿分数来说话,高考升学率上不去,就等于什么工作都没有做。长期在这样的环境中生存和工作,哪位敢怀疑这样的教学行为和考核举措,那就等于没有责任心甚至是不务正业!再次,也是最可悲的,学生们也都习惯了这样的教法,只知道等待、依靠和被支配,根本就不想自主自觉地学习。长期这样做,学生会形成依赖性格、被动人格,会没有创新能力,危害中华民族的伟大复兴的。这道理谁都懂,但哪个也不会去认真考虑这个。哪位老师若不识时务,真的去搞什么"让学生做学习的主人"之类的教改研究,结果往往是被严重地边缘化,甚至连自己的学生都会认为老师是在唱高调,整天生活在理想主义的幻境之中,不身败名裂就算万幸了!最后一点,学校大环境是如此的分数至上,教师们也就都竞技般地压着、箍着学生去死教死练死考,循环往复,直到高考结束才肯做一次暂停。你不这样去做,课余的时间和空间也就属于别人所教的学科了。年复一年,日又一日,早上鸡叫晚上鬼叫,就这么瞄着高考的模式,照本教照本练,照本考照本讲评,高耗低效地反复折腾,有点时间还得休闲一下或忙点儿其他呢(如补课、炒股、做生意等——作者不赞同这样做,但对清贫的教师表示理解),谁还有工夫和精力去读书、反思、写教研文章啊?

二是校本教研仅仅是一块应付检查和评级的招牌。现在的教研工作,在一些高中学校实质上已经成了学校工作的一个点缀。准确点儿说,教研工作就是学校应付"素质教育"之类检查和评级过关检查的一块招牌。学校申报所谓的省级、市级课题,也大都是为了应付检查和评级的,并不真是为了引导、推进和提升教师教学的,甚至与教师的成长和发展没有什么关联。一些课题从正式开题起就束之高阁了,只是到了中期检查和到期结题时才想起来做做"研究"的。当然,大家都懂的,走走门路、搞搞关系最终都是可以过关的。说起来重要,做起来次要,忙起应试教育来就彻底不要了。再有,一些学校的领导观念陈旧,根本就不思"目中有人"的教育,骨子里奉行的都是急功近利的"应试主义"。当然,有些学校领导面上也抓抓教科研工作的,但大多热衷于玩教育概念,做面子文章,个别人甚至还不

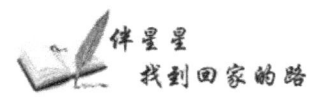

惜动用学校资源来造势,贴金。这样的"形象工程",不但没有激发起教师们搞校本教研的热情,反而强力地激发了教师们对教科研的反感和蔑视!

三是集体盲视"以学生健康成长和发展为本""教学生自觉自主地学会学习和生活"等先进的教学观念。在这样的学校管理机制和教学环境下,学校领导和教师们大都认为只有得到了高分数,让学生进入了理想的大学才是最务实、最负责任的教育。至于"以学生健康成长和发展为本""教学生自觉自主地学会学习和生活"之类的教学观念,都一律是超现实的理想主义,好听不中用。这种观念根深蒂固,在一些学校,从领导到教师都认为校本教研是不得已而为之的"花瓶",至多在学校评级、教师评职时有点儿用。就是真有几位当真的教师,也往往会因为气候与环境等因素而惨遭失败。学生考试成绩稍不理想——哪怕均分仅仅低于平行班零点几分,都会首先遭到自己苦心培育的学生的群起而攻,甚至还会遭到家长和校领导的白眼和唾弃。其境况,真可谓极其尴尬和难堪!很多高中学校的领导和教师都认为,教育要促进社会文明与进步,要培养实现"中国梦"所需要的个性化、主人型、创造型人才,这都是虚无缥缈的东西,都不如响当当的高考升学率来得实在!

第二,教师的绩效工资几乎就不指向教科研。种种原因之下,现在很多高中学校领导和老师都已经适应了这样的学校教育,由被动而成主动,已然形成了一种集体无意识——甚至竟认为这样的教育就是最真实、最有生命力的教育——哪个还会搞那费力不讨好的校本教研。在这样的背景下,几乎所有的高中学校的30%奖励工资几乎都向学校管理层和应试教育倾斜。学校各级领导要高指数,高三教师要高指数,高考学科(语数外学科)教师要高指数(就是高考学科也要根据这个学科试卷总分数的多少来制定高低不同的指数,如,外语学科不如语文和数学学科指数高,政史和理化等学科不如语数外学科指数高,等等),早晚自习、休息日加班上课要高指数,等等。如此一通"高指数"之争后,真正的校本科研、课改成果、突出贡献的奖励,优秀模范的奖励等就都几乎没有什么"指数"了。如果非要奖励一下,还得靠自筹资金——没有自筹资金的学校就干脆不言奖励。可见,所谓的绩效工资几乎根本没有对校本教研工作发挥什么积极的激励作用。

第三,教师培训离校本教研和教师实际太遥远。不仅绩效工资的考核和发放没有对校本教研起到正向的激励作用,就是当下的各级各类的培训活动也几乎没对教师搞校本教研产生过什么正能量。据我的观察和了解,绝大多数一线教师们对各级教师培训工作打骨子里不欢迎。他们要么认为培训工作的针对性不够强,离自己的工作实际太远,很不接地气;要么认为培训的内容太空洞,看不到来自一线的名特优教师的真改革且又有实效的常态示范;要么认为各级各类培训也仅仅是在走过场,为做培训而做培训,不过是想花掉财政拨发的有关经费并顺利得到一些部门利益而已;要么认为这各级各类培训仅仅成了一些所谓的专家匆匆来去的、走穴挣外快的"场子",这样的培训还是不搞更好,等等。总之,培训无益于我,或几乎无益于我,我又何必要去浪费生命呢?试想一想,这样的师资培训又怎么能够对教师搞校本教研产生积极促进的正能量呢?

学校的内部"气候"也不宜搞校本教研,绩效工资和教师培训等不提供正能量,很多高级教师又都患有严重的职业倦怠,甚至完全丧失了进取心。面对这诸多不利因素,从国家的层面来看,几乎未出台什么强有力的深度改革举措。这样看来,一线高中教师真的是有好多理由不该爱这校本教研啊! 其实,校本教研就是为了总结、反思、学习和借鉴,就是为了找原因、想对策、寻方法,就是为了正向地促进师生和学校的健康发展。这是十分重要且有益的事,也是学校领导和教师人人皆可为的事,但却几乎没人愿意做了。常言道,没有教科研的教学就是没有总结、反思和提高的"混混教学",就是只晓得随意、盲目,小车不倒就向前昏推的"混混教育"。说实话,当下不少高中学校所搞的就是这种"混混教学"和"混混教育",而且大有愈演愈烈之势。

讲到这里,有人很可能想将我一军,既然你认为高中教育如此危机四伏,那就请你指出一条出路吧。我必须很悲观地告诉大家,我真的指不出什么出路来,因为我实在不具备这个能量! 实际上,很多教育专家早就指明出路了,只不过大多是"纸上之路"而已。就算有为真教育理想而无畏的圆梦者,也是凤毛麟角。大家谁都不愿去深入地触及当下高中学校的真现实,更没有几个人肯真花气力去改变这个真现实——当然虚伪的包装者倒是还有的。所以,我只想用一个教育人的良知吼几声:如果再任一些学校继续无视校本教研,终会断送掉我们的基础教育事业,甚至还会断送掉学生和民族的未来! 如果哪位非揪着我不放,让我谈条出路来,那我只能这样讲,必须建构起可持续发展的科学管理机制,就像需铲除腐败温床一样,彻底铲除这种"极端应试主义"主导一切的伪高中教育得以生存和发展的土壤。否则,仍旧从上到下地磨嘴皮子、练笔头子、唱高调子、耍花架子,后果如何,大家可以想象。

意义重大的校本教研,你真的是让人期待更让人忧啊! 我希望,我们的期待会一天天变为现实,我们的担忧也会一天天消去。

50. 素质教育需要真作为

都十一月中旬了,近几天早晨天气又很凉。可是,今天早上学校办公楼下"小花园"内的石桌旁却惊现一幅"风景":几位同学在那里晨读呢,不时还做商讨和探究状——这可是今年以来最新鲜的"风景"了!我心里嘀咕着,忽然想起前两天班主任的布置:这几天要穿校服、佩戴校徽,要注意言谈举止文明,要用心做值日,要注意上课和自习纪律,骑车出校门要右侧行驶……请同学们一定要遵规守纪,一定不要自由散漫,想怎么的就怎么的,要维护学校的大局。噢,还有团支部书记的布置:参加社团活动的同学,请按通知要求及时参加社团活动,要展示良好的精神面貌……

这不,一大早出来打扫分担区,万万没想到看到了这样一幅独特的"风景"!入校一年多来,我还一直就没有见到过呢。

这几天,学校的一些做法我能够理解,但我心里就是堵得慌。我不知道学校的领导和老师有没有想过,这种为迎接督导检查而做样子的做法多么有害啊!你们不是总教育我们要学做真人吗?这样做,这不是在教我们做表面文章吗?我们都抱怨社会上一些弄虚作假的政府官员,但我们自己怎么还这样做呢?老师,你能给我满意的解释吗?

以上,摘自一位学生的"成长随笔",至今读着仍心里不是滋味。说心里话,我无法给这位学生一个合理的、令他满意的解释。再追问几句,这样做就一定是学校的本意吗?我想,也未必尽然。那么,到底是谁在推动学校这样做呢?是素质教育检查团吗?是上级教育行政部门吗?恐怕也不好绝对这样讲。那么到底是谁呢?我们只好先把这个问题放一放。不妨先看看素质教育的定义,目前大家比较认可的提法是:

素质教育是教育者基于个体发展和社会发展的需要,利用各种有利条件,通过多种有效途径,以适当的方法引导全体受教育者积极主动地最大限度地开发自身的潜能,提高自身的整体素质,并实现个性充分而自由发展的教育。这里还必须强调几点:一是必须面向全体学生;二是必须让学生主动发展;三是必须让学生个性获得充分而自由发展;四是必须让全体学生获得德、智、体、美等全面发展。

我们再看看应试教育：教育目的就在于应付考试，片面追求升学率；教育对象就是少数所谓优秀的、有升学前途的学生；教育内容只重智育，片面强调对知识的掌握，严重忽视学生的德、体、美、劳等方面的教育；教育方法只是对少数学生提出"升学"应试的统一要求，并不去实现因材施教；教育评价则把考试作为唯一的评价渠道，将分数作为唯一的评价标准；教育结果只成就少数人升学，获得成功，而大多数学生的特质发展却被严重忽略，以失败者的心态走向社会，奔赴人生之途。

毋庸置疑，素质教育要更有益于学生个性发展和全面发展，要更符合学生、社会和民族未来发展的需要。然而，长期以来，虽然我国的素质教育已经取得很大成绩，尤其在义务教育阶段。但若把视角转向高中教育，还是会发现很多特别严重的问题——就是一些初中学校仍热衷于搞应试教育。在这个领域内，素质教育仍很大程度上仅仅停留在一些教育管理者和专家学者的嘴巴上、文章里，或仅仅卧倒在各级教育管理部门的文件里。也就是说，在一些初中、高中学校从上到下，大家都在玩一种"说一套做一套"的教育游戏。我们不妨假想一下，假如高考、中考命题不改革，学校教育教学的评价机制不变革，再没有发达、强大、文明的社会和人们价值观念的多元化转变来做保障，我们的一些初中、高中学校恐怕永远都无法改变，甚至还会把素质教育搞得越来越糟糕。尽管全面素质教育已经写入了国家的教育发展纲要，而且已经成了办好教育的制度法规，恐怕还是无济于事。可见，实施素质教育既不能无动于衷，也不能用花架子应付，说一套做一套，一定要有真作为。当然，仅仅靠学校来真作为还远远不够，还需要变革教育评价机制的真作为，更需要社会的发达与文明。否则，素质教育还会继续一天天被伪化、畸形和变质。

写到这里，我想再谈几句。要想真正实施素质教育，我们需要上下齐心合力、脚踏实地的真改革和真作为。假如我们的顶层设计、研究和政策能够接地气，不再空对空地自我感觉良好，假如各级教育管理部门能够杜绝只传"圣旨"不作为的行为，肯花费心力去真抓素质教育，不要怕影响升学率和所谓的政绩，假如基层学校能够拒绝用花架子对付上级检查考评，扎扎实实地搞好素质教育，我想，文章开头所写到的那一幕也许就不会再现了，我们的学生也就会学做真人、健康成长了。

51. "减负",绝不该总是正在进行的空喊

最近,看到了《小学生减负十条规定》(2013年9月4日再次征求意见稿),也看到了一些评论,心里很不是滋味。有人讲,仅仅这十条规定还很不够,还应该关注得再宽一些。我要说,有这十条就很不错了,关键并不在于关注的宽窄,而在于是否能落实到位。什么时候初中和高中也都能分别有个"十条"呢?也都能扎实地做到位呢?不妨请先看这十条:

1. 阳光入学。各地要均衡配置义务教育资源,切实缩小校际差距,严格实行免试就近入学,招生不依据任何获奖证书和考级证明。实行信息公开,县区教育行政部门要利用公告、网站等多种方式向社会公开每所小学、初中的招生计划、范围、程序、时间和结果,积极推行网上报名招生。

2. 均衡编班。按照随机方式对学生和教师实行均衡编班。编班过程要邀请家长和相关人员参加,接受各方监督。禁止以各种名目分重点班和非重点班。

3. "零起点"教学。一年级新生入学后,要严格按照课程标准从"零起点"开展教学。不得拔高教学要求,不得加快教学进度。

4. 减少作业。一至三年级不留书面家庭作业,四至六年级要将每天书面家庭作业总量控制在一小时之内。要积极与家长互动,指导好学生的课外活动。

5. 每天锻炼一小时。开足、上好体育课。安排好大课间活动或课间操、眼保健操,确保学生体育锻炼时间。

6. 规范考试。一至三年级不举行任何形式的统一考试;从四年级开始,除语文、数学每学期可举行一次全校统一考试外,不得安排其他任何统考。每门课每学期测试不超过两次。考试内容不超出课程标准。教育质量监测不公布学生成绩与排名。

7. 等级评价。实行"等级加评语"的评价方式,采取"优秀、良好、合格、待合格"等分级评价,多用鼓励性评语,激励学生成长。全面取消百分制,避免分分计较。

8. 一科一辅。每个学科可选择一种经省级有关部门评议公告的教辅材料,购买时遵循家长自愿原则。学校和教师不得再向学生推荐、推销其他教辅材料。

第六辑 教育随感篇

9. 严禁违规补课。学校和教师要努力提高课堂教学质量,不得在节假日和双休日组织学生集体补课或上新课,不得组织或参与举办"占坑班"及校外文化课补习。

10. 严加督查。各级教育督导部门要落实督学责任区制度,对减负工作定期进行专项督导,每学期公布督导结果。各级教育行政部门要对减负工作开展经常性检查,并受理群众举报,严格责任追究。

据报道,有教育机构对这十条规定展开了社会调查,结果不大令人乐观。请看家长、老师、校长和专家们的说法:

家长们有说法。为了可以进入一所优秀中学,从课业到特长,加班加点学习成了家常便饭。看到孩子这么小就这么忙碌,我们也心疼。但孩子们现在轻松了,到了升初中的时候怎么办?过去一直喊减负,结果孩子一个班也没少学,无论是哪个升学阶段,都得拿考试成绩说话。有的学校就实行"快乐教育",每天没有纸本上的作业。但家长们都担心孩子初中跟不上,就天天自己给孩子留作业。所以,即使减负规定出台了,恐怕也没多少人遵守的。

老师们有说法。能不能减下来,规定能不能落实,光做漂亮的规定却不去落实,督查还是睁一眼闭一眼地走过场,减负只能是空谈。高考指挥棒,毕竟牢牢地掌握着孩子们的命运啊。这次"减负十条"出台,确实是这么多年减负工作中步子迈得最大的一次。但是,各级教育部门能否真正加强监督,把措施落到实处,还孩子们一个快乐无忧的童年,恐怕还得打个问号啊。不促进义务教育学校均衡发展,不推进中高考制度改革,就不能解决好根本性问题。从小学到高考,这是一个连续性非常强的教育过程,小学减负了,中学课程仍然不变,家长怎么肯让孩子放下负担呢?

校长们有说法。现在很多学校追求升学率,违反"减负令"是校长们担心"减负"把学校的牌子砸了,负不起这个责任。同时,有些学校学生成绩与教师绩效工资密切挂钩,教师绩效减不下负担来,学生的负担又怎能减下来?中小学减负是个顽症,按理说,应该中小学一起减负才对,但现在的"减负十条"只针对小学,是不是在给人一种感觉,中学就可以"不减负"了?

专家们有说法。在目前教育资源分配不均衡情况下,减负不可能一蹴而就。减负缺的不是形式主义的口号目标,而是有真实效果的实际行动。负担过重,不仅让处在发育期的孩子身体劳累,还会引发一些心理问题。不论是家长还是学

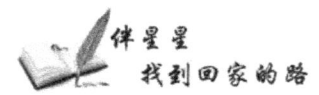

校，偏重的都是儿童的认知层面的成绩，而对于儿童心理层面的关注长期缺位。现在的孩子通过各种渠道接触的事物要比过去复杂很多，波及心理层面的影响更加深刻，巨大的压力和关注缺位，非常不利于孩子健康成长。减负是个"一揽子工程"，不仅仅是学校一方的事情，需要家庭和全社会的共同努力，不然这个规定可能和过去的许多减负政策一样最终被架空。

可见，家长、老师、校长和专家们对《小学生减负十条规定》说法很多。这也就意味着真正落实起来难度非常大。同理类推，初高中减负的最大阻碍也应该是教育资源分配不均衡、国家的高考制度存在等问题。如此推演一番，我国中小学生"减负"的问题就该是无法根治的顽疾了，就应该永远天经地义地存在下去了——甚至还愈演愈烈！

我认为，如果我们总是这样争议、推演下去，就是一千年以后仍可以找到很多不可实施或无法落实"减负规定"的理由，因为教育资源不可能绝对平衡，这种唯一公正选拔人才的高考制度不可能取消。说一千道一万，根子问题就是我们都"目中无人"，心里装的根本就不是孩子的个性发展、身心健康和美好未来！我们都在这样认为：只有高分数才是衡量学生品学的唯一标准，只有考上好大学的学生才算是优秀人才，至于孩子这一辈子怎么处世做人，如何去博爱担当，创造奉献，健康发展，做一个对他人幸福、社会文明、民族富强有用的健全人，则往往不去考虑了，甚至认为是在唱理想主义的高调。请问，从家长到校长、老师，再到专家和领导，如果骨子里都是这样想的，而且已经形成了一种集体无意识，再好的"减负规定"都可能是没用的。我们看到的总是各种"外力"如何强大，岂不知我们的意识和观念才是根本的内因。说句最到家的话，人们的意识和观念不改变，我们的课程改革、教学改革、命题改革、评价改革等都是不可能真正到位的，至于如何真正做到"减负"从小学到高中的良性对接和互动，又如何形成中小学教学与高考的良性对接和互动，则就更是空谈或妄谈了。

这不，眼下又来到"两会"季节，"给中小学生减负"又成了热门话题。唉，年年"两会"，年年热议，足足有十多年了，听得人耳朵都起茧子了，而中小学生（尤其是高中学生）负担过重的问题不但没有解决，反而貌似越来越严重了。请听十年前"两会"代表的声音："现行中小学教材和教学大纲规定的不合理的教学任务，是让中小学学生负担过重的基本原因。不从这个源头上抓'减负'，娃娃们的负担怎么能减得下来？"；"国家三令五申要减轻中小学生负担，但是现在五花八门的辅导班、补习班等加重学生负担的事情却依然没有减少,这种新的负担也该减下来!";"现在小学生已经开了13门课,课表都排不开了,负担怎么降?";"我国17岁以下的未成年人已超过3.67亿人,数量居世界首位。近半数的未成年人数量就是一亿多人,一亿多人睡眠不足,每天缺少一小时,并不是一件小事。"……十几年后呢,2014年"两会"代表仍依旧热议:"上学负担很重,晚上一般11点半睡觉,一个寒假做了73份试卷。";"现在一个初中生的书包有时竟达十多斤,不可思议,学生负担要真正'减'下去了。";"《中国农村教育发展报告2012》显示,城市、县城和乡镇中学生参加课外辅导班的比例分别达到58.4%、42.7%和38.4%,日均锻炼时间少于一小时的比例分别为66.5%、68.8%和73.7%。初中学生的总体近视率高达45.4%";"有条件的家庭,我建议,女孩子初中毕业就送到国外去留学,男孩子高中毕业就送到国外留学,这是家庭父母对孩子的'自救'方式之一。";"中小学本来是人生最快乐的阶段,应该让孩子们玩得开心、快乐,可是我们人为设置了很多目标,把本来青年时期才开始的竞争提前到幼年、少年时代,考上大学以后,前途大致上有了保证,厌学情绪开始释放,反而拒绝再努力学习。"……今年的"两会"上代表们热议的"涛声"依旧继续。

有专家称,学生负担重的原因很多。比如,父母对子女的期望越来越高,希望子女成为社会精英;高考及就业制度没有得到根本意义上的改革,社会职业不同影响生活质量甚至命运;很少有学校能做到不以学生成绩评价教师的工作业绩;每个家长都担心减负会影响未来的小升初、中考、高考。还有专家讲,中小学生学习负担重是教育体制特别是考试评价体制设计的问题。考试评价体制颠倒了教育手段和目标的关系,把考试手段变成了培养目标,把培养目标变成了空喊口号。把考分作为对学校、教师、学生的唯一评价标准,这根本减不了负。更有专家说,政府部门应该改变教育现实,一方面,推进义务教育均衡;另一方面,改革中高考制度,建立多元评价体系。可长期以来,政府部门在这方面作为不大。一个十分重要的原因是,不管是推进义务教育均衡,还是改革中高考制度,都要求政府部门放权。可放权无疑动了政府教育部门的奶酪……这话讲得都很在理,就是很难见到实实在在的改革行动!真的很担心,今年"两会"热议之后,所谓的教育和高考改革仍会是涛声依旧;真的很希望,能够有人搞出点新东西来——可千万不要再是不肯伤筋动骨、仅仅忽悠世人的小"花样"啊。

作家刘墉曾讲:"今天有多少孩子跟父母讨价还价,既要美式的自由,又要中式的宠爱,却没有美国孩子的主动,又失去了中国传统的孝道。然而这批孩子进入社会后,既要美式的公司福利,又要中式的铁饭碗,却没有美国员工的自修和中国传统的忠诚。从小讨价还价,长大失去原则,该讲情的时候讲理,该讲理的时候说情。"多么在理的表述!一针见血地指出了当代中小学生的灵魂之弊。这种"灵魂之弊",不仅与当今的家庭结构和社会大环境密切相关,恐怕还和一些学校乃至家长和社会空喊"减负",却拼命死抓应试教育,严重忽视孩子的道德、品格的培育所导致的恶果相关。

　　最后,我要再提醒大家:减负,绝不是能不能的问题,而是我们到底想不想做,愿不愿意做,是不是真的去做的问题!——"减负",绝不该总是正在进行的空喊。

52."人民满意的教育"辨

下面这首四言打油诗,是一位做教师的朋友转发给我的帖子。帖子的作者不知是谁,但我觉得很像我们这些一线高中教师,内心是酸楚的共鸣,就保留了下来。现抄录如下:

鸡鸣即起,一日开始。检查卫生,辅导自习;哪个缺课,谁又晚起?何人生病,身体不适?仔细询问,调查清楚。三四分钟,早餐即毕。锅先不刷,碗亦不洗。急急忙忙,就上班去。先去打水,再来扫地。N摞作业,等你去批。对的打"√",写上评语。还得表扬,以资鼓励。

错的打"×",误在哪里?来龙去脉,一一指出。分析到位,讲清道理。一丝一毫,不能马虎。阅完作业,再出试题。单元过关,章节测试。昨天月考,今日摸底。期末期中,不计其数。题量适中,难易有度。查查网页,翻翻题库。今天出完,明日印出。抓紧考完,加班阅毕。统计成绩,写出分析。谁是第二,哪个第一?张三李四,王五赵七。两次比较,名次何异?课上讲评,面向全体。下课以后,单独找你。排名后退,是何道理?知识水平,心理因素?思想根源,刻苦程度?动之以情,晓之以理。老师期盼,父母嘱咐!展望未来,充满荆棘。

事关前程,怎能儿戏?张三痛哭,李四流涕。痛改前非,看我下次。不听音乐,不看电视。刮风不管,下雨不顾。一心一意,专心致志。多背单词,多做习题。下次月考,找回位置。老师听罢,始露笑意。期中考试,就看你的!谈话已毕,铃声将起。拿起教案,奔向教室。

师生礼毕,一课即始。先评作业,昨天做的。普遍问题,大家注意。个别错误,单独处理。今天学习,中国历史。文革部分,不出考题。这块内容,我们删去。半个课时,很快过去。现在来做,巩固练习。选择答案,ABCD。回答不错,学得可以。布置作业,课后练习。

复习巩固,课前预习。再找时间,做张卷子。两节课下,已近中午。口干舌燥,四肢乏力。热点剩饭,聊以充饥。床头一歪,权作休息。刚入梦乡,铃声又起,抖起精神,再上班去!昨日开会,领导发怒。要当教师,先做傻子。拼命干活,莫要索取。比上不足,比下有余。撑不着你,饿不死你。若不想干,可以退出。若干

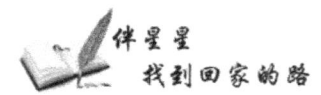

不好,我不聘你。博士难找,学士遍地!明天上课,观摩学习。校长也听,教师都去。精心准备,小心应付。制作课件,打印练习。幻灯电脑,现代工具。全体观摩,怎能缺一。上述各项,准备完毕。电话铃声,骤然响起。

政教主任,叫你快去。有位同学,是你班的。一夜未归,在网吧里。找其谈话,通知父母。写出检查,等候处理。不知不觉,西山日暮。吃罢晚饭,辅导自习。学法指导,疑难解释。有何疑问,尽管提出。但对高考,必须有益。辅导完毕,正要离去。突然想起,还有一事。

有人反映,学生小纪。最近时间,不思学习。跟女同学,眉来眼去。关键时期,这还了得?叫上小纪,到没人处。把你找来,可知何事?从实招来,不得回避。学生小纪,支支吾吾:我殊不知,老师明示。青春少年,阳光沐浴。情窦初开,本不为奇。但要清楚,学习目的。

一切围绕,学习成绩。有碍升学,必须放弃。他日登榜,出人头地。男子丈夫,何患无妻?学校规章,利害得失。一条一条,分析清楚。小纪听罢,满面泪涕。痛改前非,回心转意。从今以后,专心学习。若是再犯,我是白痴!转眼放学,学生离去。喝一口水,喘一口气。

十点过后,再查夜去。水管已关,廊灯已闭。夜深人静,呼噜声起。一天工作,终告结束。轻手轻脚,回到家里。两眼一合,已然梦里。不是上课,就是考试。和在醒时,并无二致。忽见眼前,众人攒聚。通知栏中,贴一告示:教师老吕,四十有七。疾病突发,撒手西去!

明日医院,告别仪式。没有课者,务必前去。看罢唏嘘,悲哉老吕!辛劳一生,英年早逝。房小无车,更无积蓄。妻儿无靠,父母无依。高风亮节,名扬千里。今日一别,后会何期?!悲上心头,心痛如撕。蓦然惊醒,泪面如洗。天已微明,铃声又起。新的一天,又要开始。

今天,又看到一所学校的大标语:办好人民满意的教育,奠定学生明天的幸福。这样的标语看得多了,心灵也都快麻木了。按照我的理解,人民满意的教育应该是要对国家和民族的未来高度负责任的,是要"目中有人",时刻牢记住"以学生的身心健康为本,为学生未来的发展和幸福奠基"这一现代教育理念的,并且还是要不折不扣地加以落实的。可是,在我们的广大家长中,为数甚多的则不是这样的理念和行动,而是赤裸裸的分数和高考升学率!升学率不高、孩子考不上好大学的学校不是好学校。不仅家长们这样认为,我们的一些管理部门和学校的领导,甚至我们的一些教师也都这么认为。总之,这些人认为,人民满意的学校就是升学率高的学校,人民满意的教育就是学生多多考取名牌大学的教育。更有甚者,很多家长就自以为自己可以代表"人民",一些教着特优学苗的班主任教师,还会脸不红心不跳地居天功于己有,利令智昏地支持这样的观念!

请再看看那首打油诗,在我看来,它很真实地反映了我们一线高中教师当下的生存状态,真的很苦又很囧。当然,现实还可能更苦更囧一些。请问,一线高中教师为什么会这么苦这么囧?答曰:就是为了办好"人民满意的教育"!

说实话,人民希望学校和教师把孩子教好,成人成才这是天经地义的。可是,问题的关键是这个"好"究竟该怎么理解。是只会乖乖地接受教师灌输的书呆子,是只知道死练死考的机器,是只晓得考取好大学而不知自己的人生理想为何物的庸人,还是考取大学就到站,只想着大学毕业就做人上人,从来不懂得为他人和社会服务、造福的混世贵族?这些问题,一些"人民"是很少过问的,他们只知道惯孩子、宠孩子、望子成龙、盼女成凤,希望孩子将来能够轻闲自在地挣大钱,做有钱有势的人上人。更令我们痛心的是,我们的基础教育(尤其是高中教育)正在全心全意地迎合着这样的"人民"!实事求是地讲,每年每月甚至每天,我国的各级各类教育期刊都在刊发很多展望或包装"最理想的真教育""人民满意的教育"之类的论文或报道,只可惜这并不是真的教育实践,仅仅是用来包装和展示的,仅仅是用来评职称、迎检查的,仅仅是用来骗取世人眼球的,最终还都得乖顺地跪伏在"应试主义"面前!中华民族要醒悟,要文明,要自立,要民主,要发展,要繁荣,要真正实现复兴和强盛,这是中华民族共同的伟大理想。请问,如此办人民如此满意的教育,这个伟大理想的实现还有希望吗?

还我教师的身心健康以及学习、发展与自主提升;还我学生的身心健康以及乐学、会学与个性发展吧。

53. 观念出智慧

著名语文特级教师钱梦龙曾讲过一句名言,即"观念出智慧"。钱先生讲这话的本意是在强调,只要教师心中有学生,把学生看做学习的主人,就会想方设法挖掘出许多教学生自主学好语文的教学智慧来。钱先生为什么能够长期实践并最终提炼出这样的导学思想呢?原因并不复杂,因为他心里有独立的学生,他希望学生都能够自主自觉地学好和会学语文,但同时又不至于"放羊"和背离语文教学的本质,所以他生出了这样的语文教学智慧。

今天的中学语文教学(尤其是高中),为什么会深陷"极端应试主义"而不能自拔呢?为什么非要整天压着箍着逼着学生死学死练死考呢?理由也很简单,就是很多教师只想照着高考试卷的板块和模式大搞特搞所谓的仿真考练,心里根本就不存在让学生自主学习、历练、发展和提升的教学观念。这样的死观念,又怎么会生出教学智慧来呢?即使生出智慧来,也只能是窄化、异化语文教学,高仿真、技术化"应试秘籍"之类的假智慧。

其实,"观念生智慧"这句话,不仅在学科教学领域有着特别重要的价值,而且在学校、班级的管理工作中也是很值得我们学习和借鉴的。下面,我主要谈几个案例:

1. 学生自己分饭

现在的中学食堂大多都是学生刷卡买饭,然而有一所学校的校长却坚持这样做:每到饭时,学生都分组坐在饭桌旁等待值日(轮流)同学把饭菜端到桌上给大家分好,之后同学们再一起进餐。天天如此,月月如此。他为什么不嫌费事而非要求学生这样做呢?静下心来思考一下,大家还是能够从中窥出这位校长的良苦用心。一组一组的同学都静静地坐在那里等待开饭,这叫做练静心功,练组织纪律性;轮流值日分饭菜,这叫做培养爱心,发育担当和服务、奉献精神;大家一起吃饭,这叫做培育与他人沟通、团结合作、互助友爱的能力和意识。要求学生不浪费饭菜,不大声喧哗,不要狼吞虎咽,讲究卫生等,同学们之间还可以相互监督,一同做好,以培养良好习惯。

2. 学生分组整理床铺和洗漱

学校宿舍的洗漱用具不足,也不可能有那么大的洗漱空间,而学生人数又多,就寝、早起的时间又有限。这显然是个很大的矛盾,搞不好学生就会怨声载道,甚至对学校管理产生抵触情绪。怎么来解决好这个矛盾呢?有位校长是这样做的:同一宿舍6名同学,在晚就寝和早起床的规定时间内,同时有3人在洗漱,有3人在整理床铺、衣物等;过一会儿,再交换做。这样一来,学生就不再纷乱地你吵我嚷、你争我抢了,也节省了时间,提高了做事效率。更为重要的是,长期这样做会很自然地使学生养成珍惜时间、注重效率、遵守纪律、礼让他人、互助互爱等良好习惯。

3. 学生巡演文艺节目

二十多年前,每到国庆、元旦等节日,学校还允许各个班级搞联欢活动。当下,不要说节日联欢活动了,就是运动会都简化到不能再简化的程度了,至于春游、秋游、参观工厂、农村等活动,就更是少之又少。理由一大堆,什么安全不能保障了,什么学生会玩得心野了,等等。其实,最重要的理由,也是最不好端到台面上的理由就是抓应试教育的时间那么紧,负担又那么重,哪还有闲心搞这些活动啊——哪有比在学校好好上上课、考考试、练练仿真题更重要的事情啊!倘若再出现安全事故,谁来担责?

记得二十世纪九十年代初,当时我所教的班级不仅常搞春游、秋游以及到工厂、农场参观等活动,更是逢国庆、元旦必搞联欢活动,活动形式也大多由学生讨论决定。但是,特别之处在于每次搞国庆、元旦联欢活动,我都要求学生选我班比较好的几个节目到兄弟班级去巡演。在我们班的影响下,这种巡演形式最终竟成了学校各个班级的"必选动作"。这样一来,各个班的联欢节目就都变得更丰富多彩了,着实给同学们带去了很多快乐。这样的活动形式非常有利于培养学生自信自立、自力自强、自我展示、交际合作、团结友爱等意识、能力和品质。

4. 学生自觉浇树

1989年春天到2005年夏天,一晃都16年光景了,也难怪这树都长这么高这么粗啦!我抚摸着树皮就像抚摸着自己孩子的脸蛋儿,心里热热的酸酸的咸咸的。"这树能活下来就不易,长这么高这么粗更不易呀",我自言自语,眼圈湿湿的。霍林郭勒市(内蒙古通辽市禹北四百公里外的一个县级市)每年的9月15日左右就进入飘雪的季节,一直至第二年6月15日左右才结束,这里的白杨树每年只有三个月的生长期,活得很艰难啊!当年,我们共栽下了六排:紧靠西墙两排,约四十棵;紧靠南墙两排,约五十棵;紧靠东墙也两排,约三十棵。总共有一百一

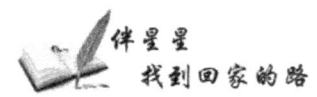

二十棵吧。我们班当时36名同学，分18个互助组，每组两人分得六七棵承包树，保证白杨树成活。同学们积极性甭提多高了，把自己组承包的树都挂上了牌牌，并端端正正地写上两个人的名字，每周浇两次水。两个月后，每周至少浇一次水，就这样一直浇到上冻。第二年春天接着又浇到初冬，直至所有的树都成活了。哎，我那个班的学生可真叫一个可爱呀，这事都是他们自觉、主动地去做的，没有一个人偷懒，更没有一个人叫苦。

可见，教育无小事，立人是天大的事！学校的教育教学工作细多而繁杂，但是每一个环节和过程，只要教育者肯用心，都会收到树德立人的好效果，最关键的是我们到底该树立怎样的教育教学观念。观念对头了，目中有人了，一切都为孩子的身心健康和未来发展着想了，我们就会自主自觉地生发出很多很多的教育教学智慧来。

54. 想起"教育要同生产劳动相结合"

今天,我又想起了当年初中物理课上的这段故事:

黄老师走进教室,怀里夹着一卷报纸,报纸里裹着个"洋油瓶子"(装煤油的瓶子,有二尺多长)。"同学们,谁能把这个洋油瓶子从中间整齐地掰开?"黄老师指着瓶子中间紧缠着的一圈棉绳说,满脸期待和微笑。教室里一片沉默,同学们交头接耳,小声地议论,没有人举手。"我就能把它掰开。"黄老师得意地说着,"同学们想不想看啊?"继续吊着同学们的胃口。只见他划着一根火柴,点燃了瓶子中间那道紧缠着的棉绳——原来那道棉绳蘸饱了煤油。不一会儿,就听到"咔"的一声响,瓶子真的就从中间裂开了。真的太神奇了,简直就像在变魔术!有几位同学竟叫出声来。"同学们想知道这个洋油瓶子怎么裂开的吗?"黄老师问道。"想知道!"大家一起喊着。"好吧,今天我们就一起去揭开这个谜底。请同学们打开课本,翻到'热胀冷缩'这一节。"黄老师就这样把我们导入了新的一章。

课后,我们都明白了这个原理:受热部分的分子膨胀,没受热部分的分子保持原来的状态,分子密度发生了急剧的变化,瓶子就断裂了。

直到今天,35年过去了,我还牢牢地记着这个故事和这个原理。当年,我们也没有做那么多练习,更没有没完没了地考试,那为什么会记得那么牢实呢?我想,这就要归功于黄老师的生活化物理知识教学了。

这样想着,我又想起了学数学的一些趣事。在学圆柱表面积时,老师先把班级的铁皮水桶放到讲桌上,先从长方形聊起。"长方形的面积等于长乘以宽。那么,请同学们想想,这个水桶该怎么计算啊?"同学们马上就反应过来了:"上底或下底的周长乘以水桶的高,外加两个圆底的面积。"这样的学习,真是用生命在学,一辈子都记在心里了。我的小学和初中都是在农村学校上的。当时虽然条件很简陋,但我学得却很活很扎实,甚至一辈子受用。今天想来,似乎也没什么,就是教学与生活相融通,很多公式、定理等都是老师领着我们到生活中学的。比如,小学的"乘法口诀",就是数着黄豆粒教的,中学的"圆的周长"就是在操场上画圆圈学的,"酸碱中和"就是回家观察妈妈蒸馒头学的,"压强原理"就是观察、体验民兵训练的步枪上的刺刀和枪托学的……

每每看到当今的课堂，我就想到这样的故事，我就会产生一种强烈的感觉：我们的教学离现实生活和学生生活体验真的是太远了！不要说领着学生到生活中做着学、学着做，就是与现实生活紧密融通的例子也很难从教师嘴巴里讲出来。今天，我们也有实验课，但这种实验仍是书斋气十足，离学生的生活体验还是比较远，绝不是那种与"原生态"直接融通。这令我不由得又想起了"教育要同生产劳动相结合"。

提起"教育要同生产劳动相结合"，现在的很多人动辄会不由自主地忆起"文革"，想起"上山下乡"等，忆与思的东西往往都是负面的，甚至是全盘否定的。这里，我不想在是非曲直上饶舌，只想强调看问题一定要辩证一些，不能一边倒走极端。我认为，教育必须与生产劳动相结合，应该是我国基础教育的一个基本原则。因为，脱离社会生活，拒绝与生产劳动相结合，学生们就不能真正地深入社会实践中体验丰富多彩的社会现实；相反，学生仅仅是被圈在学校里啃书背书，结果只能成为一些虽具有着比较全面和完整的学科知识体系，却只会做题和应试的书呆子。一个人在学校里获得的知识要真正发挥效用，必须经受社会实践的重新检验、必需经过一番"解构"和"重构"的过程。没有这样的一个过程，任何一位书本知识的拥有者都将无法真正适应社会、实践于社会、造福于社会。"教育必须与生产劳动相结合"的要义正在于此。

最后，我再重申几句。我并不主张学校教育全都到社会现实和生产实践中去办，那样未必教学效果就好，事实上也几乎是不可能的。我也不认为开几节劳动技术课，搞几次社会实践活动就意味着真正做到了教育同生产劳动相结合。我只是要强调，教育必须与生活、与社会现实和生产实践相融通，尤其是课堂教学更是要这样做。只有教师活教教活，学生才有可能活学学活、会学会用、学用结合，真正开发智力，把知识和技能学到家。

55. 这样的无奈早该结束了

常听体育老师和实验老师讲:现在的体育课和实验课,从学校到家长再到学生都很不重视,真的太难上了!这不,今天恰好又看到一篇博文,看来,问题何止一个"难"字了得啊!请先看看那篇博文:

翻开体育、实验成绩单就可以看到:几乎所有学生的分数都非常高,在体检方面也几乎全都达到要求。但是,请不要高兴,事情并不是肉眼所看到的那样。体育、实验方面,几乎所有的学生家长都会动用资源为自己的孩子买个高分的,这已是人人共知的事。即使是那些没有动用资源去买的学生,分数也不会很低。因为监考老师都知道学生在平常只学习实验的理论知识,而几乎没有时间亲自动手做实验,也更没有时间做体育运动,他们体育和实验方面的训练都是在中考前一两个月开始突击进行的。所以,学生在体育、实验方面都不行,再加上考试时的紧张,学生很难做好实验,考试时监考老师也就不难为学生了,睁一只眼闭一只眼地任他们去做,只要学生自己做完实验并填好相应表格就算过关了。至于高考体检,也只不过是一种形式罢了,学生在进行过所有项目的检查后,便自己填写体检表,填写的标准只有一个,就是"通过"(所有项目都符合标准)。家长、学校、当地教育部门都不希望因为体检而影响学生进入大学,或者是无法进入大学,影响孩子的一生。

这位老师的博客写得蛮实在的,简直就是照相式表述。看了这样的情形,体育老师和实验老师的课为什么很难上的缘由也就该明白了。对此,我想,课很难上恐怕倒是其次,大不了对付着上呗,倒也落个清闲自在——何必那么较真呢!但转念一想,体育学科事关学生的身体健康,实验学科事关学生理论与实践结合能力、动手能力以及追求真理的品格培养,可谓与学生的身心健康密不可分,真的都太重要了。我们绝不该以牺牲学生的身心健康为代价来换取所谓的考试得高分啊!这样的代价实在是太昂贵了!

该学的时候不好好学,考试的时候又都能顺利混过关,连起码的理性和规则都不遵守,这无疑等于在教孩子我们可以不遵守起码的理性和规则。于是,学生就带着这种病态的思想意识上了高中,考上了大学或走入了社会。至于以后这样

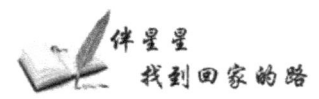

的意识到底会给他们的精神和品格发育和人生发展造成怎样的、多大程度的危害，这些都无人去考虑了。最可悲的是，很多学校领导、家长、师生乃至社会上的大多数人似乎都还没有认识到这个问题，或者说认识到了也必须得"适者生存"地随大流。

可能有人还会讲，学生马上考高中了，或者就要考大学了，难道还非得那么死心眼儿，给学生搞一个"不及格"而影响他上高中和上大学吗？还要因这点小问题影响学生一辈子吗？问得很在情理，我们确实好像不该这样做，但是一些学生的体育和实验成绩实际上就有那么差，对此就该睁一眼闭一眼地混过去吗？显然也不应该，道理前面都讲了，就不多啰嗦了。但是，我还是要特别强调两点：

第一点是：最近，《国务院关于加快发展体育产业促进体育消费若干意见》已发布，并特别指出："营造重视体育、支持体育、参与体育的社会氛围，将全民健身上升为国家战略，把体育产业作为绿色产业、朝阳产业培育扶持，破除行业壁垒、扫清政策障碍，形成有利于体育产业快速发展的政策体系。"可见，全民体育已被国家视为绿色产业，全民健身被提到了国家战略的高度。我认为，作为教育工作者决不能仅仅着眼于"产业"来关注这个问题，而要上升到提高中华民族身体素质和健康水平，为国家培养身心健康的合格人才的高度来重视这个问题，落实好这个国家战略。假如真的把思想认识提到了这个高度，我相信，那种弄虚作假、混混过关的体育成绩考查的现象就一定会得到比较彻底的扭转。学校整体不重视体育的大气候被扭转过来了，学校的体育课也就不会再那么难上了，最后学生的体育成绩和中高考体检等也就不会再那么问题多多了。

第二点是：学校的实验课特别重要。它不仅让学生感受、体验、理解知识和定理的形成过程，进而真正用生命学得和消化知识和定理等，更重要的是实验更有利于培养学生的实证和求真精神，更有利于教学生学做真人，对学生精神和人格的培育意义特别重大。如果学校总是两眼仅仅盯着中高考，急功近利地狠抓死教死学死练死考，而严重忽视教学过程中的实验环节，其后果何止不利于学生学习和消化知识，更会严重危害学生精神和人格的健康培育，也会危害教育事业本身的健康发展。

那么究竟怎么样来解决好这个问题呢？我认为，还是要坚定地树立起对提高中华民族身体素质和健康水平负责的观念，平时就目中有人、因材施教地抓实抓好体育教学，把每一节体育课都上好，随教随考，及时发现问题并解决问题，扎扎实实地把"底子"打实在那里。这样一来,学生的身体健康也就有保障了,也就基本不存在体育成绩考查时的流于形式以及到医院体检时弄虚作假等问题了,也就会杜绝因流于形式和弄虚作假对学生心灵发育造成二次伤害了。

常言道:校园无小事,教育是大事。每天,我们的学校都在发生各式各样的大小事件,但应该有一条原则,那就是必须要把好"育人"关。那些对学生身心健康不利的事情,或者说搞不好就会对学生身心健康造成危害的事情,从学校领导到教师和家长等都必须高度关注,慎之又慎,合理操作,尽可能视角广阔、管理精细地优化学校的育人环境。当前,我们中学(尤其是高中)校园绝大多都是应试主义泛滥成灾,只见分数不见人,所严重缺乏的就是这种广视角、精管理、全覆盖的育人举措。既然如此,那就该更加用心、细心地抓实做好每一个细节,没别的,只为学生能够身心健康地成长和发展,只为中华民族健康、文明、幸福、美好的明天。一句话,这样的无奈早就该结束了!

56. 学生撕的仅仅是书吗

5月30日,是陕西省长武县中学高三学生在学校最后一天上课,下午他们就将放假回家,准备迎接即将到来的高考。从上午十点多开始,一场疯狂的撕书活动在高三教学楼上演。因为担心学生会在撕书扔书时"夹杂"暖水瓶等危险物品,当天学校特意安排了老师制止学生的疯狂行为。因不满老师制止他们的撕书行为,六名高三学生围殴了这名50岁的老师,将三根拖把棍打断,造成老师头部受伤。

(摘自2014年6月2日《华商报》)

这名遭六名高三学生围殴的老师姓曹,伤得不轻。但是,为了不影响这六名学生参加高考,经过教育局和学校协调,曹老师现在已答应暂时不报警,等高考结束再作处理。

近年来,每到初三和高三毕业季,此类"撕书狂欢"就会在一些学校里上演,这几乎已经成为一种中国特色的"校园文化"了。以往的情况是,若没有太过激的举动,仅仅是一阵疯狂的撕书抛书,学校对此一般都持宽容态度。偶尔,好事的记者还会来拍几张照片,附上一段"宣泄压抑心情,释放青春激情"之类的文字。然而,今年在陕西省长武县中学,这场"撕书狂欢"竟演变为学生对老师的集体围殴!真是令人瞠目结舌,不敢相信这就是毕业季的学生在围殴他们的老师!震惊和伤心之余,更多则是一种深深的失落与悲哀。

近年来,"校园暴力"的话题屡屡成为社会关注的焦点。我认为,除了教师或学生的个体因素之外,学校爱心教育、人性教育、人格教育、心理教育、生命教育等的严重缺失应该是主因。不是吗?学生只要考试分数高就可以一俊遮百丑,就什么都优秀,怎么看都顺眼;学生考试成绩不理想就是差学生甚至坏学生,有什么闪光点都视而不见,整天只能接受白眼与呵斥。教师呢?只要班里多考几个名牌大学生就自动升级为名师,成了大家学习的模范,缺点都可以变成优点。一切都要靠考试分数、高考升学率来说话!学生的考试分数不高、没有几个考上名牌大学,所有的教育教学工作都归零,至于做人教育以及转化了多少个后进生之类,根本就不会有人过问的。就说这长武县中学的殴师案吧,表面上看仅仅是个突发个案，但我并不认为这完全是六名高三学生一时冲动的结果，其背后应该有着积蓄已久的对立与不满。从道理上说，几年的高中生活，理应能够让学生对母校产生一种归宿感，对老师保持一种最起码的尊重乃至敬畏。然而，现实为什么竟如此冷酷呢？师生之间，怎么一有点儿矛盾，就迅速激化到一发不可收拾的地步呢？我认为，原因就在于"应试主义"主导了学校的一切工作，考试成绩成为评价一切的标准，爱心教育、人性教育、人格教育、心理教育、生命教育等又早已被严重淡化了，或者说仅仅成了一个个标签！学生们的情感与诉求长期被过度压抑，以至抑久成病态。师生之间长期缺乏沟通与交流，几乎沦落到了仅仅靠分数和利益来维系的地步。这些现象在不少高中学校都比较普遍地存在着。

也有人认为，青春可以用来张扬。"撕书文化"的流行就是这种"张扬"的一种体现。学生不再甘于被"家长制"作风所主导，不愿意去过一种被设立和安排的人生，他们渴求更多的独立与平等，故通过"撕书"这样一种具有破坏力的行为来获取更多的关注度和话语权，以彰显自己的存在感，发泄青春的躁动与不安。说得好像很在理，但是，这样的"张扬"不是太残酷了吗？这种"疯狂撕书加暴力"的行为，已然超出了道德与法律的底线，"青春"已然成为无知与愚蠢的代名词，而他们对此却浑然不知，这难道仅仅是几名学生的可悲吗？再从"将三根拖把棍打断"等细节来看，几名学生下手非常之狠，甚至是不计后果的。可见，当这几名学生将拳头和拖把棍挥向这名老师的时候，一同倒下的还有他们自己愚昧、迷惘的青春。他们是粗野的施暴者这不假，但他们更是无知的受害者，这害他们的更应该指向学校、教师、家长和社会！

这件事最后到底该如何处理，这已经很不重要了，更重要的是我们一定要十分清醒：学生撕的并不仅仅是书，打的也不仅仅是他们的老师！学生撕的还是目中无人甚至缺乏人性的"应试主义"，学生打的还是严重扭曲、变态的中学教育以及急功近利、扭曲变态的教育环境！

57. 这种"洗牌式"分班行为必须叫停

近些年来,在苏中、苏北地区的一些高中学校渐兴起一种新分班模式,那就是每学年结束后都要分一次班。具体的分班方式是:高一结束升高二和高二升高三时,把原有班级的学生打乱,然后按照上学期的期末成绩重新编排学生、重新调配任课教师。我们称之为"洗牌式"分班。如此分班的理由是:每学年后重新按学生分数均衡分班,使年级每个班学生的学习成绩都大体相当,大家又都在一个新的、比较均衡的起跑线上重新开始角力,以免因学生学习成绩的不均衡而影响班主任和科任教师的积极性,最终影响高考升学率。然而,事实上这样分班除了便于以分取人、统人、评人,急功近利地搞应试教育外,远没有充分调动教师的积极性、主动性和自觉性,甚至还奖懒罚勤,严重挫伤了一线教师的积极性、主动性和自觉性,还加大了班级和学校的管理难度,给教育教学与管理造成了许多的弊端。

第一,从学生角度来看。学生都有情感,他们都需要有一个相对稳定的班级,需要在一个相对稳定的集体里学习和生活,借此不断使情感、人格、品格、精神等获得发育和提升。同时,这种班级生活也会在将来给学生带来美好的回忆,进而使学生将来对母校和那个班级都有一种归属感。这是人性的一种需求,更是学生人生发展的一个重要环节,甚至是他们未来幸福生活的一种需要。这样频繁地分班,显然无法满足学生这种情感和心理上的需求。同时,这种分班还会助长个别情感麻木、人格发育有缺陷的学生的浮躁心态。这类学生总是自我感觉良好,他们看到的常常是教师和同学的不足,而看不到自己心态、性格、人格甚至人性上的缺陷,更沉不下心来做深刻自我反思,总想着换换班级环境。这样分班恰恰非但不利于这类学生在心态、性格、人格甚至人性等方面的自觉反思,不断觉悟,反而助长了他们心态、性格、人格甚至人性等方面的缺陷越来越严重。当然,个别学生需要换换班级环境的要求肯定也有其合理性,也应该适当考虑满足他们的需要,但还是要特别注意他们心态、性格、人格甚至人性等方面的良好培育。我要强调的是,定期"洗牌式"分班,而不关注个别学生心态、性格、人格甚至人性等方面的良好培育,这无疑会助长这部分学生看不到自己有缺陷的不良期待心理,进而更

第六辑 教育随感篇

导致他们不能够健全发育和健康成长。这种动态的、目中无人的、完全以便于应试管理为目标的分班制,最终剩下的只能是苍白、可怜、害人的分数。

第二,学生的学习也是需要一个相对稳定的环境来彼此交流、互助和竞争的。同学之间的友爱、友善以及他们之间那种竞争而不嫉恨、互助而情谊日深的境界等,也都是需要一个相对稳定的环境来培育或自助发育的。换个角度讲,一个良好的、有益于全班学生学习和做人的班级环境是需要时间来培育的,一旦培育成功又需要相对稳定的。只有生活在这个良好相对稳定的友善互助的学习环境中,学生向善的人性、健全的人格、高尚的品格、阳光的心态等才有可能一点点生成。这样分班,显然是不利于这种友善互助的学习环境的培育的。不仅如此,还会加剧师生眼里只见分数不见人,整天只知道浮躁、匆忙地死教死学死练死考,分数分数再分数。这样下去,学生自然也就一点点成了只会做题的机器,而严重缺乏为人的宽度、厚度和深度以及处世的能力、艺术和智慧。

第三,从教师的角度看。每个教师的知识体系是相对系统的、完整的。不同的教师会按自己的步骤,有先有后、有所侧重地进行教学。好的教师多是有他近期、中期和长期的教育教学规划的,这也是学科教学和学生教育所客观需要的。当然,这种规划都是需要通过较长时间、较稳定的师生合作来实现的。如果三年一贯下去,一方面教师为了获取学生的认可,就要不断地完善自己的教学体系;另一方面学生也会熟知教师的教学套路,轻松而愉悦地学习,并形成一种完整的知识体系。但是这种"洗牌式"分班则人为地破坏了这种知识体系的完整性。可见,班级内师生合作大多都是有其个性色彩且无法复制的。而这种分班制则无视教师近期、中期和长期的教育教学规划,无视教师发展的实际需要。常此以往,教师也就既没有长远教学的意识,也没有自我长远发展和提高的意识。

第四,学生与老师、学生与学生之间的协调,也都是需要有一定的磨合期的。这种磨合期是客观存在的,是由师生之间、生生之间心理、思想、观念、情感、地位、身份等方面的差异造成的。磨合好了,对教与学、对师生的成长和发展都有益;磨合得不好或得不到很好的磨合,也就没有什么益处可谈了。这种频繁的"洗牌式"分班,形式上虽然没有取缔班级授课制,但实质上却极大地破坏了班级的稳定性和持久性,势必会人为地频繁中断这种磨合期,造成磨合不好或不能很好地磨合,因而会严重影响师生的情感、心理、志趣的良好培育。

第五,教师也都需要成就感。这种"洗牌式"分班,只会使那些急功近利、死

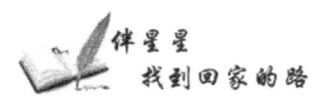

教死考死练,不考虑学生长远发展,没有长远眼光的教师更有成就感。而那些有长远眼光、重视学生全面发展和未来发展的教师则往往很难短期内获得成效,也就没有了成就感。于是这些教师也只好识时务,短视一些、功利一些。原因也不复杂,就是不这样做就可能导致学生考得不好,进而导致评价不好,得不到更多的奖励,以致名利都丧失掉。可见,这种分班制根本就无法保障有长远眼光、搞真教学和真教育的教师有一个较稳定的积极环境。谁都知道,这种较稳定的积极环境更有利于教师教学风格的形成和名师的培育。既然这一切都几乎不存在了,又怎么来培育和造就一批真正的教育名师呢?

  第六,从学校管理的角度来看。每年学校重新分班以后,班主任都得重立规矩,重新整顿班级纪律,费时费力,效果不佳。以前被班主任管得松的学生,受不了现任班主任的严厉,会产生逆反心理,与现任班主任发生对抗;以前被班主任管得严的学生,现在突然遇到一个管理不严的班主任,会感觉自由了,变得恣意妄为起来。另外,先前的同学分散在不同的班级之中,分班后造成了学生之间的走动串连;先前的矛盾积怨没有解决,分班后正好利用新交朋友之机加以解决,进而甚至出现挑衅群殴现象。如此种种现象,都给班主任的管理带来很大的难处,给学校的班级管理带来极大的不利。不仅如此,这种频繁的"洗牌式"分班还严重地暴露了其奖懒罚勤的弊端。某班教师教得好一点,出现一个波峰;某班教师教得不好,出现一个波谷。不要紧的,分班之后就又扯平了。如此这般,长期下去,哪个班级的教师还愿意教出一个"波峰"来。这无疑又严重地伤害了教育教学做得好的教师的积极性,而且还容易产生一些不必要的矛盾,不利于和谐上进,使教师管理更难。最为严重的是,这种频繁的"洗牌式"分班,本身就是仅仅指向高考应试、只看分数不问人的,本身就不想把教学搞成一个综合、深入、系统、完善的工程,也根本就没想为教学相长、师生都获得学识、能力、人格、境界等方面的提升创设一个相对稳定的师生合作环境。这样一来,学校的教育教学管理也就基本丧失了对人的培育和提升的关注,也就谈不上什么树德立人了。

  当然,我们还必须承认,这样分班也是一些学校领导为了迎合家长和社会心理的无奈选择。但这绝不该是必须这样选择的借口,因为我们必须要看到:相对稳定的教学环境更利于充分调动同班授课教师工作的积极性、主动性和责任心,有益于他们的稳定合作,团结协作,也有益于最大限度地减少影响教师发展的消极因素。这对教师长远观念、大局观念、责任意识、合作意识的培育和强化都很有利。同时，相对稳定的环境还有利于规避教育教学的短视行为，有益于对教师个体做出长效的、科学的评价，真正调动起教师教书育人立魂的积极性，矫正那种只为应试而不顾学生做人立魂的伪教育倾向，从而减轻或杜绝短视的伪教育给师生、教育事业、国家和民族未来造成的危害。

总之，这种频繁"洗牌式"分班必须叫停，再也不能任其发展下去了。这不仅严重损害了学校和领导、教师的形象，更是严重挫伤了教师工作的积极性、主动性和责任心，也一点点儿地泯灭了教师们的长远观念、大局观念、责任意识、合作意识等。教育的实质就是唤醒、发展和提升人，学科教学就是实现这一实质目标的主渠道和主阵地。我们的基础教育，尤其是高中教育的希望在哪里，就在于彻底摒弃应试短视的陈腐观念，让学科教学返本归真，真正实现学科教学与育人立魂的有机结合。为此，彻底废止"洗牌式"分班的短视行为也就成了革旧鼎新、走向希望的当务之急。

58. 凭什么叫我"差生"

董老师,此时此刻,我真的很气愤。今天课间操下来,我与数学课代表到老师办公室去取作业本。××老师正在那里发火:班上这十几个学生,真是没法教了,分数低得可怜,要多差有多差,这么差还读什么高中啊!瞧××老师那表情,听他那恨恨的言语,那些考得不好的学生,简直就是不该活在这世上的垃圾。老师,我真的很困惑很烦恼啊。不是说老师要关爱每一位学生吗?不是说学生可以不会但老师不能不教吗?不是说要尊重学生的个性差异吗?同学们数学学得参差不齐,这该不该算作个性差异呢?数学学得差就意味着所有学科都学得差吗?学习不好就等同于什么都不好吗?如果学生什么都好,各科学习也都能学得很出色,那还要老师干什么呢?……董老师,我心里真的好难受啊,真好像就有"十万个为什么"在抓挠着,撕扯着,纠结着。老师,您能回答我吗?……

这是几年前一位学生写给我的一封信,当时是写在"成长随笔"本上的。现在,这位学生已经上大三了,但前几天的一件事又激活了我那段记忆,那么深刻,令人难以挥去。

记得当时我找那位学生到办公室谈心,一再劝导:要理解老师辛苦付出也想获得相应回报的心情,要理解老师不是圣人、也可能犯错误的客观实际,要多想想同学们毕竟还有做得不够的地方。哪知那位学生只这么几句话就呛得我目瞪口呆:这些我都能够理解,但理解不等于可以容忍!那位老师就是骨子里都不喜欢数学学得不好的学生,骨子里都讨厌,所以他才会这么自然地骂学生的,简直都成了他的口头禅了。就这样,那次谈话,最后竟以我的黔驴技穷而告终,因为我实在不能再违心地强词夺理,或者祈求学生如何去理解老师,维护老师尊严了。之后,我陷入了长达一个多月的深刻反思,最终梳理出这么几点:

第一,学生凭术业专攻可以反过来做教师之师。韩愈在《师说》里曾讲:"弟子不必不如师,师不必贤于弟子,闻道有先后,术业有专攻,如是而已。"现在,也有专家在研究"学生如何反哺家长和老师"之类的课题。从尊师的道理上讲,学生固然该尊师、爱师,但这并不等于说学生只能被动地接受老师的教育和灌输,就只能处处不讲尊严地迎合、讨好老师,更不等于说学生还可以平心静气地接受老师的辱骂。不仅如此,学生毕竟同时学很多科目,而老师大多只教学一个科目,这样一来,就某一学科而言,学生甚至完全有可能给老师做这个学科的教师。比如,有的学生就可以给语文学科老师做数学教师,给物理学科老师做英语教师,等等。尤其是在网络信息、多媒体应用等领域,他们更是可以做一些年龄大的老师的教师。这样一来,我们做教师的就该好好反思了:虽然学生是我们的学生,但换个学科或领域,他们则又可以做我们的老师。实事求是地讲,教师与学生应该是亦师亦友的关系,而他们也确实有资格成为我们教师的师友。这样看来,不要说学生的人格和尊严本该得到我们的尊重,就冲着这亦师亦友的平等关系,他们也应该获得平等和尊重。可见,陈腐的"师道尊严"之类还是该改一改,放一放了。

  第二,学生某门或某几门功课差并不等于门门都差。学生的某门或某几门功课差,其原因也是复杂的、多方面的,不够努力很可能只是原因之一,说不定学生从来就都没有放弃过努力呢,只是学得不得法。作为教师,应该全心全意地帮助学生找出学得不好的原因,并耐心地帮助学生克服困难,努力把成绩提上去,最起码要使学生能够从自卑和压抑中解脱出来,而不是仅仅看分数,发脾气,骂学生。说实话,某位老师所教学科学生学得差,说不定还与这位老师的教学态度、策略、方式,甚至上课时的表情、谈吐等很有关系呢。我们做教师的总是倾向找学生的毛病,其实有时还是需要深刻地反省和检讨自己的,更何况有的学科学生还是学得很棒的。如果有可能的话,探讨起学生学得好的那些学科来,说不定学生还可以骂老师"不可救药"呢。如果我们教师能常常这样想想,也就不会那么焦躁心烦,总是找学生的不是了。师生关系和谐了,对学生学好教师所教的学科肯定是有益的。

  第三,就是学生功课基本都不好,也不等于他就什么都差。有的学生天生就对书本不感兴趣,学不下去,功课都一塌糊涂,就像当年的霸王项羽似的。但是,这也不等于说这位同学就什么都差,尤其是将来。玩玩音体美,学学待人接物等,说不定还是达人和明星呢。不妨打个比方,把我国跳水、羽毛球、乒乓球等体育项目的世界冠军都集中到某国家级示范高中的某个班级里,与那些准备考名牌大学的学子比学习功课,他们肯定是一败涂地。但是,我们能据此就说这帮世界冠军差得要命吗?学生都是有个性特长的,在很大程度上讲,教育的目的就是要发展学生的个性特长,让每个学生都获得成功。不妨换位思考,如果让我们这些教师去做学生,这些有个性特长的学生恐怕也会嫌弃我们太差呢。差,只是某个方面

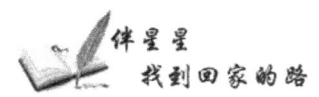

差,绝不等于什么都差,我们做教师的就是要让每个孩子不要什么都差,都能体面地自豪地发展好他们的个性特长,将来凭依他们的个性特长幸福地工作和生活,也为他人和社会创造美好和幸福。

第四,就算学生真的品学兼差,他们的人格和尊严也应切实得到维护。品学兼差的学生到底有没有?我不敢说绝对没有。教育不是万能的,人人生而平等。这样的学生,他们的不良品行的形成可能有来自基因、心理、经历、家庭、学校以及社会等诸多方面的复杂原因。对待这样的学生,我们做教育工作的,只能是努力走进他们的生活世界和心灵世界,深入探因,精心呵护和引导,让他们的人格和尊严得到切实的维护,进而使他们慢慢树立起尽力学好的信心。如果根本就做不到这一点,整天除了歧视还是歧视,"真差!""真差!""不可救药!"地喊个不停,那可真的就是越喊越差了。一个人连起码的人格、尊严和信心都没有了,他还会顾及什么呢?就更不要谈什么自强、奋斗和发展了。

第五,尊重学生也就是尊重我们教育工作者自己。"凭什么叫我差生?"这句话是品学有一定差距的学生心里话,也应该成为我们每一位教育工作者的警示语。前几年,教育部门硬性规定不许叫学生"差生",改叫"后进生"。其实,改变叫法并不是目的,也不可能彻底解决好这个问题,况且后进生也不是什么好名称,"后进"两字还是很刺激人的,最关键的是我们做教师的必须充分认识到学生是有人格和尊严的。其实,每个学生都有自己的闪光点,学生也是我们教师自己的师友,尊重学生就等于尊重我们自己。我们教师的使命只能是:尽心尽力地点亮闪光点,呵护自尊心,激活上进心,分享师生共同成长进步的果实。

这不,前些天那位学生与我网上QQ聊天:

董老师,您还记得四年前的那次谈话吗?可能您都忘记了。当时,我对那位老师骂学生的行为真的是太气愤了,也没有给您面子。现在想来,自己还是年轻气盛,讲了很多今天看来很不妥的话。那位老师上课、讲评作业还是很用心的,也很关心我们。也许当初他太恨铁不成钢了,也许他真的太看重"付出总有回报"了,总之我现在不仅理解了他,更谅解了他。将来我也会为人之父的,我还真希望我的孩子能摊上一个很负责的老师呢。不过,我还是希望老师在严格要求、认真负责的同时能够不再骂学生"太差"。学得差并不是学生的主观意愿,学生是有差异,但没有谁天生就是差生,老师凭什么叫学生是差生呢?

说心里话,学生的这段心里话确实来得有点儿迟了,但毕竟还是来了,就像迟

到的春天一样。读着学生这段心里话,我再一次陷入了深深的反思,于是写下了以上那些文字,并且又想到了以下的一段话:

　　学校没有差生,学生只有差别和差异。学生这种差异的形成,是因为每个人的先天禀赋和后天成长环境以及所受教育不同。其实每个学生都拥有自己的智能强项,智能之间的组合不同,表现出个体之间的智力差异也就是自然的,正如世界上没有两片相同的树叶一样。作为教育工作者,应该承认这种差异,尊重这种差异,并根据这种差异向每个学生播撒真爱和尊重的阳光,给小草、大树以各自茁壮生长的空间。教育本身就是一项充满挑战的工作,只有得法的教育,没有不可救药的学生。教育艺术的真谛,在于以真爱为前提,以尊重为手段,承认差异、接纳差异、读懂差异,进而做到以差异育人,育多元化的本真之人。不必强求小草长成大树,不必奢望葡萄长成西瓜,给所有学生以博大无声的真爱,始终如一的尊重,让每个学生都身心健康、人格健全、独立自主地成长和提升。

59. 教育变革需要每个国人的真担当

首先必须声明一点，我很不情愿提起这个话题，但一个教育工作者的良知逼着我常常想起这个话题。其实，一些媒体也常关注高官和富人的子女到国外读书的话题，以下是一些常见的观点：

一者，有许多贪官送子女去国外读书。他们把儿女和财产送到国外，可以帮自己洗钱，可以在落马时留条后路。

二者，许多富人是靠不正当手段暴富的。一旦违法行为被查，或出现什么变故，可以去海外避难，把子女送出国留学，其实也是留一条后路。

三者，我国目前还存在严重的环境污染、食品安全等问题。对此，这些官员和富人心里都非常清楚，所以他们把子女送到国外，远离这种对生存和发展都很不利的环境。这也算是用心良苦。

四者，海外读书，无论是取得外国国籍还是回国作为抢手的海归，都是很不错的选择。在国内只能上二三流的大学或者大专，毕业出来没有什么竞争力，出去镀金之后，回国后就是靠花钱走关系就业也是很有竞争力的。

这四种观点，我认为还是比较客观的，甚至我们还应该对这些官员和富人的做法表示理解。在市场经济背景下，他们有权凭自己所拥有的金钱去选择优质教育（且先不管他们到底是怎样富起来的），这也该算是一种合理的市场需求。不过，我更想换个角度深入探究一下：除了这些理由之外，高官和富人们肯花大价钱送子女出国留学，是否也有来自我国教育事业发展自身的原因呢？如果有的话，我们的各级政府和教育管理部门乃至我们每一位教育工作者，又该如何去思考和担当呢？

说实话，我们国家的大中小学教育现状的确令人深忧。中学（特别是高中）教育一直都无法摆脱高考升学率这个紧箍咒，一些学校以高升学率为价值取向的教学与管理、评价机制，箍着学生只能选择被动接受，死记硬背，按"标准答案"回答问题，这就严重束缚、抑制学生思辨和创造的活力，极不利于学生个性发展和创新品质的培育。在这种学习环境中长大的孩子，很多人最终只能成为死读书、读死书，只会应付考试，说违心话和谎话，严重缺乏独立思考能力、自主精神和创新品质的人。中国的学生,提起功课来成绩都不错,但独立思辨能力、动手能力和创造力则非常差。这样讲,并不是要全面否定我国的中小学教育所取得的成就——事实上也不可能否定掉,只是我国的中小学教育确实存在着束缚、抑制学生思辨和创造活力,不利于学生个性发展和创新品质发育的地方。

再说当今的中国大学,很多都或轻或重地存在着不思进取、考试作弊、论文抄袭、混取文凭、科研造假、金钱至上、学术腐败,甚至道德沦丧等令人深忧的不良现象,育人环境很恶劣。因此,一些官员和富人就把儿女送到国外去读书了,甚至连小学和幼儿园阶段一些家长都不想让孩子留在国内读了。西方发达国家的教育很发达,教育资源和质量都很好,尤其是以学生个性发展、自主提升为本,重在培养学生的思辨力、探究力、生活力、创造力等,教育理念和环境更是远远优于我国的大中小学教育。说真心话,我们先不提一些高官和富人如何通过不正当手段获取钱财这档子事,仅就他们送子女到发达国家读书这个选择而言,我认为,确实应该是一种很现实的明智之举。这里我只想简单地举一个案例:

一位商界朋友的女儿到美国读书去了。他女儿所在的那所学校是这样安排学生课程的:每一个学生,除了课任老师之外,还有一个指导老师,负责根据学生的学习程度,提出每门课进入哪一个年级学习的建议。结果,他女儿的英文、化学在11年级,数学和美国历史在12年级,法语在9年级。不用多说,显然这所学校的每一门课都是根据学生现有的基础来安排的,是非常尊重学生个性差异和注重学生个性发展的。不妨再看看我朋友女儿的一份历史作业:作业的话题是"关于南北战争",问题有五:(1)你是否同意林肯总统关于美国不能存活除非它全部解放或全部奴役的声明?(2)为什么北方白人反对奴隶制,南方白人拥护奴隶制,但他们都感觉他们在为自由而战?(3)自由对于黑人意味着什么?(4)林肯总统和格兰特将军表示在内战后,南方不应被粗鲁地对待。为什么这是一个聪明的政策?(5)在内战期间,女人开始担任很多以前男人的工作。你能对由于内战造成的社会、经济和政治冲突的问题做出怎样的概括?很显然,这所学校的教学特别注重培养学生的独立思辨能力、动手能力和创造力等。事实上,我朋友的那个宝贝女儿不仅没有在美国教育中"减负",而且经常是一夜只睡三四个小时,只为了做好这种让她匪夷所思的作业。

不过,我们必须承认,这样的作业仅仅靠死记硬背是绝对做不出来的;长期坚持这样做作业,形成自觉,养成习惯,所历练出来的人一定是独立思辨能力、动手

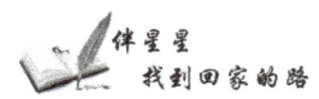

能力和创造力都很强的人。这样的人才,也正是事业发展、国家富强、民族昌盛所亟需的真人才。

还有一点也很重要,就是一些官员总会拥有比普通百姓更多的了解国家行政资源的渠道,总会比百姓更了解国内教育发展的实际情况;同时他们也深知我国教育的这种现状在短期内是很难改善的,因此他们把子女都送到国外去读书了。不仅如此,这样做还可以尽可能降低一些官员的腐败行为给孩子带来太多负面影响。再有,一些富人总会比普通百姓更容易出国,更了解国外教育资源和环境的优势,他们也同样认为我国教育的这种现状在短期内是不大可能改善的,所以便花大钱把子女送到国外去读书了。于是,中国教育发展的这种现状也就都留给普通百姓的子女了——谁让你既没权又没钱了?

我不愿意再想下去了,但我还是忍不住想要展示一下自己的梦想:当前这种极不利于教育事业健康发展的教育环境是否该有一个比较彻底的改善甚或变革呢?有关官员是否该拒绝总是用"由来已久,积重难返,需要时日"之类官话来敷衍塞责老百姓呢?我国的中小学教育是否该有点儿出息呢?一些学校是否别再总是高举着"以学生的全面发展、个性提升、健康成长和未来幸福为本"的大幌子,自欺欺人地大搞特搞死压死灌死学死记死练死考的极端应试教育了呢?我们的各级教育部门的官员是否该禁言"穷国办大教育""应试教育观念历史悠久,根深蒂固,不好立马改变""没有应试成绩学校活不下去""不要把素质教育理想化"之类不作为或消极作为的话呢?是否该为国家,为民族,为孩子和未来多想些有益的问题,多做些有益的工作,而不是率先把子女"一送"了之呢?我们的中高考命题是否该在素质化、动态化、能力化、人性化、生态化等方面的改革上多下些真功夫,以引导中学教育教学工作更素质化、能力化、人性化、生态化地健康发展呢?我们的大学教育是否该彻底革除金钱第一、利益至上、不问育人的严重弊端呢?我们每一位大中小学的教育工作者是否该学会按照教育人的良知来行动和作为呢?

太多的"是否",太多的期待!这都需要我们每一个中国人,尤其是教育人尽早去真作为、真进取和真变革啊。否则,总是枕着闻喜不见忧的高枕,想方设法找一些消极作为甚至不作为的理由,我国的教育事业还能拥有让每个孩子都健康成长、健全发展、创造幸福的美好未来吗?

教育改革需要每个国人的真担当。不管什么阶级和什么地位的人,人人都有一份责任和担当,人人都该真担当。一味地指责、发牢骚、不做事是不可取的,把孩子往国外一送,逃避现实,不讲责任和担当,这样影响更坏,更要不得。要正视我们的教育现实,更要下决心改变现实,人人都肯负责、愿担当,人人都尽心尽力把教育事业做好,这才是根本出路。

读世思教篇

孩子们的情感、道德、人格、品质等需要健康培育和提升,教育需要宁静、洁净、健康的环境,而现实世界却存在金钱和利益主导下的各种"雾霾"和"浮躁"。教育需要全社会大力培育"负责任"的土壤,还孩子一片纯净的天空;否则,纵然适度的"污染"有益于培育和提高孩子的"免疫力",但重度的"雾霾"与"浮躁"还是会溺毙孩子们"免疫力"的。

60. 要警醒孩子周围的"言行不一"

去年1月份,在德国的一个小市镇上看到这样一幕:星期六的大清早,红灯下的横向马路上空无一人,就更别说机动车之类了。然而,一对当地的中年夫妇就硬是在红灯的一侧足足等了一分钟的光景。1月份的德国,气温也是比较低的,还刮着比较大的冷风,而那对夫妇就是"岿然不动",直至绿灯亮起才跨过那条马路。要知道,此时的行人极少,也没有谁看着他们,只有他们自己清楚"要遵守交通规则,不要闯红灯"。这个情景令我很惊讶,因为在这样的情形下,赶快跨过马路,少挨点儿冻,再情有可原了——我们根本没有妨碍任何人,更没有阻碍交通啊!德国人为什么这么死心眼儿呢?

再看看我们国内,这样的事情会发生吗?哪位若在那样的情形下也"岿然不动",国人至少会联想到精神不太正常之类。不妨请看:

孩子想送给乞丐一枚硬币,妈妈会说:"给他干什么?他们这些人都是职业乞讨的,实际上过得比咱们都滋润。"孩子想去扶起路边摔倒的老太婆,爸爸会力阻:"别瞎管闲事,老太婆会讹上你的。记住,永远都不要瞎管这类闲事,别给自己找麻烦!"然而,我们的孩子却从一出生就是接受中华民族传统美德教育的。无论在家里还是在学校,"要做一个善良的、乐于帮助他人的好孩子"之类的教育可谓不绝于耳。

我们的学校,没有一所不是整天高喊"以学生健康成长和全面发展为本"的,高高地竖着"为孩子未来发展、为民族文明进步奠基",而做的却几乎都是"分数第一"。好分数就等于好学生,就等于好未来,这已经是根深蒂固、融入中国各类老师、各级校领导以及广大家长的文化基因了。"学而优则仕""书中自有黄金屋""吃得苦中苦,方为人上人",这些陈朽的观念,到今天仍有着顽强的生命力。就为此,学生天天都在接受着"要全面发展,要树立为他人为社会奉献自己"的人生观教育,同时也在学校和家长的激发、导引或强压下日日都在想着如何得高分、考好大学。此外,由于受"安全"等因素的制约,学生根本就不参加什么社会实践活动,毕业前却依然可以把《社会实践考核表》之类填写得"真实生动";学生体育课强度、身体素质等根本就极少达标,但最终也都能顺

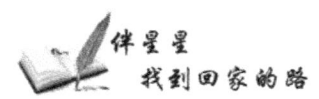

利过关;学生很不情愿在各种检查到来之前做假,但经过老师和领导的"引导"还是要尽心尽力地做好;学生恨死了死教死学死考死练,但为了将来做人上人,还是得乖乖就范,在几乎与世隔绝的"笼子里"拼争。要知道,学生在学校时刻可都在通过学科教学、班主任管理、国旗下讲话、素质教育讲坛之类接受着苦口婆心的读书教育、诚信教育、尊严教育、人格教育、健康教育啊,每天都能看到"风声雨声读书声声声入耳,家事国事天下事事事关心""天下兴亡,匹夫有责"之类的标语牌啊……

我们的社会,则更是"乱花迷人眼","心口不一"之情状可谓比比皆是:整天在讲如何讲诚信,对投保人高度负责,而实际上却总是想方设法地拒付保费或少付保费;整天在讲如何以事实为依据,以法律为准绳,却动辄与犯罪嫌疑人一起商讨如何造假、串供、避罪等;整天都在讲"为人民服务",却动辄就在人民的利益上动歪脑筋,思忖如何让自己贪点儿、占点儿;整天都在讲教育要公平,要鼓励学生个性发展,而私下里却在打歪主意,图谋着如何巧妙地利用"自主招生"等政策来谋取私利或部门利益;整天都在喊要以人为本、心系民生,骨子里却是"我的腰包要先鼓起来",哪还考虑什么环境达标和食品药品安全……

此时,我又想起了那对德国夫妇。有人对我说,德国的法律很严格,不守规矩的人会被列入信誉黑名单,这对其个人的生活和发展都很不利。我要说的是,我们不也有着很严格的法律吗？当然,我们也常会听到有人讲,中国人的很多"心口不一"都是迫于无奈。我要讲的是,这种无奈的因由是否也有我们每个人的一些因素呢？孩子和民族的未来比天大！要警醒孩子周围的"言行不一",每个中国人都有责任深刻反思,踏上正途,奉献一份正能量啊！

61. 教师不读书：中国中小学教育的深重危机

有人统计,中国人人均每年读书0.7本,与韩国的人均12本,日本的人均40本,俄罗斯的人均55本,以色列的人均64本相比,阅读量真是少得可怜！当下的中国,好像真的特别缺少那种让人独处而不寂寞,与另一个自己的灵魂对话的空间。生活总是让人烦躁、倦怠,很难有时间把灵魂解放出来,再安顿好,重新放回到心里。

先请看看:

许多人现在除了让自己的儿女好好读书,考上一所好大学之外,自己是坚决不读书的,更是坚决不买书的。老师常叮嘱学生的一句话是:回去把作业做好;家长常责问孩子的一句话是:作业做好了吗？很少有人问:今天你看了什么书？

许多中小城镇最繁荣的娱乐场所是麻将馆和网吧。一个万把人的小镇,有几十个麻将馆和五六家网吧是常事。几乎所有宾馆、酒店都配备了全自动麻将机,很多城乡居民家里都有麻将桌,不论是官员还是普通老百姓都沉迷于打麻将之中。由于受父母的熏陶,就连几岁的孩子都会打麻将。参与打麻将的有农民、生意人、退休老干部、教师、医生、国家公务员等,甚至很多教师趁中午休息也要玩两把,自诩"经济半小时"。在网上和图书馆查阅资料或读书的,真是少之又少。

再请听听:

一位主管地方宣传工作的官员说:除了看看司法杂志上的案例,我很多年都没有读过一本书了。我的工作,只要读读地方报纸的标题,只要开会时听听文件就行了。

一位高中语文老师说:除了教案和教科书,我6年没有读过一本其他的书,读得最多的是电视报,那上边有电视剧的播出时间。你读书多了,并不一定会教书。

一个混得不错的大学毕业生说:其实公务员是不用读书的。到机关里写材料,看看文件,看看领导意图,就可以了。你真要在领导讲话里写很多新观念,领导会说你是一个憨蛋。现在我成领导了,有秘书写材料,我读书干什么？

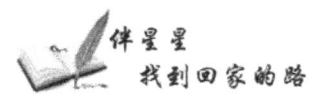

一个很在行的公务员说：你想提拔快，读书是不行的，给领导写材料是不行的，要给领导拎包拎茶杯。生活秘书比材料秘书提得快，已经不是秘密了。

一个不得志的二十世纪八十年代的大学生说：咱就是读书读呆了，同学们最赖也混个副处，咱买书买了几柜子，现在连个正科级都没混上。同学们聚会，有的是市委书记，有的是市长，人五人六的，咱连个报销车票的地方也没有。

一个在深圳打工的大学生说：人家台湾老板就是计件工资，你装几个线路板给你发几个钱，初中毕业的比咱装得还快呢，你说咱这四年六万元书钱学费不是白掏了？现在回到寝室倒头就睡，谁还顾得上读书呢？

一个地方能人说：你看胡润富豪榜没有，前几名都是没有读过几天书的。你看省里十大富豪没有，一般都是初中没毕业的。读书费眼睛，很早就弄个视力下降，还要花钱治。你看那些大老板，几个是戴眼镜的，人家读书少，不费眼睛啊。就从保护自己眼睛出发，不要再读书了。

一个编辑说：读书有何用？报社提拔主编，一般都不是报社的，而是空降的。编辑读书，连个室主任也提不了；记者读书，连一个记者部主任都当不上。报社读书的记者、读书的编辑，最后的职务都是"光瓢"，都是"白板"。

一个地方官员说：提拔的时候，要看文凭，现在很多领导都是研究生文凭，但是他们读书没有？许多人的文凭是买的。当了领导就有钱，有了钱就有文凭，就能当更大的领导。就像某位已下狱的领导，不也是初中没毕业，最后还是凭着硕士文凭当上了部长？顶着博士头衔的官员中，有多少是读出来的真博士？

一位混世通说：读书人脸皮薄，该找领导要官的时候，不敢张嘴；该去买官的时候，不敢送钱；该去表扬领导的时候，不愿意发言；该给领导写一篇文章吹吹的时候，不愿下手。这就是读书人，误己误人。

还有人说：中国孩子读书就是为了考取名牌大学，将来有个好工作；成年人读书就是为了晋级或考取公务员，因为政府重视的是高文凭人才而不是知识。不读书，这有什么好吃惊的？咱们的经济不是照样超过日本了吗？美国不是照样还要向咱们借钱吗？

……

试想想，我们的中小学教师就生存在这样的一个时代，就活生生地成长在这样的土壤里，怎能不深深染上这种不读书的"病毒"呢？更不可忽视的是，许多学校一直都在大搞"应试教育"，学生根本就没有时间和精力去读课外书，他们的阅

第七辑　读世思教篇

读兴趣和权利就这样被剥夺了;同理,整天钻研教考练评的一线教师也是没有什么时间和精力去读书的。不仅不广读博览,甚至连一本学科教学的专业研究刊物都不订。据统计,全国有1400万中小学教师,教学研究刊物也不过200种,而很多教学研究刊物每年发行量竟不足万册,有不少竟只有几千册!

　　对此,我的看法是,不管有多少客观因素做不读书的理由,教师都不能选择放弃读书! 有专家说,日益加剧的国际竞争,实际上就是人才的竞争,终身学习是提高一个人、一个国家、一个民族竞争力的不二法门,而阅读又是终身学习的一种重要形式。中国人如此低的阅读量,如此低的文化素养,能让中国可持续发展吗?能实现伟大的"中国梦"吗? 再者,解决中国人素质低的问题要靠教育,教育的健康发展有赖于教师的整体素质,而教师整体素质的提升要靠多读书和读好书。过去有人讲,给学生一杯水,教师自己要有一桶水。我要说,这一桶水哪里够,应该是要有一湖水,而且还得是与时俱进的活水。

　　有人可能认为这样讲调子太高,有点儿"上纲上线"。对此,我不想做无聊的反驳,只想再强调一点,就是为了自身的专业发展,将来不至于丢了"饭碗",教师也应该多读书。因为,一个合格的人民教师,这一辈子是不可缺乏职业道德、历史文化和教育法律法规知识,教育教学、学生指导和班级管理的基本知识以及教学设计、实施、评价知识的,是必须要具备教育理念、科学文化素养以及阅读理解、语言表达、逻辑推理和信息处理,运用所学知识分析和解决教育教学实际问题等能力的。当然,教育基础知识和基本原理、中学教学、中学生学习心理、中学德育、中学课程、中学生发展心理、中学生心理辅导、中学班级管理与教师心理等方面的基本素养就更需要具备了。同时,这些知识、能力和素养又不能一劳永逸、坐吃山空,还要不断地更新和进步。可见,就是为了自己不至于被时代甩下,被学生厌烦,保住自己的"饭碗",我们教师也该不断地读书、学习和提高。

　　在此,就不再絮叨教师读书的重要意义了,而只再展示一些真实的材料,我深信每位读者都会品味出一些有益的滋味的:

　　以色列人均每年读书64本,而以色列的犹太人更甚,占全国人口80%以上的犹太人人均每年读书达68本之多。因而犹太人是世界上唯一一个没有文盲的民族,就连犹太人的乞丐也是离不开书的,即使在乞讨,他们的身边总会带着每天必读的书,更别说衣食无忧的人了。这个仅有800万人口的国家,持有借书证的就有一百多万人,是全世界人均拥有图书最多的国家。

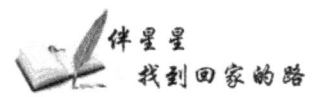

匈牙利的国土面积和人口都不足中国的百分之一,却拥有近两万家图书馆,平均每500人就有一座图书馆,而中国平均45.9万人才拥有一所图书馆。匈牙利平均每人每年购书20本,比同地区的西欧人要多得多。而中国20世纪90年代统计,平均每人每年购书只有五本,现在还在下降。匈牙利也是世界上读书风气最浓的国家之一,常年读书的人数达500万以上,占人口的1/2之多。

知识就是力量,知识就是财富。一个崇尚读书学习的国家,当然会得到丰厚的回报。以色列人口稀少,但人才济济。建国时间虽短,但诺贝尔奖获得者却已有多位,而诺贝尔奖获奖者中犹太血统的人占很大比重。以色列自然环境恶劣,国土大部分是沙漠,而以色列却把自己的国土变成了绿洲,生产的粮食不但自己吃不完,还出口到其他国家。他们凭着聪明和智慧,创造出惊人的物质和精神财富。而匈牙利,若按人口比例计算,匈牙利是当之无愧的"诺奖大国"。他们的发明也非常多,可谓数不胜数,既有火柴、圆珠笔这样的小物件,也有电话交换器、变压器、汽化器、电视显像管这样的高端产品。据说,20世纪80年代是匈牙利人发明的黄金时代,平均每年的发明专利都在400件以上,堪称名副其实的"发明大国"。一个区区小国,因爱读书而获得智慧和力量,靠着智慧和力量,将自己变成了让人不得不服的"大国"。

(据人人网资料《令人忧虑,不阅读的中国人》整理)

有人说,一个不重视阅读的民族是没有前途的。我要说,教师不读书的民族同样是没有什么希望的——尽管我们都很不希望是这样的。

62. "用工荒"背后的"教育荒"

春节假期一过,多地又凸显"用工荒",且已成为"两会"热词。我相信,随着"两会"的闭幕,这个热词的被关注度自然会一点点儿撤温的,直至明年"两会"又会再度热起来。如此循环往复,几乎无法根治,甚至还可能会出现更为频繁、剧烈的阵痛。实际上,近几年来,一些专家学者对此还是颇有些说法的:

有专家认为,与十年前相比,劳动力供求发生很多变化。劳动力人口占总人口的比例连续两年开始下降,基本上是负增长,而且下降趋势今后不可逆转,会一直缓慢地降下去。而现在劳动力需求并没有减弱,这两年就业新增岗位创新高,尤其去年和前年,城镇就业都是最近十几年最多的,经济增长对劳动力的拉动作用在增强。供给力量在减弱,需求力量在增强,这样一种供求关系根本性变化,是造成招工难的一个根本性、深层次的原因。

有专家认为,现在,虽然我国人口总量缺口不大,但却存在结构性缺口的问题。80后登上了历史舞台,自身的生活条件较他们前辈有所改善,同时受教育的水平也相对提高。他们有较强的自尊心,对自身环境的要求、对外部世界的认识,虽然也较容易满足,但从小的生长环境使得他们不愿吃苦耐劳,并且于金钱之外还有了更多的追求。这也是造成工人整体数量减少的一个重要原因。

也有专家认为,"用工荒"也可以叫做"机会荒"。近几年来,西部大开发,中部大发展,东北老工业基地也在振兴,很多劳动密集型的企业正在向这些地区转移。同时从中央到地方,城镇化的发展、新农村的建设,各种各样的建设导致了本地的机会窗口大开。这样一来,原来必须要到东部打工的那些农民工,现在在家门口,或者在离家稍近一点的城市就可以找到理想的工作,所以就没有必要再出去了。原来老百姓出去打工,那是因为我不出去打工,我的机会成本很高,到大城市去我可以挣很多的钱;但现在却正好反过来了,出去打工反而机会成本很高,这无疑给东部的部分企业造成了用工缺口。

还有专家认为,政府所提供的公共服务,在社保、就业、医疗、教育、安全等方面市民化的待遇,外地打工人员实际上是享受不到的。非但得不到,反而还会遇到很多政策的障碍,甚至还常遭到社会歧视。同时,物价及房价升高,使得在外地

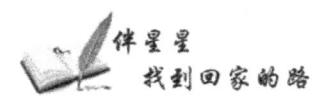

生活成本加大,造成工人对薪酬期望值的增加;而企业家的无良,企业管理制度的苛刻,企业财富分配的倾向化、集中化,企业家在员工薪酬和福利方面的投入维持在原有低水平,却又不能满足他们的期望。精神和物质方面都低人一等,这也是造成用工荒一个非常重要的因素。

当然,"用工荒"的出现肯定还不止这些原因。所有这些原因,似乎都在证明这是我国经济发展的一种必然。然而,我却认为,虽然专家学者的看法很有道理,但还有一个重要原因未被关注到,那就是"教育荒"。

改革开放以来,我国的基础教育和高等教育确实都有了很大发展,也确实一直都在喊要抓实抓好素质教育,要大力发展好职业教育,要高度重视学生的全面发展和个性发展,要为孩子的美好未来奠基。实际上,自从恢复高考以来,我们的许多学校就一直在换汤不换药地大搞特搞应试教育,就一直在大抓特抓两件事:一是逼着学生死学死练死考得高分;二是激发学生脱离生产劳动,立志"考好大学,做人上人"。以至于时至今日,许多人的教育观念仍是"分数至上""一考定终身""上好大学,做人上人",仍是为了得高分而不择手段,仍是用分数的高低来评定学校、老师和孩子。分数不高就没了做人的底气,考不上好大学或好专业就认为是人生失败。进了职业学校(不论中职还是高职)的许多学生,也都自惭形秽,无所作为地混日子。许多家长都首先把孩子视为光宗耀祖、争得颜面的工具而不是一个人;人们都希望自己的孩子能够出人头地,过贵族式享乐生活,绝不能从事地位卑下、吃苦受累、遭人鄙贱的技术实务型工作。

有研究资料表明,以升大学为主要出路的那部分学生,一般不会超过15%;还有一部分学生有独特天赋,如有文学、音乐、美术、体育等方面的天赋,一般也不会超过15%;其余约70%的学生,只能是实务型、一般技术型的人才。为此,我们的教育就应该在义务教育结束时搞好分流,让各种类型的人才将来都有个理想的发展前程。然而,改革开放三十多年来,教育改革也一天天喊得震天响,但至今仍不过就是逼着学生都去挤"考好大学找好工作"这座独木桥。结果致使许多孩子既没有学到赖以生存的一技或几技,又满脑子灌的都是鄙视劳动的不良观念。很多孩子,哪怕就是一些考上普通本科的,最终也是高不成低不就,就是到一些工厂就业也还须再培训。我认为,这才是隐于屡现不衰的"用工荒"背后的又一个重要原因。假如有一天,教育不再把学生直接等同于分数,不再一门心思培养所谓的"人上人",不再与社会教育生态互为因果地制造只看重"人上人"的社会风气,而

第七辑 读世思教篇

是尽职尽责地培育民主、自觉、自主、讲法制、重担当、有爱心、爱劳动、乐奉献的"人中人","用工荒"的难题也就有了彻底解决的希望了。假如整个社会的价值观不再那么取向单一,都尊重劳动和奉献,假如那些实务型、一般技术型的"人中人"的经济地位真的都得到了适当提高,假如那些"人中人"都能够拥有民主、自觉、自主、法制和担当的意识,并且都能够自觉维护自己和同伴的合法利益,倒逼政府和企业主改善条件和提高待遇,"用工荒"的问题也就不再难以彻底解决了。

当下中国,一边是大学生找不到工作,一边又频现大片大片的"用工荒",这种怪现象真是举世罕见。当代国人,当代教育人,为了孩子和民族的未来,还是快快醒悟起来吧。

63. 孩子基本是无辜的

2013年5月25日有新闻报道,埃及3500年前文物被刻上汉字"丁锦昊到此一游"。于是,国内舆论哗然,大小媒体都不肯寂寞,谴责声一浪高过一浪。

有网友称:在埃及卢克索神庙的浮雕上看到有人写下这样几个字,这是我在埃及最难过的一刻。无地自容。我们试图用纸巾擦掉这羞耻,但很难擦干净,又不能用水,这是3500年前的文物呀!很快,一张上有刻字的卢克索浮雕照片传到了微博,瞬间就传遍了整个微博圈,引发了众怒。于是,网友们发起了人肉搜索,企图找出男孩的真实身份。很快,丁锦昊被人肉搜索出来:南京人,1999年10月20日生,现年15岁,小学毕业于南京市游府西街小学。接着,《中国日报》的报道称:丁锦昊的家长希望能代儿子向埃及人民致歉,同时还有那些关注此事的国人们。

初闻这则消息,的确很有股子羞耻感:作为一个中国人,尤其感到面子很受伤害——中国人都很在乎面子的。但是,心稍稍平静下来,就又想起了不少事情:国人在境外高声喧哗、随地吐痰、动手动脚、东摸西扔、乱拍照、爱采折之类,并且多是成人所为。再看看国内,各个旅游点的树木景观之上,"到此一游"之类更是比比皆是。不仅如此,动辄采花折枝玩耍、拍照、乱涂乱扔,还有人攀爬、骑跨公园里的动物、名人和伟人的雕塑摆形作样,搔首弄姿,甚至有人还随地"方便",等等。这些人当中绝大多数都是为人父母、兄姊者。可以说,这种现象在中国的公园和风景区之类的地方几乎从来就没有中断过。这种环境里长大的孩子,到了国外就可能一下子变文明吗?到国外去"发扬光大",应该是情理之中的事情。我顺便想问一句:当我们这些成人都如此这般的时候,有没有想到过自己有责任给未成年人做个好榜样的问题呢?大家都不去想这个问题,那么这个问题会不会一天天导致社会风气被污染呢?会不会进一步污染甚至毒害少年儿童的心灵呢?孩子的心灵受到了污染和毒害,这到底又该怪谁呢?怪社会?似乎太空洞了。只能怪社会上一个个"如此这般"的人——这里面同样不乏政府官员、普通公务员、有钱人甚至教师!怎么遇到网上起哄的时候,就都忘了自己的"曾经"了呢?要知道,孩子的健康成长,我们每一位成人都是有做好榜样责任的——绝非仅仅是愤怒、谴责甚至辱骂,这绝不是创造良好社会环境的好法子!

有人可能要问,丁锦昊小朋友的家长和老师没有责任吗?这个问题不需要问。家长是孩子的第一任老师,"子不教父之过"。小学阶段正是教孩子养成文明知礼好习惯的黄金时期,学生却没有养成这样的好习惯,把国人的"大脸"都丢到国外去了,这肯定是不能逃避责任的。保不准,丁锦昊的家长和老师就没有做好榜样,何止是疏忽教育或教育不力的问题!只是,丢人的事情已经发生,大家都该深刻反思一下:我们都该怎样为孩子们创设健康发展的好环境?仅仅"疯狂"地刮一阵"谴责风暴"也终是无济于事的。

对此,有法律专家讲,游客乱涂乱画的行为是否构成犯罪,要根据文物损坏的程度及能否恢复等因素来最终判定。按照中国的法律,只要毁坏程度不大,一般不会受到惩罚。

有心理专家讲,在名胜古迹上刻字留名的行为带有炫耀心理。刻下"到此一游",首先向世界表明了自我的存在,其次是想告知后来者,我先于你。证明自我存在的办法有很多,一些景点或公共场所设立的涂鸦墙,供游客发挥想象力表现个性,既不损害公共利益,又表现了自我的行为,值得推崇。

我也想说几句,孩子基本是无辜的。家庭和学校也都不能独立于社会之外。既然根子在于社会,而社会又是由每个成员构成的,所以对社会大气候的文明与进步,对孩子们的健康成长而言,我们每个人都有不可推卸的责任。大家都明白这个道理了,都做好了自己,我们的社会和民族也就文明进步了,教育事业也就大有希望了。

64. 还孩子一片宁静的天空

春晚开始之前数日一直到播出后的几天,各类"吐槽"的帖子会海量涌现,一浪高过一浪,近几年是年年如此,且愈"吐"愈烈。有人没看几眼就"吐槽",有人甚至根本不看也"吐槽",结果是挑刺多、演绎多、传闻多、杜撰多,唯独表扬不多。今年又是"槽语"多多,冷静地分析、总结一下,又是这么几个特点:

一是太主观。请看,"没有描述军人的节目,连一首军歌都没有"、"没有方言类节目,应该安排南方方言的节目,照顾南方百姓的欣赏习惯"、"没有安排地方戏,京剧和地方戏是不应该缺少的"、"语言类节目偏少,因怕滥而缺也不妥"、"语言类节目'笑果'一般,且段子比较旧"、"一段老歌,让人想起'文革'狂潮"、"法籍华裔魔术师 Yif 变出法式面包的镜头穿帮"、"小彩旗全程转动四个多小时,创意太丧心病狂了,要么就是想出名想疯了",等等。如此"吐槽",尽管大多都是事实,但评价却过于主观武断。请问,晚会一共四个多小时,能什么节目都照顾到吗?假如今年春晚真的又把"军旅""地方戏""南方方言"之类都纳入了,会不会又有人评说"是一大堆垃圾"呢?听几段老歌,难道就会导致"文革"卷土重来吗?Yif 的魔术确有穿帮镜头,难道就不可换个角度取乐吗?——魔术本来就都是假的嘛!小彩旗有特异本领,全程转动四个多小时,这与"创意丧心病狂"沾边儿吗?孩子展示一下自己的绝活,为国人送去一份喜庆,这怎么又成了"想出名想疯了"呢?如此"吐槽"者,不仅过于主观武断、不近人情,恐怕也有一种"用疯话博出名"之嫌吧。

二是不辩证。零点报时小彩旗停止转动时,导播没有给镜头。于是,有人认为,这绝对是一个大失误,即对演员对生命的不重视,甚至漠视。再有,郎朗的那段《野蜂飞舞》,本来也安排了一段小彩旗的舞蹈,但因节目超时,临时取消了,也成了"重大败笔"之类。晚会是有时间进度上的严格要求和安排的,不是我们想怎样就可以怎样的。如此小事大炒,动辄一边倒的偏激之辞,鲜红的网络大字标题热炒,实在是令人莫名其妙。

三是真离谱。请看,"小彩旗的表演出现在万众瞩目的春晚舞台上是很不妥的,很容易给其他孩子造成负面影响",而且理由充分:一是一些涉世未深的孩子,看了会去模仿"转圈",这很危险;二是面对一夜成名的诱惑,某些利欲熏心的狼爸、虎妈很可能会眼馋心跳、蠢蠢欲动,也试图强制自己的孩子训练个稀奇古怪的"绝活"。再请看,"春晚是导演冯小刚私人定制的'华谊年会'"。理由也很充分:冯小刚是华谊股东,亮相春晚的张国立、李敏镐、姚贝娜等明星都与华谊有着千丝万缕的关系。其实,据报道,小彩旗在之前《孔雀》巡演的200场中就已转过60万圈了。她认为这是一件很乐在其中的事,很兴奋、专注,并不觉得是残酷。这种特异本事是天生的,不是后天练习的,别人也学不来。而冯小刚一个人的力量终是有限的,也肯定会选择自己最熟悉最信任的相关专业人士来协助分担,这都是人之常情,哪里会有那么多"私人定制"的阴谋呢?

其实,春晚也不过就是图个大家都吉庆乐呵——当然要尽可能地调和众人口味,还要考虑考虑时代和社会的主旋律。这有什么好炒的呢?可是,为什么会有那么多人去"吐"主观、偏激又离谱的惊世之语,一些网站还要用醒目的标题来狂晒呢?理由很简单,就是想趁机吸引世人眼球,博名捞利。于是,是否已经客观属实,是否说话对得起良知,是否已经污染了我们的精神家园,哪个还顾及这些?

其实,不仅仅春晚"吐槽"者如此,类似的闻"风"即乱"吐"的现象多着呢!一些人不能严于律己,却总是带着显微镜看待他人和社会,这也不服气那也看不惯,甚至社会越倡导什么他就越怀疑和反对什么,有时竟还不惜制造谣言来蛊惑人心。真心奉劝这些人,别再总是听到一丁点儿风声就胡"雷"乱"雨"了,还是先做好自己,奉献点儿正能量吧。孩子们的道德、情感、人格和品质等,都是要健康培育和提升的,所以需要宁静、洁净、健康的育人环境,需要更多的正能量。请还给可爱的孩子们一片宁静的天空吧!否则,纵然适度的"污染"可能会更有益于培育孩子的"免疫力",但重度的"雾霾"和"浮躁"还是会溺毙孩子们的"免疫力"的。

65. 热泪之后的冷思考

2013年11月8日晚,中央电视台综合频道播放了《寻找最美孝心少年》颁奖晚会。妻子当时看了这期节目,被一个个懂得感恩、孝顺的美德少年感动得泪流不止。第二天晚上,她又回放这个节目,让我陪她再次感受这十一位孝心少年勇敢顽强、真情担当的悲壮故事。

十一位少年,小小的年纪就懂得人在这个世界上要有一份担当、有一份责任,在本应充满欢乐的花朵般的年纪里过早地承担着人世间那份痛苦和悲伤,这可是许多大人都做不到的啊!相比之下,另外的好多孩子生在阳光下,长在蜜罐里,却心中总是一片阴暗,抱怨这也苦那也难,他们只知道索取和享受,不懂得付出和感恩;只知道炫富和攀比,不懂得自尊和努力。这十一位少年用他们优秀的品德告诉天下人:孝心不能等、爱心不能迟。在他们身上我看到了久违了的中华民族之魂,我为自愧不如而怵心动容,不禁热泪滚涌而出。但热泪之后,我的脑子又冷了下来。其中,一位叫黄凤的女孩的事迹在我的脑海里久久萦绕不去:

十年前,一次意外的摔伤,爸爸高位截瘫,妈妈离婚改嫁,当时年仅六岁的安徽女孩黄凤独自撑起一个家,十年如一日照顾着瘫痪的爸爸和年迈的奶奶。为了给父亲治病,2008年5月黄凤用安了轮子的铁板床推着父亲(连车带人足有400斤重),与奶奶一起踏上了赴上海求医的旅程。在好心司机的帮助下,祖孙三人到达上海,黄凤推着板车在上海边乞讨边求诊,但在吃尽苦头后未能实现治病的愿望。第二年暑假,黄凤央求同乡把他们捎带到北京,用板车载着父亲在北京求医问诊。2010年4月,黄凤再次带着父亲到北京求医,武警总医院收治其父黄志仁住院,并成功为他做了神经干细胞手术。

如今,黄凤已经回到老家安徽五河县申集镇读初一。为了更好地照顾爸爸和奶奶,黄凤在镇政府的帮助下在学校对面租住了两间民房,开始了带着爸爸和奶奶上学的生活。每天早晨6点,黄凤就起床为爸爸和奶奶准备早饭,课间她还要回来给躺在板车上的爸爸翻身。面对生活的重担,年幼的黄凤依然保持着积极乐观的心态。前几天黄凤凭借歌曲《隐形的翅膀》获得学校十佳歌手的称号。

谈起未来,黄凤说她最大的心愿就是让爸爸能够慢慢好起来。"不管多难,我

第七辑 读世思教篇

都要好好读书,以后还要带着爸爸读高中,读大学,有爸爸的地方就有家"。黄凤说她以后想读护理专业,希望能更好地护理病床上的爸爸,也为了报答每一个帮助她的人。

故事中,"2008年5月黄凤用安了轮子的铁板床推着父亲,与奶奶一起踏上了赴上海求医的旅程"这个片段,表述起来就这么三十多个字,但那却是怎样艰辛和悲壮啊?!要知道,当时的小黄凤才仅仅11岁,那铁床连同父亲足有400斤重,路途又那么远,一路上还要给父亲喂饭、翻身、按摩、换尿片……要不是有好心司机的帮助,这一路上小黄凤还要多受多少罪啊。最令人遗憾的是,祖孙三人到达上海后,小黄凤推着板车在上海边乞讨边求诊,但却在吃尽苦头后未能实现治病的愿望。

当初,11岁的小黄凤推着父亲、带着奶奶去上海寻医的"壮举",当地的政府、学校怎么就一点儿也不知情呢?他们为什么就如此放心地让这个年幼的女孩去创造这样的人间奇迹呢?在上海边乞讨边求诊,吃尽了苦头,怎么就未能实现治病的愿望呢?要知道,当时的小黄凤正值上小学四五年级的年龄,本该在学校里安心读书,本该能够得到学校、政府和社会的关注、关爱和帮助啊!为什么非得等到媒体录制《寻找最美孝心少年》这档节目时,她才得到早该得到的关注、关爱和帮助呢?这一点,几乎成了这十一位孝心少年的共同命运特征。我们总是企图用这样的节目来唤醒天下人的道德良知,但我们是否也该想到我们的学校、政府和社会更应该在这种道德良知上率先负责并做出榜样来呢?依我看,我们的学校和社会教育,不仅要善于激起道德热泪,更要用实实在在的道德行动负起责任来,以经受住人们热泪之后深入、多维的冷思考。教育需要负责任,社会更需要大力培育这种负责任的土壤,只有这样,人人负责任的社会风气才有望形成。

66. 有一种"最美"叫伤心

有一类教师被媒体誉为"最美乡村教师",当然是很应该的。请先看一则"最美乡村教师"的故事:

徐德光,男,1957年生,贵州省遵义市金鼎山镇金庄村人,遵义市红花岗区金鼎山镇扇子林小学校长。扇子林小学地处贵州大板水次生带原始森林的大山深处,海拔在1500米以上。学校覆盖区域地广人稀、交通不便,居住着苗、汉两个民族的四十多户人家两百多口人。学校目前除校长外还有两名代课教师和22名学生。徐校长把学校看作是孩子们走出大山的起跑线,作为一校之长他自然成为了这些孩子走出大山的引路人,他用自己艰辛的劳动托起了大山里孩子们的希望。1975年8月,刚刚高中毕业年仅17岁的徐德光便自告奋勇到扇子林小学任教,从此他的人生便与深山中的孩子们连在了一起。多年来,随着山民逐渐往山下搬迁,学校规模不断缩小,山上的老师也陆续下了山,但徐德光坚持了下来,从来没有离开过扇子林小学,校长一当就是20年。三十多年来,从这里走出去的毕业生有两百多人,其中四人考上了大学,二十多人考上中专,一百多人读完了高中。为此,徐校长也被评为市级优秀教师。当地群众都称他为"马背上的校长"。

"最美乡村教师"何以最美?就是因为他们为我们的孩子,为中国的教育事业付出的太多了,就在于他们用高贵的生命演绎了世间一曲曲最朴实但又最动人的教育之歌。我们可以断言,类似徐德光的"最美"一定还有很多很多,读到这类故事,大家也一定会感动得落泪,并获得灵魂的提升。说实话,读着"马背上的校长"徐德光的事迹我真的落泪了。但是,落泪之余更多的则是纠结,是挥之不去的伤心!

伤心的是,"最美乡村教师"这份美誉太沉重,也来得太迟了。请想想,在贵州大板水次生带原始森林的大山深处,在地广人稀、交通不便、海拔1500米以上山区,在一个仅有苗、汉两个民族四十多户人家、两百多口人的小山村,徐德光,这位"马背上的校长",一守就是三十多年,一干就是大半辈子!这里面到底饱含了他多少苦辣酸咸累,又到底能有几成甜美,恐怕只有他自己心里最清楚。这份美誉真的太沉重,也确实来得太迟了!那么多"最美乡村教师"的故事,徐德光校长的事迹也不过就是个普普通通的缩影,想来心里更是死沉死沉的!

伤心的是,时至今日,一方面那么多师范大学毕业生不好找工作;另一方面偏远落后地区又那么缺教师。请看,"马背上的校长"徐德光的学校目前除校长外还有两名代课教师。谁都清楚,"代课教师"在我国已经属于过去时态的名词,而在这里却依然处于正在进行时态。我们不是看不到边远落后地区代课教师的艰辛和付出,也不是铁石心肠非要打碎他们的"饭碗",我只是想强调这种局面什么时候才能变得更好一些,让这些地方的孩子在平等的阳光雨露下读书。

伤心的是,我们总在说再穷不能穷教育,再苦不能苦孩子,要让边远落后地区的孩子上得起学、上好学,可却还有那么多"被阳光遗漏的角落"。凭我们国家的经济实力,凭每年有那么多"富余"的大学毕业生,我们怎么可能解决不好这样的问题呢?我们完全可以用好的政策来吸引人才。比如,选拔有志于教育事业的大学毕业生轮岗到边远落后地区去任教,给他们较优厚的经济和政治待遇,为轮岗到期的人安排更好一些的工作条件和环境,等等。可是,我们的各级政府部门却一直没有这样做,只晓得让大学生志愿者去无私奉献。一些领导者真的太喜欢让他人无私奉献了,不然怎么会造就出那么多"最美"来呢。说到这里,我不禁想起自己。假如不是当年有那么多知识分子和"知青"到乡村中学任教,我还能考上高中进而又考上大学吗?还会有今天的董旭午老师吗?

一首歌唱道:"星星还是那颗星星,月亮还是那个月亮,山还是那座山,梁还是那道梁……"多少年之后,我们是否依旧歌唱"有一种'最美'还是那种'最美'"呢?

67. 不再做看守学生的"牧羊犬"

我省推进素质教育的系列措施,在全国"两会"上引起了很多代表委员的关注,有的甚至建议将山东的教改试验推向全国。与此同时,在本报关注素质教育新政博客上,很多网友也提出了不少建议和看法。本报记者进行了整理,并邀请省教育厅有关负责人就网友关心的热点问题,进行了答复。

学会支配时间也是一种素质

问:有一些家长担心,双休日不上课,学生周末该怎么安排?

答:实施素质教育的目标之一就是"把时间还给学生",使学生拥有更多自主支配的时间,享有学习的自由。学习的内容不应仅限于课堂传授的知识,这里要借用毛泽东同志的一句至理名言:"读书是学习,使用也是学习,而且是更重要的学习。"学习的途径也因内容的多样性更加丰富多彩。让学生学会掌握和支配时间,也是一种素质的培养。学校和广大家长要注意引导学生在完成作业的同时,利用自主支配的时间参与家务劳动,加强体育锻炼,培养兴趣爱好,发展自身特长,也要支持引导学生积极参加各种社会活动,使他们了解社会,增强适应社会的能力。

问:校内减负、校外加压的现象会不会出现,该怎样控制?

答:在一个时期内校内减负、校外加压的现象是可以想见的,这主要是因为家长对实施素质教育还不是十分了解,同时也和考试评价制度的改革滞后相关。随着素质教育的逐步深入和家长认识程度的提高,这种现象是会逐步消除的。

对规定的解读不是妥协

问:还有不少学校在打擦边球,网友呼吁省教育厅必须严查,否则改革必定流产,对此该如何看?

答:网友们反映的情况和我们所掌握的情况基本是一致的。有部分学校的校长确实在消极应付或者说在观望。我们已经给学校安排了两周的调整时间,也就是说适应期,近期我们将组织督导检查,与寒假的督导检查一样不打招呼、不安排

第七辑 读世思教篇

地方接待和陪同,严格进行检查,发现顶风而上者一定按有关规定严肃处理。

问:省厅对于素质教育部分措施的解读,也有网友认为是某种程度的妥协,是这样吗?

答:这种理解并不准确。素质教育的政策主要体现在《山东省普通中小学管理基本规范(试行)》中,但是《规范》又不可能一下子做得很具体很明确,有些方面容易出现理解上的偏差,所谓"打擦边球"也就是这个意思。为了避免产生理解上的歧义造成执行中的不统一,我们对有关规定进行了解读和界定。

问:对于网友举报的违规学校,下一步会如何处理?

答:网络举报有一定的局限性,既有时效方面的,也不乏有一些别有用心的、查无实据的。今年寒假期间凡是有举报的地方我们都进行了重点检查,但是并没有发现什么违规行为。我们安排了专人阅读信箱、汇总问题,仍然坚持将信箱举报内容作为暗访的重点,发现一起处理一起,绝不姑息。

(据 2008 年 3 月 7 日《齐鲁晚报》,有删节)

看到这个消息,我真的很振奋,激动了好一阵子。请看看某些学校真实高中教育的现状:周一到周六,学生一般是早上 6:30 到班级,晚上 10:00 前后才离校,星期天也得圈半天,晚上还得上晚自习。一句话,就是把学生死圈起来往死里压。这一天天的,老师早自习看守,晚自习看守,中间上课看守;做作业看守,考试看守,练习看守,寸步都不离。长此下去,学生也就没有了自控力和自主学习意识,一会儿都离不开老师,就更不要说自主支配时间了。一方面很多学生毫无自主自觉意识和习惯,被动依赖地混日子,不是抄作业就是考试设法作弊,一切都是在被迫地给父母和老师做;另一方面少数成绩理想的学生一门心思想考好大学,上好大学,将来做人上人——简直就成了高分的奴隶和考试做题的机器!两类学生都以自我为中心,自私自利,不关心他人幸福和社会发展,严重缺乏爱心,没有担当意识和奉献精神。请问,这样的高中教育我们还有必要办下去吗?

为此,我十分欣赏山东省的这一改革举措,这才是办真教育的真举措,希望能坚持到底,结出丰硕成果,走得更远,影响更广。现在孩子们独立自主意识已相当薄弱,对自己负责的意识也很淡泊,这都是家长高压、强箍、看管、包办的恶果。很多家长、校长甚至师生都认为,不高压、强箍、看管、包办就是不负责。很少有家长和老师在学生面前表现出诚信、包容、礼让和谦虚,告诉他们什么可以做,什么不能做。更是少有人以身作则,培育学生的自主精神、健全人格、自觉意识、担当情

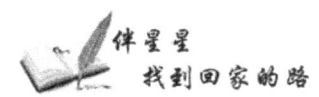

怀、创造品质,教育他们树立正确的世界观、人生观和价值观。

为此,我又在激动地狂想:能不能早晚自习不要每个班级都安排老师看守?能不能别再以"死看死守"作为评选优秀班主任的主要条件?能不能以培养学生"自主自立、自尊自强、自爱自信"精神作为评选优秀班主任的主要条件?能不能大力推广那些培养学生自主学习和探究能力的教学经验?能不能让那些为培养学生独立自主学习能力而成功合作的班主任和科任教师经常介绍一下他们的经验?能不能让那些教孩子独立自主学习取得成功的家长经常到家长会上介绍一下经验?能不能给积极投身于素质教育改革的教师们更多荣誉以及发展、提升的机会?能不能积极主动、尽心尽力地打造一种对实施素质教育有益的环境和氛围?能不能彻底拒绝选择最原始、最便于操作的死压死箍死灌死练死考,恶性循环的应试教育,转而选择以学生身心健康、个性发展、未来幸福为本,虽更费气力和心血,但实质上对高考升学并无碍的素质教育呢?环境虽不是决定性因素,但良好的素质教育环境肯定能发挥其熏染、激励、鼓励和促进作用的。我的教学经验告诉我,真正在教学中实施素质教育的,往往是与高考升学双赢的。为此,我期待着山东素质教育改革的春风能早日吹遍神州大地,吹到我的身边,吹到我的同伴们的心坎里。

我本人一直坚持搞生活化语文教学实践研究,一直在实践语文教学与生活相融通,教学生把真语文学习当日子过,培养学生自觉和习惯的教育教学理念,也收到了"教育和高考"双赢的好效果。二十多年来,我一直要求学生自主预习课文、学习生词、整理笔记,独立做练习、默写并自主订正,自主做青春文摘及点评,写成长随笔等。实践证明,只要条件允许我把学生从高一带到高三,学生的高考成绩就很理想,且在做人方面更是大有收益。我常与学生开玩笑:"我才不做看守你们的'牧羊犬'呢,因为'牧羊犬'死死看守的羊,永远都只能是仅仅知道吃点儿草就不饿,等着挨宰、供人吃的货!"

最后,我要再次表白我的夙愿:天下的高中学校,请都不要再做"圈养学生的羊圈"了!天下的高中教师,也请都不要再做看守学生的"牧羊犬"了。

68. 浪漫七夕：萤火虫的劫日

今天是中国传统节日"七夕"。据报道：

近年来这个"中国情人节"概念越来越流行，这让小情侣和商家们可是动足了心思。每年七月底八月初正是萤火虫繁殖的季节，它们在"求偶仪式"中发出点点萤光的浪漫景象吸引了不少人前往其聚集地观赏。今年来灵谷寺看萤火虫的人数相比去年增加了两倍，但萤火虫却锐减了一半。为何会是这样呢？声音骚扰、人为狂喊乱抓、闪光灯拍照、光线杀伤等不容忽视，更有甚者在网上贩卖。从7月1日至7月30日，淘宝网上28家网店卖出一百余万只萤火虫，销售额达363万元。

华中农业大学植物科技学院副教授付新华，潜心研究萤火虫14年。为了查出网售萤火虫的真正来源，今年3月16日至7月27日，付新华通过第三方，网购了25批萤火虫（每批50只），对萤火虫的种类、发货地、到货时间等进行收集、研究，撰写了中国第一份《活体萤火虫买卖调查报告》。他十分肯定地说："我可以负责任地说，网上贩买的萤火虫，99%从野外捕捉而来，而不是人工饲养！"付新华做出这个判断有两个依据：

第一，发货地都是萤火虫"家园"：每年11月至次年3月上旬，自然界的萤火虫都以虫卵或幼虫形式越冬，网店也全部随之"冬眠"了。到了每年3月，发货地全部是云南省景洪市。5月份至7月份，江西萤火虫开始唱"主角"，发货地再次转移到江西。

随着气温升高和各地萤火虫相继爆发，网上销售的萤火虫，发货地点也逐渐北移。今年3月22日，付新华购买了50只萤火虫，全是云南地区的边褐端黑萤。这种陆生萤火虫饲养难度极大，目前社会上无人成功饲养。

第二，人工养殖成本是网售价格的三四倍：出于科研需要，付新华养殖了三万只水生萤火虫。他说，平均每只萤火虫的饲养成本是10至20元。而网上叫卖的萤火虫，每只售价3至5元。如果这些萤火虫真是人工养殖，这就意味着卖家要亏血本。

目前，萤火虫还不是国家保护动物，法律没有设防，对捕捉和销售萤火虫的行

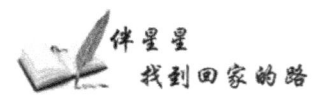

为，只能从道德上谴责。网购后送给恋人营造浪漫氛围；有些景区或楼盘购买萤火虫放飞。

（据2014年8月2日《扬子晚报》的有关报道整理）

浪漫七夕真乃萤火虫的劫日！真心希望大家都能够自觉拒绝购买和捕捉萤火虫，商家们也都能尊重生命，不要那么利欲熏心，不择手段地赚钱发财，让我们大家共同给子孙后代留下这份珍贵的大自然的馈赠。

对此，有专家指出：萤火虫成虫的寿命只有7~10天，每年七八月的这段短暂的时间正是它们的繁殖期，闪光就是它们求偶的信号。无论是猎奇性的拍照和参观，还是捕捉贩卖萤火虫，都会给萤火虫家族带来极大的伤害，甚至有绝种的危险，这将会给萤火虫繁衍地造成环境危机！还有专家讲：被卖到异地的萤火虫，可能会因纬度原因，不适应新的环境而很快死掉；也可能通过不断适应新环境而繁衍，对当地造成新的生物物种的入侵，使萤火虫输入地的环境受到威胁。

我不想再就萤火虫的劫难及其危害发表什么评论了，我只想探讨尊重生命的问题。中国是一个好吃的国度，国人是天上飞的、地上跑的、土里生的几乎无所不吃。再加之几千年的封建专制，又一直奉行"君让臣死臣必死，父叫子亡子得亡"的专制理念，视百姓性命如草芥，积淀下了十分厚重的不尊重生命，无视生灵的糟粕文化。再加之一些人为了一己之利而无所不为，从不把他人和社会利益放在眼里，甚至不惜危害他人生命，毁掉人们的生存环境，所以才会爆发今天这种把自己的浪漫凌驾于昆虫生命之上的"萤火虫劫难"！

这使我不禁想起了我们可爱的学生——他们多像那一只只萤火虫啊！他们每个人都是活泼的生命，都怀揣着自我的美好梦想，都想用个体独特的生命之灯把这个世界照得更美丽多姿。可是，很多教育工作者和家长，却无视这一个个鲜活的生命，更看不到他们那一盏盏独特的生命之灯，硬是把他们强圈起来死学死练死考死循环，拼死去挤上"考好大学"的独木桥。最后，很多人都成了身心健康遭到严重摧残，高不成低不就，严重缺乏思辨力、创造力和生活力的"残疾人"！一些人为了牟利，不惜让浪漫七夕成了可爱的萤火虫的劫日；一些领导、学校、教师、家长不也同样把一个个本该得到个性健康发展的学生视为博取面子、政绩、利益、荣耀的工具吗？当我们疯狂欢庆高升学率之时，是否也想到了这也是多少学生的"人生之劫"呢？

孩子们的未来是充满美好希望的，然而我们却喜欢把他们硬塞进极端应试化的牢笼。这样做,与唯利是图者摧残、扼杀萤火虫的生命没什么两样。孩子们的自主精神、独立人格、创造品质等都在极端应试化的"牢笼"里被摧残、扼杀殆尽了,那么还由谁来创造我们美好的未来和希望呢?

浪漫七夕,本不该成为万千萤火虫的劫日。万千学子,也应该有机会被拯救出他们的"人生之劫"啊!

69. 某些家长的功利心态超可怕

16岁的儿子长期沉迷网络,为了能让儿子反省,母亲将其赶出家门,凌晨回家的儿子用菜刀将母亲活活砍死。

今年16岁的云云出生在一个干部家庭,父母都是新疆生产建设兵团农十师的干部,他们平日对孩子管教极严。在父母眼里,云云是一个比较听话的孩子。2004年,云云缠着妈妈要买台电脑上网学习,可自从电脑搬回家后,儿子便对网络着了迷,学习成绩下降很快。母亲每次催他写作业,又气又恨的云云便会闪现一个念头:"妈妈太烦人了!"

1月7日凌晨,云云又在偷偷上网,母亲又听到屋子里有网络游戏的声音。她冲进儿子的房间将电脑关掉,大声呵斥儿子:"你给我滚出去!"

云云走出家门后,在学校操场上坐了一夜。他恨自己有这样一位母亲。天大亮时,又冷又累的云云回到家里。

"你还敢回来,看看你都变成什么样子了……"刚进家门,云云便听到母亲的责骂。可能觉得不解恨,母亲上前又打了儿子几个耳光。想着昨夜的凄凉和母亲的唠叨,失去理智的云云冲进厨房操起菜刀,向母亲颈部砍去。

见躺在地上的母亲没有了声响,云云这才意识到自己做了傻事。为了不让父亲回家后发现,他将母亲放入菜窖,盖上草席,把血迹擦洗干净后匆匆离去。

当晚,父亲便发现了母亲的尸体。16岁的云云被民警带到垦区公安局。当他说出杀人经过后,父亲怎么也不相信儿子会残忍地杀害母亲。

(据新华社乌鲁木齐2005年1月12日报道)

无独有偶,5月17日,金坛女市民沈某被人锤死在家中,根据调查,凶手竟然是其正在上中学的16岁儿子明明(化名)。很快,警方在当地一家网吧里抓获了明明。令警方感到意外的是,被抓时,明明竟然一脸的镇静。据了解,明明的父母在他很小的时候就离异了,明明一直跟着母亲生活。母亲沈某做生意谋生,家庭条件较好,平常十分疼爱儿子。据明明交代,由于自己的成绩很差,母亲经常为此打骂他,母子关系因此闹得很僵。事发前,明明因为政治成绩考得很差,老师让他把母亲叫到学校来,害怕再被妈妈打骂的明明不敢。5月17日一早,妈妈叫明明

第七辑 读世思教篇

出去买早点,对母亲早就积聚了太多恨意的明明拿起一把锤子,将正在床上睡觉的妈妈锤死,事后他从家里拿走了800元钱躲进了网吧。

(据2005年5月17日《服务到家》报道)

儿子杀害亲生母亲,这是世间顶级的大逆不道,没什么好评说的!但是,我还是要问:孩子为什么会那样仇恨母亲?就算他们年龄尚小,不大通人伦孝道,也不至于轻易就下如此的毒手啊。事情恐怕没有那么简单,恐怕还是应该从两位母亲身上多挖挖原因。教书27年了,尤其是近十来年,与家长打交道,听闻一些家长望子成龙、望女成凤的故事,真的越来越觉得某些家长的功利心态真的超可怕!

请看,学龄前的孩子本该要多玩玩的,这玩中可大有学问啊!可以学会与人相处,懂得礼让他人,享受友善合作的快乐;可以学习一些知识,认识这个世界,开发智力,享受学习进步的快乐。可是,有的家长绝不会让孩子"输在起跑线上",总是逼迫孩子按照自己的意愿去学这学那。只要孩子有空儿玩一玩,他们就觉得这孩子不可救药了,这一辈子就要输掉了,真的是天都快塌下来了。对此,有专家早就指出,学龄前的孩子养成这些好习惯更重要:(1)自己的事情自己做,生活自理;(2)不吃零食不挑食,饮食合理;(3)勤剪指甲勤洗漱,讲究个人卫生;(4)讲文明懂礼貌,讲究文明礼仪;(5)有好东西分给小朋友,讲究礼让和分享……可惜的是,我们的教育现状是大学生竟在补上良好习惯培养这一课。

孩子上学了,也不管孩子的天赋、基础如何,必须得门门功课第一。孩子考了99分,还一定得究问那一分是怎么丢的,必须得反思、改进,必须得争取第一名!没有温馨的问候,没有理解的体贴,没有理性的劝勉,更少见微笑的鼓励,年年月月日日一如秋风扫落叶!考试分数高的就是好孩子,就一俊遮百丑,千娇百宠,怎么看怎么顺眼如意,绝少有家长顾及甚至根本就不管孩子做人到底如何;考试分数不高的就是坏孩子,整天没有好脸色和好言语,怎么看怎么不顺眼不如意,只管发泄自己的不满,不顾孩子的心理承受力,甚至干脆就把孩子逼成满腹逆反的"心灵流浪者"。从不问孩子在学校究竟是怎样学的,方法是否合理,环境是否有利,学习动力是否足,动力不足的原因是什么,是否有影响孩子学习的不利因素等问题,更不与老师沟通、交流、合作。只知道看考试分数,孩子分数高就高兴;分数不高就气不打一处来,非打即骂。如此恶性循环,日复一日,年复一年,想不出问题都很难做到啊!

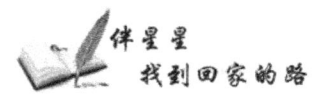

　　据报道,某省教育厅曾请20位家长填写了以"小学生减负十项规定"为内容的调查问卷。其中,在"小学不留书面式家庭作业"和"一年级至三年级不举行任何形式的统一考试"两项中,竟有18位小学生家长投了反对票,占总数的90%。理由是:这么小的孩子没有自主学习的能力,学校不给布置书面作业,他们怎么知道自己学会了没有?放了学没有作业孩子只是看电视玩电脑怎么办?如果有书面作业,家长也可以在课后辅导辅导孩子。甚至有家长竟认为,应试教育又不是一天两天了,光改小学有什么意义?除非全面改革,否则这不仅没有帮助小学生,反而会逼着更多的孩子去校外上辅导班。总之,孩子在家是不可以有闲暇的,是不能够自己看点儿有益的书的,更不可以参加一些有益的活动,只有在家里老老实实地做作业,家长心里才踏实。其实,在小学阶段孩子养成以下这些好习惯应该更重要:

　　第一,培养孩子认真、按时独立完成作业的习惯。

　　第二,培养孩子课后复习和课前预习的习惯。

　　第三,培养孩子广泛阅读的习惯。要慢慢地扩大孩子的阅读视野,选择一些适合孩子年龄、心理特点的图文并茂的读物,比如童话故事、科学画报等。

　　第四,培养孩子养成正确的姿势和讲卫生的习惯。现在一年级孩子握笔、写字姿势不正确、学习时爱咬笔杆、午睡时爱啃指甲等,家长也应该引起足够的重视。

　　第五,培养孩子自理能力和爱劳动的习惯。家长要向孩子讲清劳动的意义和必要性,让孩子在家中有一个劳动的岗位,如每天负责拿报纸、倒垃圾等。

　　因为,这不仅仅是在培养孩子良好的学习习惯和生活习惯,更是在教他们独立做好事情,自觉自主地做好自己。

　　孩子读高中了,有的家长则更是整日都在替孩子做考上"清华""北大"的梦,嘴里念叨的只有"考高分""一流名校"。不管孩子的基础如何、天赋怎样,不管这类高校的招生人数多么少,反正"望子成龙""望女成凤"总是天经地义的。有希望的孩子,家长便一切为了名校,心甘情愿地为孩子做一切事情,不管这样做对孩子的人性、人格、品格的培育有怎样的危害。没有希望的孩子,家长更是一天天地在那里狂念,"要考好大学,要做人上人!",动辄还要示以颜色,斥以言语,施以威胁加打骂,就好像这孩子不是自己亲生似的。活生生的孩子,都上高中了,本来就很欠缺学好如何感恩、如何处世、如何交际与合作之类的教育,再不趁他们世界观、人生观、价值观形成的这个关键时期补一补做人教育,恐怕就再也来不及了。

更令人无法理解的是,极个别家长总是这样看待教师和学校:孩子考得好,教师和学校就好;反之,教师和学校就不怎么样。师生、同学间出了点矛盾问题,有的家长则不问青红皂白就骂老师和学校,甚至还要到学校大打出手;孩子违规犯纪,还是护着他,甚至打老师、砸学校、胡搅蛮缠。更有极个别的家长竟这样认为:孩子学得好,是孩子自己努力加天赋的结果;孩子没学好或混得不成样子,都是学校和老师的责任。自己这样认为也就罢了,还要把这种意识灌输给孩子。极个别家长这样做究竟会有怎样的教育后果呢?大家可以想象。

我又想起前文提及的那两位家长,我们当然不能冷酷无情地说"她们自作自受",但还是得郑重地奉上一句:喜爱孩子,望子成龙本无可非议,但某些家长的功利心态实在是太可怕了。

70. 当手机绑定学生话费之后……

2014年11月3日，央视"焦点访谈"报道了一件稀奇事。事件的内容概述如下：

自2010年起，山东某职业技术学院每年新生入学时都会给每一位新生发一部手机，里面带有200元餐费，学生入学时补交。这部手机其实并不是一般的手机，学生在校期间出入校门，到食堂就餐，到图书馆借阅书籍，上校园网学习等都必须使用这部手机。按理说这应该是一件方便学生的好事，可是学生却一直不大领情。为什么会这样呢？据同学们反映，手机信号不好，上网不行，还常会出现自动开机、关机、拨号等毛病。有的同学还反映，有时手机没电就没法吃饭了，为此一些同学还不得不再买一部手机。既然给同学们造成这么多不便，那就干脆取缔这种手机一卡通的管理方式就是了。不过，事情远没有这么简单。据记者调查，每位同学，不管你每个月打不打电话都必须缴纳39元话费，而且是直接通过手机扣除。这所学校共有约13 000名学生，每年的话费就是（39×12×13 000）六百多万啊。又据记者调查，这所学校与当地电信部门已签订了协议。协议规定：电讯业务完全控制在电信部门。学校每年保证90%手机控制在电信，三年内80%控制在电信，所得话费收入双方分成获取收益。具体按怎样的比例来分成，记者没有调查到。

中国有句老话：无利不起早。学校如此进行一卡通管理，如此精细地为学生的学习、生活服务，敢情原来是有见不得阳光的猫腻的。看到这个报道，我不禁又想起近年来一些大中学校类似的管理方式——真的不敢再去想这背后到底有怎样的猫腻了！无独有偶，前些日子就有网友反映，桂林某高级中学表面上为了营造良好的学习环境而屏蔽了学校的网络信号，但暗地里却与某电信公司合谋强制全体学生办理一种电话卡，理由是"方便"学生通讯——无外乎又在打学生话费的歪主意。

说实话，刚看到这件事的报道时，我真的很激愤，一时竟不知该说点什么才好。但是，仅仅激愤就能解决好问题吗？并不能。我想，还是要谈几点看法，希望能够引起社会的关注，尤其是教育者的重视和反思。

第一,学校应该是最诚信的地方。我们的老祖宗造了个"信"字,从古到今都没有简化过。这个字左为"人"右为"言",是个典型的会意字,意思就是人说的话即为诚信。常言又道:人生一世,德为根本。我以为,这个"德",有很大一部分就应该是诚信。学校是什么地方?显而易见,是教书树人的地方。树人要树什么?首位的当是树德。树德当树什么?显然很重要的就在于树立诚信品格。然而,有的学校(像报道中的那所职业技术学院)明明是为了赚取学生金钱,却不惜采取不诚信的欺骗手段。学生在校期间出入校门,到食堂就餐,到图书馆借阅书籍,上校园网学习等都必须要使用学校配发的手机。表面上看,管理是到位了,关心和服务是精细又周到了,但这管理、关心和服务背后却是失信、欺骗、牟取钱财。这样的管理和服务行为,最危害学生的地方其实并不仅仅在于学生按月"被付话费",更在于这种不诚信的欺骗行为竟被美化和合法化了。这样一来,学校就自觉不自觉地培育了一种育人氛围,即有意无意地教学生学会用类似的手段去谋取利益。说起这种不诚信行为,在当下的各级各类校园简直就形成了一种文化。比如,应付上级检查造假,学生体育健康成绩造假,学校食堂卫生达标造假,学生社会实践活动造假,学生就业率造假,学校校本课程开发造假,学校科研成果造假等。实话实说,这些"造假"行为的确都有其种种复杂原因,如贪腐、造假的社会风气、升学第一的社会评价、大学扩招、高校资历不够、学校只教不育等。所以这些"造假"行为也就都常态化地存在着——"存在即合理的"嘛。尽管如此,我还是认为,学校该是最诚信的地方,应该尽可能地独洁己身,绝不可忽视一些所谓的"常态"对孩子们心灵的污染。

第二,学校应该是最守法的地方。大家都清楚,《消费者权益保护法》明文规定:消费者有权自主选择商品或服务的权利。然而,有些学校甚至上级行政管理部门为了牟取部门(有时也是个人的)利益,却不惜无视学生意愿,违背法律法规,强制学生统一订教辅资料、买作业本、假期补课、做校服、缴话费等。当然,有些"统一"在特定的情况下也许是必要的,如统一订购教辅资料、订做校服、订制校徽等,只要不是为了金钱而以次充好。但统一买作业本、假期补课、缴话费等,一般都是以谋取部门(或个人)利益为取向的,往往是只问金钱而不顾学生意愿,统统应该纳入违禁之列,坚决杜绝。否则,这种只认金钱而不惜违法的校园环境,很有可能就把一些学生熏染成视法纪为个人发展障碍,为谋取私利而不择手段的人。

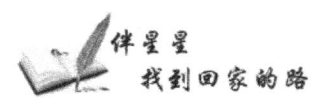

第三,学校应该是最清正的地方。这个"清",应该理解为清廉、清明,这个"正"应该理解为正道、公正。用当今的话讲,应该是最能体现社会主义核心价值观的地方。这样的学校应该处处体现民主、文明、和谐、自由、平等、公正,人人追求敬业、诚信、友善、奉献等。人民教育家陶行知早就说过:"千教万教教人求真,千学万学学做真人。"说得通俗一点,真正的学校就是通过教育实践来让孩子们学会做真人的地方,即让孩子们在学习和做事中去自主体验、感受、思辨、感悟和提升,为他们以后的工作、生活、幸福打下基础。为此,学校的领导和教师必须人人做到"清正",学校的教育教学必须时刻渗透"清正",学校的文化环境必须处处培育"清正"。然而,在改革开放的新形势下,在金钱和利益面前,我们的一些学校不"清正"了,一些领导和教师不"清正"了,因而育人环境不"清正"了。这绝对是极为有害的。

用手机绑定学生话费的做法,的确很有创意,但确实做得不诚信、不守法、不清正,甚至还有几分不人道。问题暴露在这所学校(即山东某职业技术学院)身上,但绝不等于说这仅仅是个别案例。央视"焦点访谈"栏目也指出了这所学校这种做法的严重危害性,但也绝不等于类似的现象从此就销声匿迹了。当手机绑定学生话费之后,我们就该认真地问一问:为什么非要"绑定"呢?当学校非要强求学生统一做某一件事时,我们更要把良心放在清正的砧板上,随时准备经受法制利刃的切剁。敢问当下的中国教育者,我这样讲有道理否?

71. "抗震小英雄"成了罪犯之后

前段时间,一则消息《雷楚年:诈骗受审》在网上炒得很热。消息概述如下:

因涉嫌犯诈骗罪、伪造国家机关印章罪、伪造公司印章罪,雷楚年被提起公诉。检方已查明,雷楚年总共诈骗包括他女友在内的21人46.3万元。指控其以非法占有为目的,虚构事实,诈骗多名被害人财产,数额巨大,其行为已经构成诈骗罪,且具有流窜作案的特别严重情节,应当判处10年以上有期徒刑,并处罚金或没收财产。同时,雷楚年还涉嫌伪造国家机关印章罪、伪造公司印章罪。雷楚年也因涉嫌这三重罪名,被起诉到法院。

雷楚年到底是何人?为什么会在网络上掀起如此大浪?哎呀,原来他就是当年那个"抗震救灾英雄少年"!我的眼前又闪回了当年那一幕:

2008年5月12日汶川大地震突然发生,伴随着剧烈摇晃,雷楚年作为班上的体育健将,迅速冲下了教学楼。但已处于安全地带的雷楚年,看到班主任在往楼上冲,他也立即折身冲回了二楼。他催促并救出了教室里七名尚未跑出来的同学。这之后,他被挡住去路、难以逃脱,最终只能逃往三楼。就在楼塌前的那一刻,他冒险纵身一跃,抱住了一棵救命树,最终幸运逃生。

这之后,雷楚年又马上去了彭州市抗震救灾指挥中心,成为最小的救灾志愿者,并在当时表示,待学校复课,他就好好读书。正是因此,雷楚年不仅在当年入选了感动中国人物,还作为新增的抗震救灾英模火炬手,参加了2008年北京奥运会在成都的火炬传递。随后,他又被保送到成都的重点中学,入选全国英模报告团,先后赴北京、天津、河南等六个省市做汇报演讲报告。

这一个接一个突从天降的荣耀,让这位缺乏虚荣抵抗力的少年逐渐迷失了人生方向。"好好读书"的承诺也在逃课、泡吧、挥霍与炫富中成为泡影。为了满足生活的巨额开销,喜欢说谎话、大话的雷楚年,甚至还伪造了教育部门的公章,制作了虚假的"通知""成都市初中报名接收条"等,以读成都市重点中学、上户口、安排工作等借口,骗取了大量钱财。更可笑的是,直至2014年6月23日,尚不知道自己已被列为网上逃犯的雷楚年,向深圳警方报案称自己的钱包被偷。当地警方在受理过程中发现他竟是网上逃犯,一举将其抓获。就这样,汶川抗震救灾中

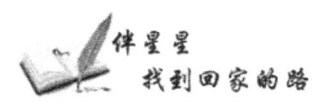

勇救七名同学的"少年英雄"雷楚年涉嫌诈骗,被提起公诉。昨天,他还是一个本性善良、重回教室救出七名同学的小英雄;今天,他竟成了一名爱慕虚荣、谎话连篇甚至不惜以身试法的阶下囚!这当中肯定有他自身的原因,但是其他外因似乎更值得我们去思考:究竟是什么溺坏了这位"少年英雄"呢?对待这位"少年英雄",社会究竟该抱以怎样的心态?

先来谈谈这第一个问题。为了弘扬社会正能量,我们固然需要积极宣传雷楚年式的精神,给予雷楚年很多的荣誉和光环,这样做本身没有错,但关键是做人教育该如何及时跟上,特别是对于一个未成年人。我们这个社会,很善于发掘、发现和包装"英雄",但却往往不懂得如何善待和呵护"英雄"。雷楚年收获了越来越多的荣誉,他的一些不良反应其实早已有端倪了,但作为学校、朋友以及家长,对一个如此得志的少年,却严重忽视了后继的教育和监管。免试录取、"开小灶"等等,这些行为都出于社会褒奖英雄的目的,然而这太多的关怀和便利却使得这位"少年英雄"迷失了方向。这时,如果有人看到了这位"少年英雄"身上的缺点,意识到他在荣誉面前可能忘乎所以甚至堕落变质,站出来帮他指出,并教会他该如何淡定地正视这诸多突然到来的荣誉和幸福,当他与做人正轨渐行渐远时教他学会如何战胜自我、回归本真,今天的雷楚年可能就不会沦落到这般地步了。然而,十分不幸的是,我们的社会、学校、家长和亲友几乎都没有什么反应,更没有做到!

无独有偶,就在雷楚年犯罪之前,当时被誉为"最牛志愿者"的陈岩,也同样是因犯诈骗罪,于2013年被判处有期徒刑三年,缓刑三年,并处罚金一万元。当年的陈岩,地震时第一个进入重灾区汉旺镇,用80个小时救出了29名生还者,包括"可乐男孩"薛枭。但成名后,出席各种社会活动、到处领奖成了陈岩生活里的家常便饭,还"经常出入高档会所,打牌、吃饭,花钱大手大脚"。其实,对于英雄人物,社会给予的各种荣誉理应适可而止,过多过滥并不是真正意义上的关心与爱护,反而可能会助长其自恃功高、无视法律的膨胀心态。成为一个英雄不容易,沦为一个罪犯却是轻而易举的。

雷楚年、陈岩的悲剧令人痛心,更催人反思。我们的社会大可不必那么情绪化地表达对"英雄"的敬爱和褒扬,应该冷静地理解一个青少年的成长所需,应该构建一个成熟而理性的褒扬机制,恰如其分地表达敬爱和褒扬。在一边倒的赞誉中,要为"英雄"找到一个平衡点,帮他看清荣誉的真相和自己以后的人生路。果真能如此,也许就可以避免雷楚年、陈岩今天的悲剧了。

写到这里,必须得郑重地告诉大家,我写这篇东西的目的并不全在于指出当今社会教育的弊端,也不全在于警示社会该如何恰如其分地做好"英雄"精神的弘扬和"英雄"可能蜕变的监督工作。我只是想以此为鉴,警示我们的学校、教师、家长等应该用心善待我们的孩子。当下的中国,无论是学校、教师还是家长似乎都患上了不少毛病:只要孩子肯学习且学习好,就一切都由着他。风吹不得雨打不得,只要孩子有要求,无论是否逆情悖理都尽可能满足他;孩子不通人情、没有孝心、不懂礼貌、不讲文明等,他们视之无所谓;孩子心胸狭隘,自私自利,严重缺乏爱心,不善于与他人分享与合作,他们只是认为孩子个性强;孩子心理很脆弱,经不起一点儿挫折,动辄寻死觅活,他们认为孩子还很小;孩子好吃懒做,不爱劳动,蔑视劳动,总想着做不劳而获、享受荣华富贵的"人上人",他们认为孩子有权利追求美好的生活;孩子只顾自己发展,不关心他人和社会,更没有对国家和社会的责任感、担当心,他们认为孩子终于不再犯傻了,终于懂得"事不关己高高挂起"了……一句话,只要孩子肯用心死读书,将来考上名牌大学,就一切万事大吉了,很少有人还会考虑孩子上大学以后究竟会成为怎样的人。

这样一来,只要孩子肯死读书,肯一心为考好大学而努力拼争,中国的学校、教师和家长就总会或多或少、或轻或重地宽容甚至无视他们身上的种种人格和品质上的缺陷。中国宋代有个教育家叫胡瑗,他的教育理念是"致天下之治者在人才,成天下之才者在教化,教化之所本者在学校"。当然,这位封建士大夫所定义的"人才""教化""学校"等与今天的人才肯定还有较大的不同,但他毕竟还是很重视培养社会发展和进步所需要的合格人才的。从这一点来看,当今的很多教育部门与学校的领导以及教师、家长等,真的都该在这位先贤的牌位前俯首示愧啊。学校是办教育的平台,教师是办教育的主力,家长是孩子的第一任教师。大家不妨都冷静地想一想,学校和教师、家长都只认孩子学习好、分数高,考名牌大学而不顾其余,我们还能指望孩子会身心健康、人格健全,具有博爱情怀、担当意识和奉献精神吗?说得不客气点,孩子们没有像雷楚年、陈岩等人那样成为罪犯就已经是万幸了。可见,我们的学校、教师和家长再这样不管不顾下去,我们还能指望教育会为我们国家和民族带来美好、光明和幸福的未来吗?

72. 南京青奥会不设奖牌榜给我们的启示

今年的南京青奥会已决定不设奖牌榜。有评论员就指出了这样做的一些进步意义：

一者，这是对奖牌至上思维的摒弃，是对体育功利化倾向的矫正。长期以来，国人对竞技体育的态度往往是只看输赢，不问过程，有关部门则更是把奖牌数视为自己的光荣政绩，"唯金牌论"一度甚嚣尘上，助长了极端功利主义倾向，危害了国家体育事业的健康发展。中国运动员从起步阶段就陷入了"金牌"怪圈中，他们心中只有"输"和"赢"，极度渴望通过任何一个体育赛事平台来改变自己及教练、官员的命运、仕途。国内媒体也深受此论侵蚀，目光只锁定冠军，对亚军及其他选手不闻不问，令观众也走上了"唯金牌独尊"的偏路。很显然，这样的体育竞赛观无疑是十分有害的，也是必须摒弃的。

二者，这是对奥林匹克精神的重申，不仅有助于中国青年运动员体育精神的养成，也有利于他们以后体育职业生涯的发展。青奥会最大的特点就是融合性强，将体育、文化、娱乐、教育、历史、地理、科学等多学科有效地融合在一起。奥林匹克的世界观就是传承奥林匹克精神，向全社会特别是青少年传递卓越、友谊、尊重这样一个奥林匹克的价值观，就是用"团结、友好、和平"的精神来指导比赛，促进全世界的交流，拒绝战争、没有政治、人人平等。这是青奥会创建的基调，也是青奥会的魅力所在，将观众思维全面拉回到比赛的过程中，静下心来感受和体味体育的乐趣，回到奥林匹克精神最初的起点。

三者，这无疑也是一次伟大的进步。竞技体育之美，在于"更高更快更强"的追求，也在于对手之间的分享与合作。一直以来，中国运动员总给人以严肃、木讷、不善交流的印象。无论是赛场还是休息室，中国运动员往往不苟言笑，来去匆匆，甚少与其他选手交流沟通。伦敦奥运会开幕前，英国跳水名将戴利就曾公开表示："中国运动员像机器人。"如今中国青奥代表团把目光投射到赛场之外，鼓励青年运动员多交朋友，与对手分享、合作。通过参加这种知识性、时代性、多元化的文化教育与交流活动，中国运动员不仅担当起体育文化教育与交流的使者，而且让世界更多、更全面地了解了中国青年人的热情、自信、文明、友善。

第七辑 读世思教篇

青奥会正在用它亲切的感召力让中国社会愿意主动去了解它、感受它、思考它,逐步提升了中国社会对体育的理解与格调。

对南京青奥会不设奖牌榜这一举措,我举双手称赞。但我也深信,这只能算是一个良好的开端,要想彻底扭转"金牌第一""冠军至上"等根深蒂固的功利主义观念,恐怕还有较长的一段路要走,而且这一路上还可能布满曲折和坎坷。但是,决心毕竟下定了,目标毕竟明确了,第一步毕竟坚定而又踏实地迈出了,这就足以令人充满信心了。

其实,我要继续谈下去的,并不是我们今后该怎样坚定地继续迈好这第二步、第三步直至最后一步,从而真正提升中国的体育格调,展现出一种大国体育的境界与气度。我要继续谈下去的是南京青奥会不设奖牌榜这个举措给我们教育者带来的若干启示。

当今的大中小学教育,其诸多弊端的根子就是极端功利主义。为了让孩子考好大学,将来找到一份"做人上人"的好工作,高高在上、享受世间的清福和富贵,很多家长想尽办法逼着孩子去苦学、死学、死考和死练。只要孩子能考到好分数,能有望上好大学,就不再关注和关心孩子学习、考练之外的东西,比如孩子的思想、情感、心理、人格、爱心、价值观、人生态度以及身体健康、个性发展等方面的问题了。至于一些中小学校的领导和教师,则更是一门心思地只顾死压死箍死灌死练死考,眼睛和脑子里几乎都是一个个分数,几乎就没有一个活生生的、身心亟需细致关怀和健康发展的学生。甚至一些学校和教育管理部门还认为,这就是在一心一意地办人民满意的教育。一些大学则只认收缴学费,只热心于糊弄文凭,收到学费后把学生送出校门就完事大吉,至于在校期间学生是否真的学到了知识和技能,是否获得了健全发展和身心健康,则只有天知道了。

众所周知,衡量体育竞赛成绩的优劣,最重要的评价指标终归还是运动员的奖牌数。这是谁都不能否认的。但是,也正因为如此才导致了只问金牌不问人这一急功近利思想的泛滥成灾,所以南京青奥会断然取消了奖牌榜,以淡化、矫治功利主义,恢复真正的奥林匹克精神,促进人的全面、健康发展。同理,评价一所学校学生升学质量的高低,最直接、实在的杠杆恐怕也只能是分数,所以才会导致应试主义、急功近利、只认分数不见人的顽疾长期存在,几乎到了不可根治的程度。现在,以金牌数为命根子的体育竞赛活动都果断取消金牌榜了,那么我们的各级

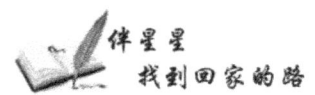

教育管理部门,我们中小学校不也同样可以取消"分数榜""录取榜""状元榜"之类吗?不也同样可以一步步地淡化这种氛围和改善这种气候吗?如此作为,肯定会遭遇很多掣肘甚至阻滞的因素,但这绝不该成为我们目中无人、一门心思搞极端应试教育,祸害孩子和殃及民族未来的绝对理由。

南京青奥会都果决地迈出了这可喜的第一步,中国的教育者还有什么可迟疑的呢?

73. 假如"蓝翔"老总的后院不起火

"高级技工哪家强,中国山东找蓝翔。用人单位抢着要,交钱预定都满足不了",这是山东蓝翔高级技工学校的广告语。这所技工学校与新东方烹饪学校、新华电脑学校、北方汽车专修学校并称中国职业教育培训领域的"四大天王"。

最近,"挖掘机"的段子被炒得特火,令"蓝翔"处在了舆论的漩涡之中。于是"家暴妻子20年""跨省群殴""三个身份证""超生六个子女""学生退学遭老师殴打""免费试学一个月忽悠人""打群架发奖金"等一系列恶心人的丑闻先后被曝光——"蓝翔"简直就成了一个十恶不赦的暴利暴力灰色帝国。在这样的背景下,一些媒体开始施加"舆论监督",不吝气力地穷挖深究,于是"学员一天仅仅上机半小时""布监控,治校方式受质疑""广告吹牛,蓝翔挖掘机并不强""存水分,并非百分百就业""向企业收定金,向学员收就业费,两头通吃"等经营管理上的斑斑劣迹也都被挖掘并抖落出来。

至此,自然会有人联想到社会舆论与企业管理的关系:社会舆论究竟该如何监督企业管理与经营?企业又到底该怎样对待舆论监督?对此,我真的很难立马就表态,只是想追问几句:假如"蓝翔"老总荣兰祥的后院不起火,假如他们夫妻间不反目交恶,这些"丑事"会被曝光吗?一些媒体还能有机会猎奇深入"监督"吗?"挖掘机"这个段子还有可能被炒得如此滚烫吗?人们还能有机会如此深入而全面地了解和认识"蓝翔"吗?

说实话,"蓝翔"的这些劣迹绝非一天两天的事情,在这些劣迹面前,凡有良知的人都不难做出起码的理性判断:这样的校长和学校,有关主管部门和舆论部门早该加强管理和监督了。但是,在真真切切的现实面前,我们又不得不这样质疑:在蓝翔老总后院没有起火之前,我们的管理部门和媒体舆论都干什么去了呢?怎么就没有及时发现这些劣迹呢?怎么就没有及时、准确、有效地进行监督呢?这使我又想起了当年的"三鹿",想起了到现在仍很风光(但并不等于没有劣迹)的一些"三鹿"。

其实,在我们这块神奇的国土上,管理部门和媒体舆论似乎一向都很难及时监督到这些"三鹿"们的劣迹,甚至还得学会坚决"护短"或铁杆"拍马屁"。为什

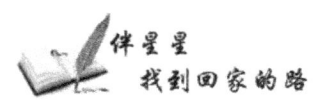

么会这样呢？因为总会有一只巨大且权威的黑手在发挥着"保护伞"的作用。这只"黑手"或是一种政绩利益，或是一种集团利益，或是一种切身利益，或是一种短浅意识，或是一种"软骨病"……于是几乎所有人都要忍受、屈服、盲视甚至欢迎这只"黑手"！为什么又会这样呢？因为似乎在很多人的骨子里往往都积淀着比人的生存、健康、发展、幸福等更重要的东西，那就是政绩、利益和金钱。为了某种利益，一些利益占有者是可以肆意牺牲生命的，是可以不考虑他人的健康、发展和幸福的。一些承包了某块一亩三分地的"财主"，只要能为某级政府带来一些经济利益，他们就可以在那一亩三分地上为所欲为了，哪还会考虑什么他人的合法利益和生存保障。非但如此，为了获得利益、金钱，或屈服于某一"黑手"，很多时候媒体、社会舆论也会对此视而不见，听而不闻的，甚至还会昧着良心地进行包装和美化。所以，一茬又一茬的"三鹿"层出不穷，也就不足为奇了。

人来到这个世界上，天生就具有在合理合法的背景下生存、成长、创造、健康、发展、奉献、提升、享受快乐、自由、民主和幸福的权利。这些权利是不容忽视、蔑视甚至剥夺的。一旦这些权利遭到严重忽视、蔑视甚至剥夺，人们赖以生存和立身的民生、民权、环保、食品卫生等领域肯定就会出大问题。"蓝翔"的种种劣迹就在告诉我们，它就是在蔑视甚至剥夺合理合法背景下人们的这些权利。为了很迅速地忽悠世人而赚钱，它不惜把诱骗术、打压术、吹牛术、忽悠术、包装术等进行到底，玩到了极致。到此，我们似乎不要再深究下去了。但是，我们还必须深思的是：今天，一些企业、医院、学校等恐怕还都或轻或重存在着类似的问题，但是在某种契机到来之前，在它们"现原形，出大丑"之前，它们往往都是高大神圣、光环炫目的，是不可做任何负面监督的，都该理所当然地享受着"超现实"的媒体包装和舆论吹捧。如此劣迹斑斑的"蓝翔"，不就被包装成了中国民办职业教育的"航母"了吗？其校长荣兰祥不就被捧成了全国人大代表了吗？（特别申明：笔者绝无意进行个人攻击）

谈到这里，作为一个教育工作者，我忽然想到当下的一些中小学校，尤其是那些一心只抓高考升学率的高中学校。社会舆论究竟该怎样监督它们呢？它们又到底该怎样对待社会舆论监督呢？我想，通过反思"蓝翔"事件，我们都应该十分清醒地认识到：一方面，社会舆论，尤其是媒体一定要有社会良知和责任感，要本着对学校和师生，对民族和未来高度负责的宗旨及时、正确、到位地进行舆论监督，把"去素质教育办学"行为所造成的危害降到最低，绝不能畏惧"黑手"而昧着

第七辑　读世思教篇

良心装听不到、看不见。当然也不该总是等到在学校现了原形、出了大丑，不可收拾之后再打"马后炮"，甚至夸大事实地落井下石；另一方面，学校的管理、教学以及校园文化建设等一定要目中有人，真正以学生的全面发展、健康成长、幸福提升等为旨归，而且还要欢迎社会舆论进行及时、正确、到位地进行监督，以求不断改进和提高，绝不是千方百计地护短，甚至还辩称自己是"在对千家万户的子女负责，在办'人民最满意的教育'"。

最后，我想再多说几句。学生来学校读书的目的绝非直接等于"考高分上好大学，将来做人上人"，而是来学校学习知识，积极生活，全面发展，健康成长，养成良好习惯。那些死心塌地搞应试教育的学校，无视师生的成长、健康、发展、提升和幸福，是违背人性和不道德的，是根本不考虑学生和民族未来的，这样的学校教育是最该受到及时、正确、到位的社会舆论监督的。然而，现实却往往在跟我们每个人开天大的玩笑：这些学校既不反思自省，同时又根本得不到及时、正确和到位的监督。非但如此，反而还会因中高考升学率高而被舆论炒得大红大紫，被一些媒体一俊遮百丑地包装成"高大上"！因老总后院起火，民办教育航母"蓝翔"的"挖掘机"已摇摇欲倒了。那么，真办教育、办真教育的真人究竟何时才能出现呢？真为学生、民族和未来着想的真舆论监督又到底何时才能到位呢？我们热切地期待着……

74. 看透了,就该更加珍惜自己

教师方阵解说词:现在走过来的是教师方阵,这是一支有着光荣传统的学习型队伍,在很短的时间里,他们完成了由主导型向服务型弱势群体的转变。为了构建和谐社会,他们毅然放弃了教师主导地位。现在他们走过来了!他们身穿校服,肩扛各种考核指标,腋下夹着各种业务考试复习题,兜里揣着各种心得体会、年终总结、自查自纠报告。他们精神抖擞,喊着响亮的口号:"不向国家要待遇,不给领导添麻烦。"走过主席台,领导问候:"同志们好!"教师方阵响亮回答:"坚决服从领导指示!"领导问候:"同志们辛苦了!"教师方阵整齐,步伐矫健,再次响亮回答:"坚决不要涨工资!"

前几天,有朋友发来了这个帖子。读后心里真的很不是滋味。这该是一幅当今中国中学(尤其是高中)教育的幽默画,更是当下中学教师的"众生相"。说心里话,帖子中有些情况确实很不合情理,如规矩多,事情繁,负担重,地位低,工资少等。但几乎所有的高中学校都在死命地狠抓应试教育,有时不得已还要搞些形式主义的东西来应付素质教育检查之类,你一个教师又能奈何?帖子中也有一些情况,未必就不合理,如师德师风建设及教师发展方面的一些要求等。这还得请我们这些做教师的不要总是牢骚特多,甚至一味地加以排斥,以免将来后果自负。

说实话,人终有一死,金钱和名利等都是身外之物。工资待遇不高,这种状况恐怕一时半会儿也无法改变,我们总不能做每一件事都要回报吧。"应试教育"的终极后果肯定是害学生、误国家和民族的,但要彻底改变"应试教育"的大局,也绝不是一天两天就能做得到的。发两个帖子,调侃调侃自己,释放释放情绪,若再能够引起领导和社会的关注,促进其反思和改进,这也就足够了。这总比调侃、释放完了之后却什么反响也没有要好多了。就是真的什么反响都没有,一切依然如故,我们又能怎样呢?还不是要继续活下去,而且还要活得真像个人民教师的样子!

既然这一切都看透了,既然这样的现实我们每个人都无力改变,那么,我们就只能或赶紧放弃做教师,"适彼乐土",或绝地改变自己的心态,真正担当起一个人民教师的社会责任,幸福地做实做好自己的工作,精彩地活一回!毕竟我们做

第七辑 读世思教篇

教师的还能够温饱地生活（只是不能大富大贵），毕竟我们手里还托着孩子们的梦想，肩上还扛着民族的未来！校园无小事，教育是天大的事。不要小瞧我们自己，要坚信通过我们每个人的努力奋斗，教育的现状总会一天天好转起来。社会上确实存在着金钱万能、物欲横流、尊严贬值、是非混淆等观念和行为，每个人都难免受到心灵污染，教师毕竟也不是圣人！但是，在这个世界上，教师最应该是能够主宰和不断提升自己灵魂的人！

其实，教育事业本身无所谓悲哀，悲哀的是在诸多因素的干扰和制约下，我们并不能做真教育，或者极少在做真教育。说良心话，在当今的教育背景下，有几所学校有底气说自己在做真教育呢。想一想我们每个人每天的所作所为，有多少还与真教育相关呢？就说说我自己吧。在应试教育仍扎扎实实的大背景下，虽然我还算得上一个比较有素质教育理想的教师，但我所能做的，只能是在寒冷中，在刀尖上，在夹缝里奋力挣扎，一寸一寸地向前挣扎。因为我心里还有着一线曙光，还不敢绝望，也没有理由绝望！就为那一线理想的曙光，我还要继续奋斗下去，我虽无力扭转局面，但我为素质教育带来过正能量，我的教育良知无愧无悔！我真的特别希望我们每一位做教育的人，都能够看到那道理想的曙光，也都能够为有朝一日见到她而自尊、自强、坚守和奋斗。

就为这份自尊、自强、坚守和奋斗，有朋友曾反驳过我：你想教孩子自主自觉地学习，把语文学习当日子过，形成自觉，养成习惯；你想让孩子渐进培育自主精神、健全人格、思辨能力和创新品质等，将来健康发展，终身受益。你的理想绝对没有问题，可在当下这种极端应试化的背景下，你做得到吗？校长、副校长、主任，尤其是家长哪个敢放手让你去做？甚至连你的学生都会反对你的——说不定他们也会认为这种强压、强箍、强灌更有实效呢！我的回答是：导致当今中学教育极端应试化的根子绝不是高考和升学率，而是"目中无人"的伪教育观念！真正的素质教育也未必就会在高考面前低人一等。教育之所以称为教育，之所以被誉为神圣的事业，就在于它是以学生的健全发展、健康成长和未来成人成材为根本的伟大事业。如果一位教师已经有了这样的觉悟，并且还深刻地认识到了我们的教育教学工作正在背离这个"根本"，甚至都构成危害了，那他为什么还要看上级教育行政部门领导、校长、主任甚至家长的脸色行事呢？当然，他有权利去据理力争，更有义务去用实践作出回答。实在不成，在当下这个教育改革的大背景下，这样的教师总会有用武之地的。这浓重的"极端应试教育"的雾霾，在未来很长一

269

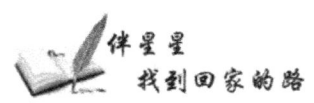

段时间内也许还不能被驱散。作为心中装有学生和民族未来的教师,我们不要怕!我们应该做好一辈子都在坚守、奋斗的准备!真正可怕的是,我们有些教师整天是非不辨、浑浑噩噩、随波逐流、消极无为,自己不争气还要牢骚满腹,企求人家尊重和理解。哪怕有一天,人们真的仅仅记得我们曾经为办真素质教育而呼吁过,那也足够了!我最不能谅解的是,个别教师还津津乐道、自鸣得意于如何死压死箍死教死灌死考死练出了多少个名牌大学生!我最担忧的是,一些在极端应试教育背景下"考练"出来的学生,他们在良好习惯、自觉意识、自主精神、健全人格、担当情怀、思辨能力、创造品质等方面所欠下的课,最终由谁来补?就算可以强补,该培育的时候没有培育,又怎么能够补得好呢?

　　与其在有生之年总为无为和绝望而郁闷无聊,而牢骚不断,还不如不抱任何功利主义思想地去扎实奋斗。不要总是在想我们能改变什么,又有多少人会理解和支持,更不要总是想自己会做出多么惊人的大事业,获得多么大的荣耀!如果我们真的还爱孩子,真的还想做好理想的教育,唯一的出路,就当下的背景而言,恐怕只能是:自尊,自强,努力,奋争;再自尊,再自强,再努力,再奋争……不奢望任何掌声,这才是超脱世态的教育大情怀,这才是一心做真教育的大智慧!

　　看透了,就该真爱我们的教育事业,就要更加珍惜自己有限的生命……又回想起那个帖子,它理应成为我们每位中学教师自省、自悟、自励、自策的一面镜子。

后 记

本书即将付梓，特别高兴。高兴之余，觉得还是很有必要再讲些话的，那就再讲四层意思吧。

这第一层意思呢，就是简明地介绍一下这本书的内容。这本书精选了两年多来我所写的一部分随笔，大部分都公开发表过。这本书分"课堂活教篇""学练活导篇""归真导写篇""无痕立人篇""考试评说篇""教育随感篇""读世思教篇"七辑，总计74篇随笔。伟大的人民教育家陶行知曾讲："千教万教教人学真，千学万学学做真人。"我是一名人民教师，虽很普通、卑微，但还是首先要学做一个真人的。这74篇随笔中，有我生活化语文教学的实践体验、体会、感悟，也有我对当今学校和社会教育环境归真建设和改善的思考、感悟和认识，都是掏心窝子的真话，所以书名的副题是"我的微师真言录"。我只有一个发自心底的愿望：中学语文教学和我们的教育事业所存在的严重问题应该引起全社会的关注，希望她的明天一定会更人道更美好！

这第二层意思呢，就是要衷心感谢我的恩师、江苏师范大学党委书记徐放鸣教授，感谢他在百忙中挤时间审读我的书稿，并赐序相勉。徐老师曾做过我的大学班主任，并亲授美学课。他的勤奋、博学、敦厚、正直、儒雅和睿智等，至今令我难忘，也积淀成我为师为学的一份营养。我是1984年9月考入当时的徐州师范学院(今江苏师范大学)中文系的，而今已31年了！31年来，他一直特别关注我的为师为学，一直给予我关心、帮助和鼓励，一直在为我的一点点成长与进步而欣慰不已！这份深情厚谊，也早已成了我不断钻研、默默耕耘、积极进取的一股强大的驱动力。去年十月底，当我发去书稿、约他赐序相勉、为我们师生30年的情谊

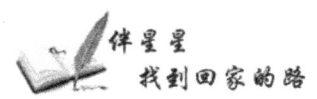

作个纪念时,徐老师欣然接受了!在这里,我要再一次向我的恩师表示衷心的谢意!也请徐老师放心,我一定会带上您这份深情厚谊再接再厉,在为师为学的路上不断取得新的进步!

这第三层意思呢,是我还要衷心感谢上海教育出版社的知心朋友。没有你们的关心、理解和大力支持,这本书就不可能这么顺利、讲究地问世。

这第四层意思呢,是我必须一并感谢所有一直关注、关心、支持、鼓励、指导、帮助我的各级领导、专家导师和朋友。没有你们的长期关注、关心、支持、鼓励、指导和帮助,我是不会拥有这源源不竭的自主发展的动力的。同时,我也要感谢我的学生,是你们的支持、合作、鼓励和帮助,成全了我的生活化教育教学实践,激发了我源源不竭的思考和感悟。

最后,我再强调一点。书出版了,但这并不等于就没有一点儿偏颇、疏漏甚至错误,还望能够得到大方之家的关注、批评和指正。

2015 年 8 月
作者于凤城闻鸡斋

www.ingramcontent.com/pod-product-compliance
Lightning Source LLC
Chambersburg PA
CBHW081127170426
43197CB00017B/2773